HEYNE <

CHRISTIAN SEIDEL

DIE FRAU IN MIR

EIN MANN WAGT
EIN EXPERIMENT

WILHELM HEYNE VERLAG
MÜNCHEN

Verlagsgruppe Random House FSC® N001967
Das für dieses Buch verwendete
FSC®-zertifizierte Papier *Super Snowbright*
liefert Hellefoss AS, Hokksund, Norwegen.

Originalausgabe 2/2014

3. Auflage
Copyright © 2014
by Wilhelm Heyne Verlag, München,
in der Verlagsgruppe Random House GmbH
Umschlaggestaltung: Hauptmann & Kompanie
Werbeagentur, Zürich, Dominic Wilhelm
Titelfoto © Florian Seidel
Satz: C. Schaber Datentechnik, Wels
Druck und Bindung: GGP Media GmbH, Pößneck
Printed in Germany 2014

ISBN: 978-3-453-60299-1

www.heyne.de

*Für alle Frauen
Alle Männer
Und all die wunderbaren
Anderen*

Inhalt

Vorwort

Es gibt viele Bücher, die sich der Geschlechterdiskussion und dem endlos diskutierten ominösen Unterschied zwischen Mann und Frau auf wissenschaftliche oder auf populärwissenschaftliche Weise annähern, nicht selten sehr theoretisch und differenziert. Diesen Arbeiten gebührt mein Respekt. Im Zentrum meines über ein Jahr dauernden Selbstversuchs, als Frau durch die Welt zu gehen, stand jedoch etwas anderes: Ich wollte nicht immer nur von der Weiblichkeit und von der Frau im Manne sprechen, sondern mich ihr praktisch annähern.

Mein Interesse bestand darin, überflüssige und vielleicht überholte Grenzen zu erkennen und zu überwinden. Es war diese innere Stimme, die Lust, ihr zu folgen und die gleichzeitige Angst davor, es am Ende wirklich zu tun. Was würde geschehen, in mir, außerhalb von mir, wenn ich ein solches Wagnis einginge?

Entstanden ist mein persönliches Erlebnis einer Tabuüberschreitung. An ihrem Ende steht die Erkenntnis, dass aus einer anfänglich großen Skepsis gegenüber unserer »friedlichen«, »aufgeschlossenen« und ach so unglaublich »freiheitlichen« Zeit, dank vieler überraschender und unerwarteter Begegnungen eine echte Bereicherung für mich und mein Leben entstanden ist.

Vielleicht inspiriert die Art und Weise, wie ich meinen Selbstversuch angegangen bin, den einen oder anderen, auf seine eigene Weise aus dem eigenen Aquarium herauszuschwimmen.

Die auf den folgenden Seiten geschilderten Erlebnisse habe ich genau so erfahren. Alle Personen existieren tatsächlich, nur die meisten Namen habe ich geändert und manche Geschehnisse etwas verfremdet, um ihre Privatsphäre zu schützen.

München, 15. Oktober 2013
CHRISTIAN SEIDEL

*Wenn der hölzerne Mann zu singen beginnt,
erhebt sich die Steinfrau und tanzt.*

TOSAN (ein alter Tantra-Spruch)

1 Verbotenes Wohlgefühl

»Weißt du, was Nachtdüfte sind?«, fragte ich meine Frau. »Natürlich weiß ich das! Sie stecken in Fläschchen, aus denen ich mir für die Nacht etwas Schönes auf die Haut träufeln kann.«

»Und warum hast du mir noch nie von ihnen erzählt? Was gibt es bei euch Frauen denn noch alles Interessantes, was ich nicht weiß?«

»Was redest du eigentlich die ganze Zeit für komisches Zeug?«

»Ich hab diese Duftfläschchen in der Damenabteilung im Kaufhaus gesehen. Für Männer gibt es so etwas nicht.«

Maria kicherte: »Du warst du in der Damenabteilung? Was wolltest du denn da?«

»Ich finde das alles ziemlich spannend.«

»Wie bitte, was alles? Die Damenabteilung, Nachtdüfte?«

Alles ganz offen erzählen ist das Beste, dachte ich. Besser, als wenn sie die Strümpfe in meinem Schrank entdecken würde. Besser, als wenn sie deswegen denken könnte, ich hätte sie mit einer anderen Frau betrogen. Viel besser, als wenn ich ihr dann erklären müsste, dass es diese andere Frau tatsächlich gab, dass es sich bei ihr aber um mich selbst handelte, ich etwas von einer weiblichen Stimme, der Frau in mir, faseln würde, wobei sie überlegen würde, ob ich verrückt geworden sei. Irgendwann musste ich es ihr sowieso sagen. Warum also nicht jetzt.

Ich sah in Marias Augen. Sie blitzten mich unsicher an. Würde sie jetzt böse werden? Oder könnte sie meine »Beichte« humorvoll und interessiert aufnehmen? Vielleicht würde sie so wunderschön lachen, wie ich es an ihr immer geliebt hatte in all den Jahren. Und ich würde weiter dieses Glücksgefühl empfinden können, mit dieser wunderbaren Frau zusammen sein.

Maria und ich saßen in unserem vietnamesischen Lieblingsrestaurant. Natürlich an dem Tisch beim Aquarium. Das Wasser gurgelte immer so auffällig leise, dass es nicht störte und man es, wann immer man wollte, angenehm wahrnahm. Und wie immer, wenn ich nicht wusste, wie ich etwas sagen sollte, schaute ich dort hinein. Langsam schwebten die Fische durchs Wasser. Und dann wieder ganz schnell. Ohne, dass man es erwartete. Warum stießen sie nie am Glasrand an? Den konnten sie doch unmöglich sehen. Sie hatten solche Probleme nicht.

»Ist dir eigentlich nicht aufgefallen, dass ich in diesem Winter noch keine Bronchitis hatte?«, sagte ich schließlich leise zu Maria.

»Stimmt, toll!«

»Und weißt du warum? Weil ich jetzt Nylonstrümpfe trage! Das wollte ich dir endlich einmal erzählen.«

Jetzt musste sie tatsächlich lachen. Schallend aber, was mir peinlich war und mich verletzte.

Sie warf mit dieser typisch weiblichen Bewegung, die ich so an ihr liebte, ihr blondes Haar zurück. Und da ich das Gefühl hatte, dass sie mich nicht ernst nahm, ließ ich die Katze aus dem Sack. Meine kleine Rache für dieses Lachen.

»Halterlose!«, sagte ich. Sie waren für mich ja kein Witz, diese Strümpfe. Sie waren eine neue Erfahrung. Der Schlüssel zu einer neuen Welt. Um ihr das Ausmaß der Katastrophe wirklich ganz deutlich vor Augen zu führen, griff ich unter den Tisch und zog meine Hosenbeine nach oben: »Du glaubst mir nicht? Doch, schau mal!«

Schwarze Nylons auf zusammengepressten Männerbeinhaaren.

»Was, du trägst Damenwäsche?«, flüsterte Maria fassungslos.

Der Anblick der halterlosen Strümpfe brachte ihre Miene auf eine eigenartige Weise ruckartig zum Stillstand. So wie man schaut, wenn der Glaube im Sturzflug von einem abfällt. Das Vertrauen in etwas, von dem man immer dachte, dass es doch das Selbstverständlichste der Welt sei. Dass ein Mann unerschütterlich und unzerstörbar sein muss. Keine Nylons trägt. So, wie ein Mann eben zu sein hat.

Plötzlich fühlte ich mich schuldig. Ich hatte wohl etwas Gravierendes falsch gemacht. Zu deutlich erzählt, auf die falsche Weise, nicht diplomatisch genug, vielleicht zu viel auf einmal? Dabei hatte ich nichts gestohlen. Ich hatte meine Frau auch nicht betrogen. Nichts Unanständiges getan. Oder etwa doch?

Wir hatten nur einen entspannten Abend haben wollen, waren Arm in Arm durch die Straßen spaziert, zu unserem vietnamesischen Lieblingsrestaurant. Das Essen hatte fabelhaft geschmeckt. Tintenfischsuppe mit Glasnudeln. Knusprige Ente mit Chili. Weiter hinten im Lokal plätscherte auch noch der Miniwasserfall beim Zen-Altar. Alles sehr friedlich. Und jetzt diese bedrückte Stimmung. Wegen eines Paars Nylonstrümpfe.

»Was hast du denn?«, beschwichtigte ich Maria und versuchte es mit Komischsein: »Schau, willst du mal fühlen? Findest du sie nicht perfekt für mich?«

War da ein feuchter Schimmer in Marias Augen? Hektisch rang ich um die richtigen Worte. In dem Moment fühlte ich mich so furchtbar tief unter Wasser.

Wie sollte ich meiner Frau denn um Himmels willen klarmachen, dass das doch gar nichts Schlimmes war, was ich machte. Genau diese Absurdität war es, die mich immer mehr reizte. Sie weckte eine eigenartige Kriegslust in mir. Ganze Streitmächte marschierten plötzlich auf und scharrten mit den Waffen.

»Es ist völlig harmlos, Liebling«, stammelte ich. »Soll ich es dir erzählen? Es hat eigentlich alles ganz zufällig angefangen, ich kann gar nichts dafür …!«

Genau das war es, genau das! Dieses Verbiegen, Verdrehen, dieser Scheißdruck, dachte ich in mir drinnen. Und gleichzeitig sagte diese neue Stimme in mir: »Was soll dieser Quatsch, seit wann musst du dich dafür rechtfertigen, was du anziehst?«

Immerhin bestellte sich Maria noch ein Glas Wein. Sie war nicht sofort aufgestanden und gegangen. Ein gutes Zeichen.

»Aber warum muss es denn ausgerechnet Damenunterwäsche sein, wenn du perverse Erfahrungen machen willst?«, fragte sie mich.

So sehr es mich erleichterte, dass sie dabei an ihrem Wein nippte, so sehr ärgerte mich aber auch ihre Frage. »Pervers?«, antwortete ich. »Ich will versuchen, dir alles zu erklären.«

»Also, mir ist das zu peinlich«, sagte Maria, »du bist doch ein Mann. Warum trägst du nicht einen Ohrring, so wie es andere eitle Männer machen, oder rote Schuhe? Warum wirfst du dir nicht einen eleganten Schal um?« Wollte oder konnte sie mich einfach nicht verstehen? Langsam wurde ich wütend. Das hatte ich mir schon gedacht. Dass für all dies kein Mensch auch nur einen Hauch von Verständnis haben würde. Sondern nur ein Universum an Kategorien. »Eitel« und »pervers« hatte sie gesagt. Kaum machte ich etwas, das außerhalb einer Norm lag, stand sofort eine andere bereit, um mich fein säuberlich danach einzustufen. Dieser Schubladenhaufen aus Normen kam mir vor wie eine Niemandszone. In den Schubladen fanden nämlich keine Berührungen mehr statt. Sie waren leblos. Die Menschen wurden in ihnen durch beschriftete Deckel fein säuberlich voneinander getrennt. Befand man sich nicht in einer solchen Zone, bestand die Gefahr, durchs Raster zu fallen. Durch die ganze Gesellschaft. Genauso existenziell fühlte sich die Angst an, die ich in dieser Gesprächssituation empfand. Diese Möglichkeit, alles verlieren zu können. Meine Frau und vielleicht noch viel mehr. Nur weil ich Nylonstrümpfe trug und versuchte, offen dazu zu stehen.

»Ich trage diese Strümpfe, weil mir kalt ist. Keiner sieht sie. Soll ich dir das verschweigen und es heimlich tun?«

Es hatte an jenem Tag begonnen, als ich durch die Damenabteilung eines Kaufhauses streunte. In diesem langen Winter gab es einen besonders unwirtlichen Tag. Er war einer von denen, die einem das Leben in der Übergangszeit zum Frühjahr so unleidlich machen. Wie immer ging ich morgens unten am Fluss spazieren. Eigentlich wollte ich nur aufs Wasser blicken, in Ruhe in den Himmel schauen, stehen bleiben und ganz entspannt den Enten zugucken. Doch irgendetwas ärgerte mich: Ich konnte meine aufsteigende Unzufriedenheit nicht im Zaum halten, über mich selbst und all die Dinge, die mich immer wieder störten in meinem Leben. Die ich so leicht überging und wegschob, anstatt etwas gegen sie zu tun. Sie wirkten so lästig klein und waren viel zu unwichtig, als dass man sich mit ihnen beschäftigen müsste. Und dennoch hatten sie mich im Griff.

Dieses Mal war es der kalte Wind, der mich nervte. Er kroch unter meine Hosen und die Waden hoch. Als ich das bemerkte, musste ich nießen. Schon immer fror ich leicht, und augenblicklich wusste ich: Jetzt ist es so weit. Eine Riesenerkältung bahnt sich an. Wegen dieser Mischtemperaturen, bei denen ich nie wusste, ob es draußen mittelwarm, halbkalt oder eiskalt war, würde ich meinen jährlichen Schnupfen bekommen. Der würde sich in die übliche Bronchitis verwandeln. Die würde ich dann nur noch schwer wegkriegen. Und davon hatte ich die Nase so gestrichen voll. Dieser seit Jahren wiederkehrende Krankheitsverlauf. Einzig und alleine meine Unterkleidung trug daran die Schuld! Das war meine feste Überzeugung. Diese mickrige Auswahl, die Männern angeboten wurde. Ich wollte endlich einmal etwas anderes als diese fetten Unterhosen, die ich im Winter auf Restauranttoiletten mühselig auszog, weil ich in ihnen so schwitzte. Die ich mir klammheimlich in meinen Jackettärmel stopfte, bevor ich das Klo verließ, und dann in der Garderobe in meinen Mantel schob, um sie schließlich vor Verlassen des Lokals wieder ganz schnell anzuziehen. Dieses unbequeme, dicke, lieblos zusammengenähte und sich oft lumpenartig anfühlende Zeugs. Es war mir schon zuwider gewesen, als ich ein kleiner Junge war. Wenn mich meine Mutter in die langen Lappen gesteckt hatte, riss ich sie mir bei der nächsten Gelegenheit auf der Toilette heimlich vom Leib. Einmal versuchte ich, eine hinunterzuspülen. Der darauf folgende Skandal hing mir noch lange nach. Long Johns waren für mich ein Armutszeugnis. Eine Zumutung für mein Körpergefühl, für mein ästhetisches Empfinden. Und für mein praktisches erst recht. Untauglich waren sie, es sei denn, ich musste bei minus 30 Grad auf einem Gletscher nächtigen. Wann machte ich das schon? Nie.

Auch an diesem Tag hatte ich auf lange Unterhosen verzichtet, weil ich wieder einmal gedacht hatte, es wäre draußen wärmer. Meinen Morgenspaziergang hatte ich mir gründlich verdorben. Mein verlorener Blick auf den Fluss wandte sich nach innen. Hinein in meinen Frust. Schlecht gelaunt machte ich kehrt. Mit dem Ziel, die Kaufhäuser der Innenstadt auf den Kopf zu stellen. Gründlich. Da musste es doch etwas Geeigneteres geben als diese Hard-Core-Lumpen. Etwas für unter die Hosen, womit ich draußen nicht vereiste und drinnen nicht verdampfte.

Es war hoffnungslos. In den karg bestückten und düster wirkenden Männerabteilungen gab es gar nichts. Na ja, olympisch aussehende Sportunterwäsche eben oder grässliche Trainingssachen im Siegerlook. Die Männerwäsche präsentierte sich zudem in Farben, die mich abstießen. Müllgrau, Abwaschwasserblau, Kackbraun oder Pechschwarz. Ein Grauen.

Ziellos kreuzte ich durch die Abteilungen. Das Friergefühl klebte weiterhin wie ein eiskalter Film an meiner Wadenhaut. Doch dann, ganz zufällig, stand ich plötzlich im Bereich für Damenwäsche.

»Hier bist du falsch!«, sagte ich mir, und ein automatischer Reflex wollte mich zum Umkehren bewegen. Aber irgendetwas war anders. Neu. Mein Blick war von dieser überbordenden Zone gefesselt. Sie leuchtete hell. Wunderschön. Und wieder wollte mich etwas in mir zwingen, sofort kehrtzumachen. Diese Automatik machte mich stutzig und ließ mich innehalten. Ich hasste es, wenn ich mir so vorkam, als würde ich ferngesteuert werden.

Da erblickte ich mich selbst in einem Spiegel: ein hochgewachsener, ernst wirkender, dürrer Mann mittleren Alters mit kurzen, schwarz-grauen Haaren. Jeans bedeckten die frierenden Beine, darüber ein weißes Hemd und ein dunkelblaues Sakko, die ganze Gestalt eingehüllt in einen Mantel. Seit Jahren trug ich im Winter fast nichts anderes. Die Auswahl war begrenzt. Im Vergleich zum Glitzern der Damenwäscheabteilung vor mir fand ich mich selbst seltsam leblos und blass. Wie abgestellt und nicht abgeholt.

Der Kauf vernünftiger Unterbekleidung für meine Beine wurde plötzlich unwichtig. Als ich mich weiter in dem

Spiegel betrachtete, erschien mir das Männerdasein auf einmal so klein. Vollkommen beengt. Unentwegt geriet ich an eine Barriere, wie jetzt dieser Umkehrreflex vor der Damenwäscheabteilung. Ich stand nichts weniger als mitten auf der Grenze zwischen Mann und Frau, hier auf dem Abschnitt, der durch ein Kaufhaus führte. Eine Abteilung für Damen und eine für die Herren. Die eine strahlte hell, die andere war dunkel. Die eine roch gut, die andere gar nicht. Die eine war bevölkert und lebendig, die andere gähnte vor Leere. Sie wirkte unbeseelt und funktionalisiert. Darf ich dort, in diesen schöneren Räumlichkeiten, nicht auch einmal entspannt hineingehen und mir vielleicht sogar etwas kaufen?, überlegte ich. Aber sollte ich das tun, war ich dann tatsächlich noch ein richtiger Mann? War es für einen Mann nicht angemessener, dort nicht hineinzugehen, sondern sich abzuwenden, umzukehren?

Eine sanfte innere Stimme sagte mir: »Hör auf, dich zu begrenzen. Trau dich nur!«
Langsam löste ich mich von meinem Spiegelbild in dem Kaufhaus, machte einen Schritt über die Grenze – und stand plötzlich in diesem Neuland. Das Territorium der Frauen. In Form eines Schlaraffenlands für Damenunterwäsche. Ich staunte. Was den Frauen alles angeboten wurde! Eine unermessliche Vielfalt an Wäscheteilen. Ein Universum, in dem man sich verlieren konnte.
Das beklommene Gefühl, nicht hier sein zu dürfen, blieb weiterhin. Trotzdem kehrte ich nicht um. So diskret wie möglich zwängte ich mich zwischen den vielen Frauen hindurch, die mitten an diesem Vormittag an den Warentischen in Sonderangeboten wühlten.

Während ich neugierig herumschaute, entdeckte ich eine ganze Abteilung, in der es nur Nylonstrümpfe gab! In unendlich langen Regalen breitete sich eine Welt hauchfeiner, leichter und dickerer Strumpfhosen aus. Halterlose, kniehohe, mittel- und halbhohe, halb- und vierteldurchsichtige Feinstrümpfe. Zarteste Füßlinge. Alle Farben von Pink bis Blau, von Weiß bis Schwarz. Und nirgendwo sah ich dieses Müllgrau oder Dreckbraun wie bei den Männern. Wie ungerecht!, dachte ich, und meine neu entdeckte innere Stimme sagte mir: »Du wirst dir jetzt Nylons kaufen. Ja, du dir! Es ist doch egal, ob du das als Mann darfst oder nicht.«

Ja, genau, das war überhaupt die Idee! Nylons waren fein genug, um mich nicht zu stören, würden mich aber trotzdem wärmen. Ich sprach mir Mut zu, und diese neue Stimme samt meiner Wut wegen der Kälte auf meiner Beinhaut halfen mir dabei. Ich würde jetzt Nylons kaufen – für mich! Doch welche? Und wie machte ich das am besten?

Aus Angst davor, peinlich aufzufallen, griff ich einfach dorthin, wo die durchsichtigen schwarzen lagen. Doch es war wie mit allem im Leben: Auch das Kaufen von Feinstrümpfen stellte sich als etwas heraus, wofür man Erfahrung brauchte. Die einzelnen Artikel unterschieden sich nämlich durch eine geheimnisvolle Zahlenarithmetik. Auf den knisternden Plastikverpackungen standen riesengroße Ziffern. 20, 25 oder 30. Zuerst dachte ich, das wären Schuhgrößen. Ich rief eine Verkäuferin zu mir und zeigte auf die 20er-Packung.

»Tragen bereits Kinder solche Strümpfe?«, fragte ich.

Die Verkäuferin schaute mich verdutzt an und lachte.

»Guter Witz!« Dann wandte sie sich einer Kundin zu.

Verunsichert vertiefte ich mich weiter in das Studium dieser mir fremden Wissenschaft. Auf manchen Verpackungen stand sogar »blickdicht« drauf. Für wen waren die? Vielleicht für arabische Frauen, die Schleier trugen? Es gab sogar Strümpfe für Riesinnen mit der Schuhgröße 60!

Ich musste die Verkäuferin nochmals fragen: »Entschuldigen Sie, ich kenne mich mit so was wirklich nicht aus. Aber es gibt doch nicht allen Ernstes Frauen mit der Schuhgröße 60?«

Jetzt strahlte mich die Verkäuferin an: »Ach, ist das schön – und leider so selten! Ich liebe Männer mit Humor!«

Wieder ging sie fort. Verständnislos schaute ich ihr nach.

Eine Frau, die das Gespräch mitverfolgt hatte, erbarmte sich meiner: »Ich glaube, Sie wissen wirklich nicht, was diese Zahlen bedeuten, oder? Das sind die ›Den‹-Ziffern. Sie stehen für die Dichte des Fadennetzes und die Dicke der Strümpfe. Das kommt von dem Begriff Denier und bezeichnet das Gewicht des verarbeiteten Garns in Gramm auf 9000 Meter Länge.«

»Wieso denn neun Kilometer?«, fragte ich. »Ist wirklich so viel Faden in einem Strumpf verarbeitet?«

»Ich glaube schon.«

Der Elan der Frau gefiel mir.

»Und 20-den-Strümpfe gehen leichter kaputt als die mit 30 den, weil eben weniger Garn verarbeitet wurde«, erklärte sie weiter. »Also, welche Strumpfhosen suchen Sie denn für Ihre Frau?«

»Na ja, meine Frau ist in etwa so groß wie ich.«

Ich entschloss mich für die halterlose Variante, denn ich fürchtete, dass mir Strumpfhosen um die Hüfte herum zu warm werden könnten. Als Mann sollte man seine Prostata möglichst kühl halten, hatte mir ein Urologe einmal gesagt. Während ich einen auffällig hohen Stapel von halterlosen Strümpfen auf meinen Arm lud, schaute ich mich um. Keine verdächtige Regung. Da war nur wieder ein Spiegel. Dieser Mann in der Damenabteilung, der Packungen der Normvariante 20 den in der Hand hielt, hatte ein wenig Farbe im Gesicht bekommen. Und wo war bei den Frauen jetzt die Kasse? Der bevorstehende Zahlvorgang machte mich nervös. Das würde peinlich werden.

»Vielleicht glaubt die Kassiererin, du bist ein Perverser. Willst du das? Hör also sofort auf mit dem Quatsch!«

Diese innere Stimme kannte ich gut. Ich nannte sie »Dränger«, ein unerträglicher Geselle. Immer wieder hatte ich versucht, ihn auf den Mond zu schicken. Ohne Erfolg. Als würde ein Bleigewicht an ihm hängen, und das war ich selbst.

»Auf diesen Idioten hörst du nicht mehr, okay?«, sagte da diese neue, andere Stimme in mir.

»In Ordnung«, erwiderte ich. Diese sanfte Stimme gefiel mir.

»Was sagten Sie?« Die Verkäuferin, die neben mir die von mir herausgerissenen Strümpfe wieder ins Regal sortierte, stellte diese Frage.

»Oh, Entschuldigung, ich war nur in Gedanken.«

»Das seid ihr Männer immer, eure Gedanken würde ich gern mal lesen können. Oder besser lieber nicht. Übrigens, dort hinten ist die Kasse!«

Während ich zwischen BH-Ständern und anderer Wäsche meinen Weg zur Kasse suchte, geriet noch mehr in mir in Proteststimmung. Mir fiel auf, wie vieles als weiblich und damit als unberührbar galt. Röcke, Kosmetik, fantasievolle Kleidung. Auch bestimmte Gerüche zählten zum Verbotsgebiet. Weichere und süßere zum Beispiel, so wie sie neben einem Negligé-Stand angeboten wurden. »Ihr Nachtduft für den schönsten Traum!«, stand dort geschrieben.

Was war das schon wieder? Und warum gab es das nicht für Männer? Weil es etwa zu weiblich ist für einen Mann, nachts angenehm duften, oder angenehm zu träumen? Man darf dem wohl nicht zu nahe kommen: »Vorsicht, weiblich!«, wetterte auch sofort mein innerer Dränger. Ich musste unbedingt verhindern, dass dieser Typ zu oft zu Wort kam.

Eigentlich war es mir ja nur um die Temperierung meiner Beine gegangen. Doch auf einmal fühlte ich, wie sehr ich dieses Rollenspiel leid geworden war. Nein. Daran wollte ich mich nicht mehr beteiligen. Als ich an der Kasse stand, um die ersten halterlosen Nylons meines Lebens zu bezahlen, zeichnete sich schemenhaft eine Idee in mir ab. Ich würde aus dieser Männerrolle ausbrechen. Ich wollte wissen: Wie fühlt sich das Leben der Frauen an. Besser? Offener und fantasievoller? War es so, wie die Damenwelt in dem Kaufhaus auf mich wirkte, also heller, weicher, schillernder?

Dabei fühlte ich mich in meiner eigenen Haut nicht unwohl. Die Tatsache, dass ich ein Mann war, kam mir nicht übermäßig problematisch vor. Ich fand dieses Mannsein zwar nicht derart atemberaubend, wie mir manchmal andere Männer davon beeindruckt erschienen. Aber vielleicht war das Frausein schöner?

Als ich nun in der Kassenschlange stand, als einziger Mann zwischen einem Dutzend wartender Frauen, schoss mir erstmals der Gedanke durch den Kopf: Wie wäre das, ich als Frau? Der totale Tabubruch? Oder würde es gar nicht so schlimm sein?

Dieses Fantasieren war ein schöner Zeitvertreib. Wie wäre es, überlegte ich weiter, wenn ich wie eine Frau wirken würde? Oder wenn ich wie eine Frau aussähe? Würden mich die Männer aus ihrer Sippe verstoßen? Wäre ich dann für sie ein »Weichei?« Doch unabhängig davon: Was ist Frausein überhaupt? Wäre es nicht eine spannende Erfahrung, einmal wie eine Frau in die Welt hinauszugehen? In Nylons, mit Rock, Stöckelschuhen und Make-up?

Dieses Gedankenexperiment reizte mich, gleichzeitig wurde mir heiß und kalt. Denn so etwas zu tun, kam mir in dem Moment vor wie der völlige Verlust gesellschaftlichen Ansehens. Nur wegen ein paar Kleidungsstücken und ein bisschen mehr Farbe im Gesicht.

Ich war nun dran mit bezahlen. Als mir die Kassiererin in die Augen sah, fühlte ich Scham. Meine Verlegenheit überspielte ich mit einem Lächeln und einer Lüge: »Das hier möchte ich bezahlen, es ist für meine Freundin!«

Die junge Frau sah in mein heiß gewordenes Gesicht und kicherte: »Ach ja? Für sich selbst werden Sie die ja wohl kaum kaufen, schon gar nicht gleich so viele!«

Und mein innerer Dränger fügte hinzu: »Ein Mann in Nylons? Du hast ja einen Vollknall! Das ist wirklich peinlich, was du da tust!«

Genau das war es, diese äußeren und inneren Rollenklischees. Dagegen würde ich nun mit den ersten Nylons meines Lebens anarbeiten. Nachdem ich meinen Packen Strümpfe bezahlt hatte, lenkte mich ein angenehm warmes Pochen in mir von ihm ab. Ich kannte das vom Verlieben. Oder von erregenden Gefühlswellen, die mich durchfluteten, wenn ich etwas Neues erlebte, etwas Spannendes. Es war dieses Seelenkribbeln, das ich wahrnahm, wenn meine innere Fühlmuschel ein wenig aufklappte, ich bereit war, Wagnisse einzugehen und sich dadurch so ein Alles-kann-passieren-Gefühl auftat. Mein Herz schlug mit einem Mal anders, um nicht zu sagen weiblicher.

Der Weg nach Hause schien weiter als sonst. Als ich endlich angekommen war, nahm ich ein Küchenmesser, das ich an der Kante einer der verschweißten Plastikpackungen ansetzte. Ruckartig zerrte ich daran. Die Tüte platzte auf und der zarte Beinstoff hing an der Klinge. In Laufmaschen zerrissen. Tausende von Meter den! Erst in diesem Moment erkannte ich, dass es auch unkomplizierter ging. Einfach nur mit einer Lasche eine Klebefolie lösen!

Zum Glück hatte ich mehrere Strümpfe gekauft, und mit einem Griff hatte ich ein unbeschädigtes Paar Strümpfe in der Hand. Vorsichtig faltete ich sie auseinander und betrachtete sie eingehend. Am oberen Ende sah ich lustige Spitzen. Dort wurden sie offenbar mittels eines Gummibandes am Oberschenkel festgehalten.

Diese Dinger konnte man nur mit Fingerspitzen anfassen. Als würde eine empfindsame Seele in ihnen stecken. Nun versuchte ich, sie mir anzuziehen. Leider waren meine Fußnägel nicht perfekt gefeilt, und beim Überziehen über den Fuß verletzte ich das sensible Fadennetz schon wieder. Irgendein Fädchen hatte sich verfangen. Eine Laufmasche war das Ergebnis. Verflixt! Wieso ging das so schnell? Meine Mutter fiel mir ein, oft hatte ich ihr als Junge zugesehen, wenn sie sich herrichtete. Auch bei Freundinnen hatte ich es beobachtet. Erst wenn sie mit beiden Händen das Strumpfknäuel vorsichtig auseinandergezogen hatten, steckten sie die Zehenspitzen hinein.

Kaum hatte ich den ersten Teil des Strumpfes über den Fuß gezogen, spürte ich dieses angenehme Gefühl. Unten am Fluss, wenn sich der Kaltwind unter mein Hosenbein schlich, hatte ich mich immer danach gesehnt: nach einer zweiten Haut für meine Männerbeine. Nach einem leichten Strumpf für frische Temperaturen. Das, was ich jetzt spürte, schien für meine Bedürfnisse ideal zu sein.

Um den Realitätstest zu machen, lief ich sofort zum Fluss hinunter. Und erlebte Unwahrscheinliches: Ohne zu frieren genoss ich einen der schönsten Spaziergänge meines Lebens. Anschließend saß ich in einem Café, ohne zu schwitzen oder mich vorher auf der Toilette umzukleiden. Doch das Praktische war es nicht allein. Auf eine ungewohnte Art fühlte ich mich beim Tragen dieses geschmeidigen Materials weicher und runder. Auch verletzlicher, aber seltsamerweise gleichzeitig stärker – und ein kleines Stückchen weiblicher. Das war eigentlich etwas völlig Unakzeptables für mich als Mann, dabei war dieses weibliche Gefühl so entspannend. Was für ein Widerspruch: Ich fühlte mich gleichzeitig wohl und peinlich!

Zurück in der Wohnung betrachtete ich mich vor dem Spiegel. Die gepressten Beinhaare machten sich nicht gut hinter dem transparenten Fadennetz. Ich überlegte, wie es wohl aussehen würde, wenn ich meine Beine rasierte. Wie würde sich das anfühlen?

Maria war entsetzt, als ich ihr beim Vietnamesen von meinem Plan erzählte:»Aber ich habe doch einen Mann geheiratet!«, sagte sie.

»Mach dir keine Sorgen, Maria«, erwiderte ich,»es ist einfach nur ein Experiment, eine Erfahrung. Die hört wieder auf.«

Dabei war mir klar: Wahre Experimente haben einen ungewissen Ausgang. Was am Ende dabei herauskommt, steht nicht fest.

»Fühlst du dich nicht gut als Mann?«, fragte sie mich leise.

»Doch, Liebling, mach dir keine Sorgen. Ich bin völlig happy als Mann.«

Und dann wechselte ich das Thema. Das Letzte, was ich wollte, war, Maria zu verlieren. Noch nie war ich mit einer Frau so lange und so glücklich zusammen gewesen. Doch es drehte sich bei meinem Vorhaben nicht um irgendeinen skurrilen Einfall. Ich wollte einer inneren Intuition folgen.

Ich habe in meinem Leben alle möglichen Fähigkeiten erworben, mich mit vielem vertraut gemacht. Wie es sich für einen richtigen Mann gehört. Meistens durch Einsatz, Durchhaltevermögen, Energie, Kreativität und Zeit. Je länger ich mich mit etwas beschäftigte, desto besser kannte ich mich damit aus. Es gab nur eine Ausnahme:

die Frauen. Selbst nach ausreichend Begegnungen wurde der Umgang mit den Frauen für mich nie zu etwas, von dem ich gewusst hätte, wie es funktionierte: Schlug ich eine Taste an, ergab das einen Ton, aber meist nicht den, den ich erwartete. Frauen waren ja auch keine Musikinstrumente. Aber obwohl wir Männer nicht die geringste Anleitung dafür haben, ihre Saiten anzuschlagen, behandeln wir sie oft so, als würden wir genau wissen, wie wir sie zum Klingen bringen können. Später wundern wir uns, dass es nicht geklappt hat. Mal wieder.

Frauen waren immer Neuland für mich gewesen. Irgendwann empfand ich es fast so, als würde uns eine unsichtbare Mauer trennen. Dabei fand ich sie immer begehrenswert, anziehend. Manchmal auch mehrere gleichzeitig. Aber für dieses Neuland gab es nie eine unbegrenzte Aufenthaltserlaubnis, wieder und wieder wurden die Visumvorschriften geändert. Trotzdem wollte ich jedes Mal mit ihnen verschmelzen. Mit einer zumindest. In der Liebe und im Orgasmus gelang das manchmal. In solchen Momenten war es, als wäre der (geschlechtliche) Unterschied zwischen uns aufgehoben.

Ansonsten waren meine Begegnungen mit Frauen auf eine unerklärliche Weise unerfüllt geblieben – und nach einer gewissen Zeit waren sie wie ein Spuk verschwunden. Ein Häuflein Liebe war vielleicht noch übrig geblieben, doch der Rest war missglückt.

Auch meinen männlichen Freunden gegenüber konnte ich meine neue Faszination nicht richtig ansprechen. Natürlich. Immer wenn ich es versuchte, erntete ich das typisch männliche Grinsen. Es hatte etwas Herablassendes. Es war oft begleitet von einem Spruch von dieser Sorte: »Und Warmduscher bist du auch noch, oder?« Oder alternativ: »Nylons auf der Haut? Na, dann pass mal auf, dass du nicht am Ende sogar überläufst! Plötzlich willst du dich umoperieren lassen.«

Mit derartig klischeegeladenen Bemerkungen halten sich Männer gegenseitig in Schach. Das eindeutige Signal war: Es ist männlicher, sogar im Winter ohne Beinwärmer herumzulaufen. Ein Mann hält das doch aus! Vor allem ist es sicherer. Man bleibt dann ganz sicher ein Mann.

Das Tragen von Nylons – eigentlich eine banale Erfahrung, wie ich dachte – hatte eine erste Grenze in mir gesprengt. Ich fühlte mich deutlich freier, und zwar als Mann. Oder sollte ich besser sagen: als Mensch? Es fühlte sich so unglaublich gut an, etwas von diesem Mannsein Losgelöstes zu tun. Geradezu sauwohl. So wie sich ein Mensch nur fühlen konnte, der im Stillen Millimeter für Millimeter von sich selbst zurückeroberte. Außerdem hatte dieses Wohlgefühl auch etwas seltsam Verbotenes. Das reizte umso mehr.

Mehr und mehr fing ich an, über die Rolle von Männern und Frauen in unserer Gesellschaft nachzudenken. Die Männerrolle kam mir immer künstlicher vor. Da war dieser Leistungs- und Bestätigungswahn, den ich plötzlich viel deutlicher wahrnahm. Er wirkte zwanghaft auf mich. Weiblichkeit bedeutete für mich dagegen, unabhängig von solchen inneren Bedrängnissen zu sein. Das Leben einer Frau wirkte auf mich viel sinnlicher und lässiger, ein mysteriöses, paradiesisches und vor Lebendigkeit strotzendes Reich.

Meine eigenen Vorstellungen waren sicher auch nicht frei von Klischees und einer gewissen Naivität. Das war mir bewusst, aber zunächst egal. Ich wollte meinen Gedanken freien Lauf lassen. Um die Welt aus dieser weiblichen Perspektive kennenlernen zu können, würde ich aber gänzlich in eine Frauenrolle schlüpfen müssen. Je mehr ich mich damit beschäftigte, desto faszinierender fand ich die Idee. Auf diese Weise konnte ich vielleicht aus dem männlichen Rollenverhalten ausbrechen, das ich als unerträglich beengend wahrnahm.

Ich wollte mich gegen die Welt der harten Handschläge und der schweren Hiebe auf die Schulter wehren, gegen das Kaltduschen, Springen in eisige Seen und Marathonläufe bei 30 Grad Hitze, gegen den Irrglauben, alles allein managen und organisieren zu müssen, gegen die Mär vieler männlicher Halbweiser, durch das Kaufen von Zen-Büchern ein richtiger Weiser werden zu können. Gegen die Verhinderung von Weiblichkeit in unserem Leben. Und ganz besonders gegen diesen von mir verhassten Zynismus von Männern. Den hatte ich, als ich noch Manager im Filmbusiness war, mehr als genug erlebt. Ständig musste man mit wohlklingenden Schnörkelsätzen brillieren, mit pseudogeistreichen Witzen und sonstigen wachsweichen Bemerkungen. Dieses Sich-Aufspielen in Besprechungen, als hätte man soeben ein Ei gelegt. Dieses Recht-haben-Wollen von Männern empfand ich, wenn es zelebriert wurde, schon immer als schmerzhaft. Dazu gehörte auch das Pflegen falscher Freundschaften, das Nichtzulassen von anderen Sichtweisen und das Fertigmachen dieser, wagte es jemand, diese zu formulieren. All das musste endlich einmal auf den Tisch. Und dann weg damit.

Mich in eine Frau zu verwandeln wurde zu meinem geheimen Abenteuer, zu meiner ganz persönlichen Revolte gegen diese entsetzlich anstrengende Art und Weise, wie wir angeblich so extrem unterschiedlichen Geschlechter uns miteinander zu verhalten haben. Eine Aktion gegen diesen sich auf Geschlechterrollen beziehenden Lebensstil. Ja, meine kleine Privatrevolution sollte das werden. Sie sollte mich selbst in meinen eigenen, stereotypen Verhaltensweisen angreifen. Ich wollte aber auch meine soziale Umwelt unter die Lupe nehmen.

Und immer wieder kreisten meine Gedanken dabei um die Frage: Warum dürfen sich Frauen wie Männer kleiden, Männer aber nicht wie Frauen? Warum dürfen sie keine Röcke tragen, luftige Wickeltücher, farbige Schnürsandalen? Warum sind rote Zehennägel und ein hübscher Lidstrich nicht genehm? Wäre Mann dann weniger Mann? Sind Männer in Wirklichkeit möglicherweise sogar viel unfreier und eingesperrter als es den Anschein hat? Meist heißt es, dass sich die Frauen mehr befreien sollen. Aber was ist mit dem anderen Geschlecht? Und: Könnte es nicht vielleicht auch den Frauen guttun, wenn sich die Männer endlich aus ihren engstirnigen und überholten Klischees lösen würden? Oder funktioniert dann der Sex zwischen Mann und Frau nicht mehr, weil die Polarität und diese obskure Reibung am Fremden verflogen wäre? Und wie sähen Managermeetings aus, in denen der eine mit Stöckelschuhen, der andere mit roten Lippen und der Dritte im Rock erscheinen würde (wohlgemerkt, ich spreche von Männern)? Wären das deswegen weniger kompetente, wichtige und staatstragende Besprechungen?

2 Die Weiblichkeit ist kein Bermudadreieck

Um meine Verwandlung anzugehen, stand ich bald wieder in der Damenabteilung eines Kaufhauses. Mich interessierte dieses Mal keineswegs die Strumpf- oder Wäscheabteilung, Ziel war die Etage mit der Oberbekleidung. Kleider, Röcke, Blusen.

Als Mann war ich es gewöhnt, einmal ins Hosenregal zu greifen oder mal kurz die Jacketts durchzusehen, fertig. Wie machten das die Frauen?

Nach kurzer Zeit war ich erschöpft. Die Qual der Wahl zwischen den endlosen, von Scheinwerfern angestrahlten Regalreihen voller bunter Kleider machte mich ratlos. Und nichts passte. Egal in welches Fach ich griff, es war ein Griff ins Unmännliche. Die Grenze zwischen Männern und Frauen erschien mir wie ein Minenfeld. Ein Minenfeld aus Tabus.

Wie finden sich die Frauen bloß in einem solch gigantischen Paradies zurecht?, dachte ich wiederholt. Irgendwann zog es mich zu einem ziemlich kurzen, hellbeigen Kleid zurück. Bereits mit ihrer ersten Frage traf die Verkäuferin ins Schwarze: »Wie groß ist denn die Oberweite der Dame?«

Natürlich tat ich mich mit der Antwort schwer: »Wie

soll ich es Ihnen sagen? Insgesamt ist sie schon groß, also die Dame. In etwa so groß wie ich selbst.«

»Wie Sie?«, lachte die Verkäuferin. »Das ist aber ziemlich groß, also 1,90?«

»Nein, kleiner, 1,87.«

»So, nur 1,87?« Sie lächelte und hörte gar nicht mehr auf zu lächeln.

»Ja, warum schauen Sie mich so an?«, sagte ich. »Es gibt heute viele Frauen in der Größe.«

»Sicher, aber damit hätten wir noch nicht die Größe der Oberweite.«

Ich gab mir den Anschein, als würde ich mich konzentrieren. Schließlich sagte ich: »Keine Ahnung, Sie müssen mir helfen. Ich weiß nicht, wie man das bezeichnet. Schon ganz ordentlich.« Dabei deutete ich mit der Hand vor meiner Brust etwas Voluminöses an.

»Oh, wirklich? Scheint ein D-Cup zu sein.«

»Ein was?«

»Hören Sie, vielleicht sollte Ihre Lebensgefährtin selbst vorbeikommen?«

Der Verkäuferin konnte ich schlecht sagen, dass Maria ein paar Wochen in den Urlaub zu ihrer Familie gefahren war und ich in diesem Moment mit einer noch viel intimeren Lebensgefährtin vor ihr stand: Ich war mit meiner inneren Frau losgezogen. In den letzten Wochen hatte ich mich auf Recherche begeben und einiges zu diesem Thema herausgefunden. So soll sogar wissenschaftlich erwiesen sein, dass eine solche innere Frau in jedem Mann existiert. Je nach Verdrängungsgrad bzw. Akzeptanz nehmen die Männer sie mehr oder weniger wahr. Ich selbst hatte nun für mich beschlossen, einen Schritt weiterzugehen und meine innere Frau durch das Anziehen eines Kleides für mich sogar sichtbarer, fühlbarer zu machen.

Es wäre natürlich möglich gewesen, mich mit weniger drastischen Mitteln dieser Weiblichkeit anzunähern. Aber ich wollte spüren, welche Kanten es gab, mich auch in meinem sozialen Umfeld als Frau erleben. Mich interessierte das Kleidungstabu und welche Rolle es für die Geschlechter spielte. Sanft atmend durch die Straßen zu laufen, um mir dann nach einer Weile einzubilden, ich würde mich jetzt weiblicher fühlen – nein, das kam nicht infrage. Den Tabubruch wollte ich komplett vollziehen und sehen, was in mir selbst und außerhalb von mir geschehen würde. Und ich wollte meine Erfahrungen mit einem weiblichen Klischee beginnen: einem kurzen Kleid.

Ich hatte es gemalt. Mit Acrylfarben hatte ich wieder zu malen begonnen. Wilde, farbige Bilder mit Formen und abstrakten Sinnesgebilden. Woher aus mir diese Ideen dafür kamen, wusste ich nicht. Ich malte spontan. Nur hatte ich auf meinem ersten Gemälde plötzlich eine wunderschöne Frau angestarrt. Das ist sie!, hatte ich mir gedacht. Das bin ich! Es war eine Frau mit ausgeprägten Formen und Kurven, mit langen blonden Haaren und langen Beinen – und einem kurzen Kleid.

Mit der Idee, mich über ein weibliches Klischee anzunähern, verband ich den Gedanken, mich so besser in das Weibliche hineinfühlen zu können. Sonst hätte ich ein Mann in Hosen und T-Shirt bleiben können.

»Nein, nein, das muss nicht sein«, sagte ich der Verkäuferin, »ich kenne meine Frau gut genug. Sie ist ganz ähnlich gebaut wie ich. Vielleicht probiere ich das Kleid einmal selbst an.«

»Wirklich? Wenn Sie meinen … Dort hinten sind die Kabinen!«

In den Kabinen hatte bestimmt kaum je ein Mann ein Minikleid anprobiert, überlegte ich auf dem Weg dorthin. Nachdem ich – zum Glück unbeobachtet – den Vorhang der Garderobe zugezogen hatte, fühlte ich mich ein wenig erleichtert. Doch nur kurz.

Mit ungelenken Bewegungen zwängte ich mich in das erste Kleid meines Lebens. Nachdem ich ungefähr ein Drittel über mich gezerrt hatte, hörte ich ein alarmierendes, ein knackendes Geräusch. Irgendwo war eine Naht geplatzt. Hastig versuchte ich, wieder aus dem Teil herauszukommen. Dabei platzte der Stoff vollends auf. Ich hielt etwas in der Hand, das nun tatsächlich wie ein abgerissener Fetzen aussah.

»Hallo, schlecht genäht!«, rief ich der Verkäuferin aus der Kabine zu. Ich war außer Atem. Sich in Höchstgeschwindigkeit in ein absolut unpassendes Teil hinein- und wieder herauszuzwängen, während ich panisch überlegte, wie ich aus dieser prekären Situation herauskommen sollte, ohne das Gesicht zu verlieren, ging an meine Grenzen.

»So, so«, meinte sie, zog ein wenig den Vorhang auf und begutachtete das Überbleibsel meines Anziehversuchs.

»Aber ich nehme es«, sagte ich. »Es ist ja auch wegen mir gerissen, zugegeben. Aber ich werte das als gutes Zeichen, meiner Frau wird es passen. Sie ist ja schmaler gebaut als ich. Wir flicken das schon wieder zusammen.«

Wieder lächelte die Verkäuferin: »Das ist nicht nötig, unser Nähdienst macht das schon. Sollen wir es oben etwas enger machen?«

»Nein, um Gottes willen nicht, eher weiter.«

»Also, ist das Kleid nun für Sie oder für Ihre Frau?«

Ich schaute der Verkäuferin in die Augen und sah: Sie wusste alles.

Dieses Kaufhauserlebnis machte mir schlagartig klar: Bevor ich mir für mein Experiment weitere Röcke, Blusen oder Spitzenunterwäsche kaufen sollte – und ich ging mit wachsender Motivation davon aus, dass ich das tun wollte –, musste ich unbedingt meine Maße kennen, insbesondere die genaue Form und Größe meiner Oberweite. Da ich keine hatte, konnte ich mich für eine entscheiden. Doch für welche? Darüber hatte ich mir bis jetzt noch keine Gedanken gemacht. Eigentlich hatte ich das Problem mit Zeitungspapier oder Servietten lösen wollen. Aber je länger ich darüber nachdachte, desto weniger gefiel mir diese Idee. Bei der Vorstellung, mit knisternden Dingern und herumrutschenden Papierknäueln in einer Anprobekabine in Kleider und Blusen zu schlüpfen, während hinter dem Vorhang eine Verkäuferin wartete, wurde mir mulmig. Wenn so eine Kugel herausfiele und unter dem Vorhang herausrollen würde … Das wollte ich weder meiner inneren Frau, noch einer »äußeren« zumuten. Nein, mein Erlebnis sollte möglichst authentisch sein. Ich wollte mich – so gut es ging – wie eine echte Frau fühlen. Also mussten richtige Brüste her. Zum Verwechseln echte zumindest.

Gibt es dafür Geschäfte? Niemals! Doch nachdem ich ein wenig im Internet gesucht hatte, stieß ich auf einen ziemlich gut ausgestatteten Laden, gar nicht so weit von meiner Stadt entfernt.

»Sind das deine ersten Brüste?«

Ich dachte, ich hörte nicht recht, als ich nach einer Stunde Autofahrt in einem äußerst eigenartigen Geschäft stand. Einen solchen Einstieg hatte ich nicht erwartet. Es ging bei diesem Kauf doch um etwas Entscheidendes, um die Ausstattung mit einem weiblichen Geschlechtsmerkmal.

»Heißt das, dass dann normalerweise noch die zweiten und dritten kommen?«

Staunend stand ich vor einem meterlangen Regal, in dem neben Perücken, Dessous, Damenschuhen und allen möglichen anderen Utensilien Hunderte von unterschiedlichsten Brüsten angeboten wurden. Große, kleine, spitze, breite, riesige. Nur für Männer! Ich konnte zwischen »echt weichen«, »echt hängenden«, »kleinen«, »mittleren« und »übergroßen« Exemplaren wählen. Ihre jeweiligen Brustwarzen schauten mich an wie Augen. Wem die nicht gefielen, der konnte vor einem Spiegeltisch seine individuelle Warzengröße mit der richtigen Farbe und dem gewünschten Vorhof auswählen. Vermutlich pappte man sie dann auf die Brust. Auch ohne Spezialwunsch schienen mir die einzelnen Varianten verführerisch. Jeder einzelne Busen lud so unwiderstehlich zu einer sofortigen Berührung ein, dass ich mich richtig beherrschen musste.

»Ich weiß nicht, in welchem Stadium du bist«, lächelte mich die Verkäuferin an, »wenn du willst, erzähl mir was, dann kann ich dir helfen.«

Stadium? Mir wurde unheimlich. Ich begann mich zusammenzureißen und nahm mir vor, jetzt erst recht noch weniger zu sagen.

»Übrigens, ich heiße Erika, und du?«, sagte die Verkäuferin und reichte mir die Hand.

»Christian.«

Erika war eine hochgewachsene, dunkelhaarige Frau von fast aristokratischer Ausstrahlung. Mit ihrer hochgeschlossenen und eleganten Kleidung hätte sie eher in die Wissenschaftsbibliothek einer Universität gepasst, als in dieses etwas seltsame Intimgeschäft. Sie sprach auf eine beiläufige Weise, fast sachlich. Als würde sie sich in einer Professorenrunde über biologische Testergebnisse austauschen.

Ich war es gewohnt, mit einem einigermaßen genauen Plan in ein Geschäft zu gehen. Auf die Nachfragen von Verkäuferinnen konnte ich in der Regel sofort Antworten geben. Und hätte Erika in diesem seltsamen Outlet keine Fragen gestellt, hätte ich selbst die Initiative ergriffen: »Was würden Sie mir empfehlen, haben Sie ein interessantes Angebot?«

Doch jetzt war es mir vorgekommen, als hätte man mich nach den Maßen meiner Genitalien gefragt, danach, ob dies »der erste Penis sei«, den ich tragen würde. Oder vielleicht sogar der dritte? Sicherlich meint sie die BHs, dachte ich, während Erika mit einer charmanten Bewegung schließlich meine Arme auf die Seite schob und ohne mich zu fragen, mit einem Maßband meinen Unterbrustumfang erfassen wollte, eine Region meines Körpers, die noch nie einen Namen gehabt hatte.

»Das ist der wichtigste Bereich, der unterhalb deines Busens«, erklärte sie. »Dort muss alles richtig sitzen. Den Unterbrustumfang musst du dir für deine Einkäufe merken.«

»Welche Einkäufe?«

»Na, du wirst deinen neuen Brüsten hoffentlich ein paar hübsche BHs schenken wollen, oder etwa nicht?«

Neue Brüste? Gibt es auch gebrauchte? Oder alte? Ich war verwirrt. Ging sie davon aus, ich werde nun jeden Tag Brüste tragen, so oft, dass ich viele BHs brauche?

Ein Mix aus Scham, Neugier und Verwirrung herrschte in meinem Kopf, doch meine innere weibliche Stimme brachte mich zur Ruhe. Das war wohl meine erste Lektion als werdende Frau: Es war in Ordnung, etwas auf sich zukommen zu lassen und nicht von vornherein alle unter Kontrolle zu haben.

»Weißt du, du hast recht.« Ich sprach sehr leise zu Erika. Ich wollte nicht, dass jemand mithörte, denn es waren noch zwei weitere Kunden im Laden. »Das ist mein erster Busen, ich kenne mich damit gar nicht aus.«

»Gut, dass du es sagst«, antwortete die Verkäuferin und strahlte.

»Wieso ist das gut?«

»Dann kann ich dir helfen. Ist das okay für dich?«

»Ja, das wäre schön.«

»Du bist richtig süß. Du machst das alles wirklich zum ersten Mal, nicht wahr?« Sie knuffte mich neckisch in den Arm.

Langsam taute ich auf.

»So ist es. In der Welt der Männer kenne ich mich aus, nicht aber in der der Frauen. Hier tapse ich völlig im Dunkeln.«

»Dann such dir mal die aus, die dir am besten gefallen!«

Mutig beugte ich mich zu einem Brustpaar, das auf einem roten Samtpolster lag. Es waren ziemlich große Brüste, Brüste der Kategorie 14, wie ich erfuhr. Darüber war ein Hinweisschild angebracht: »Unsere ganz natürlichen, echt hängenden und wippenden Exemplare!«

»Das ist unser Topprodukt«, bemerkte Erika. »Es heißt ›Iphigenie‹, ist aus Silikon und absichtlich hängend und asymmetrisch gestaltet. Wie eine echte Brust. Wenn du diese Brüste trägst, fühlt es sich selbst für dich erstaunlich natürlich an. Und erst recht für andere. Das Brustgefühl überträgt sich zudem auf deine Haut. Willst du mal anfassen?«

Diese Busen waren nicht nur groß, sie schienen wegen ihrer geleeartigen Substanz auch leicht aus den Händen zu gleiten. Vorsichtig reichte sie mir jede Brust einzeln mit beiden Händen. Es waren erstaunlich schwere Brüste. Sie fühlten sich angenehm an. Intuitiv berührte ich deren Oberfläche so behutsam wie menschliche Haut, so real wirkten sie. Ich erinnerte mich an einen Flirt mit einer Frau, die sich ihren Busen operativ hatte vergrößern lassen – auf ein gigantisches Ausmaß. Die waren aber längst nicht so schön weich gewesen wie »Iphigenie«, eher hatten sie den Charakter von rohen Pfirsichen. Unsere Beziehung hatte auch nicht besonders lange gehalten. Weiblichkeit zog mich immer nur dann an, wenn sie etwas mit Wahrhaftigkeit und Echtheit zu tun hatte, weniger mit gemachter Schönheit oder Perfektion. Jetzt hielt ich Busen in der Hand, die um vieles besser waren als die rohen Pfirsiche und die noch dazu mir gehören konnten.

»Auch das Gewicht ist der Natur nachempfunden worden«, erklärte Erika weiter. »Bei dieser Größe sind das immerhin 1,8 Kilo! Da siehst du mal, was manche Frauen ihr Leben lang vor sich hertragen!«

Ich war begeistert. Das klang nach einem authentischen Erlebnis.

»Kann oder darf man die mal anprobieren?«, fragte ich.

»Natürlich, dafür sind sie ja da.«

Für meine weibliche Rollenfigur hatte ich mir große Brüste vorgestellt. Einerseits, weil sie mir an Frauen gefielen, andererseits wollte ich sie an mir spüren. Einen kleinen Busen würde ich bestimmt kaum an mir bemerken. Da sollte schon etwas an mir hängen, sodass ich mir dessen bewusst war, Busen zu haben. Natürlich sollte mir mein Busen auch gefallen, wenn ich ihn mir schon aussuchen konnte. Er sollte ein Signal nach innen senden. Ein Grußwort an die Frau in mir. Eine Ermunterung und Aufforderung, sich mehr zu regen und zu zeigen. Es war immerhin meine eigene Weiblichkeit, um die es mir ging. Von was sonst sollte ich ausgehen, wenn nicht von mir selbst?

Die Verkäuferin führte mich in den hinteren Bereich des Geschäfts.

»Komm mit. Dort hinter dem Paravent probieren wir das alles einmal an.«

Während ich mich auszog, holte sie einen Spezial-BH, in den man die Silikonpräparate hineinstecken konnte. Dabei wurde mir schon wieder mulmig. War ich noch ganz bei Trost? Sollte ich nicht lieber schnell verschwinden?

Doch die Zweifel waren wie weggeblasen, als ich das aufregend fremdartige Gefühl spürte, mit dem der BH meinen Oberkörper in einen zarten Klammergriff nahm. Die Verkäuferin nestelte ein wenig an den Brüsten herum, damit sie richtig saßen. Ich betrachtete mich im Spiegel.

»Da fehlt aber noch einiges zur Frau«, sagte ich verlegen.

»Findest du?«, fragte sie.

Ich drehte mich zur Seite und war wirklich überrascht. In dem schwarzen Transparent-BH sahen die Brüste täuschend echt aus. Schon bei kleinsten Bewegungen wippten sie. Man konnte durch den schwarzen Schleier des Stoffs sogar die dunklen Brustwarzen und den Vorhof schimmern sehen.

»Die könnten vielleicht etwas dunkler sein«, sagte ich.

Erika zeigte mir das Brustwarzensortiment, das in üppiger Fülle auslag.

»Die kannst du an deine Brüste kleben und jederzeit wieder abnehmen. Manche legen sich unterschiedliche Warzen zu und wechseln sie je nach Gelegenheit und Bekleidung«, erläuterte sie.

Wie sollte es jetzt bloß weitergehen? Am liebsten hätte ich mich hier richtig eingedeckt mit allem, was ich für meine Verkleidung brauchte. Doch das offen zu sagen, war mir peinlich. Erika musste das gespürt haben, denn sie sagte: »Keine Sorge, du bist nicht allein! Weißt du, wie groß unsere Kundenkartei ist?«

Während ich weiter in den Regalen kramte, erzählte sie, dass sie diesen Shop erst vor drei Jahren aufgemacht hätte. Innerhalb dieser Zeit sei ihre Kundenkartei auf siebzigtausend Männer angewachsen. Über das Internet verschicke sie ihre Produkte zudem in die gesamte Welt. Schwerpunktgebiete seien arabische Länder und die USA, aber auch Tibet oder Südamerika. Ihre Kunden seien fast ausschließlich Männer, die sich Silikonbrüste, Damenunterwäsche und Frauenkleidung schicken lassen. Man stelle sich das Bild einer Stadt vor, in der siebzigtausend Männer wie Frauen gekleidet in der Öffentlichkeit herumlaufen. Das wäre eine Revolution.

Auf ihre Geschäftsidee sei sie anlässlich einer Firmenparty gekommen, bei der als Gag künstliche Brustwarzen verschenkt worden waren, plauderte sie weiter. Die meisten der fünfhundert Stück waren übrig geblieben. Vor den Augen der anderen hatte sich keiner so richtig getraut, die intimen Give-aways an sich zu nehmen. Sie hatte die restlichen mit nach Hause genommen und bei eBay angeboten. Zu ihrer großen Überraschung hatte sie die dunkelbraunen Plastikknöpfchen innerhalb kürzester Zeit verkaufen können. Als sie nachsah, wer die Käufer waren, hatte sie ungläubig festgestellt: fast ausschließlich Männer!

»Ich wusste gar nicht, dass es so viele Transvestiten gibt«, sagte ich zu ihr.

»Transvestiten sind die wenigsten. Oder bist du einer?«

»Nein.«

»Transen machen nur einen kleinen Teil meiner Kundschaft aus. Die meisten sind ganz normale Typen, Ärzte, Angestellte, Leute aus dem höheren Management, die mit ihrer Limousine vorfahren. Oder Handwerker. Ich habe in meiner Kartei Metzger und Bäcker.«

»Und warum machen die das?«

»Na, warum machst du es?«

»Ich will meine weibliche Seite kennenlernen. Außerdem reizt es mich, mehr über dieses entspannende Gefühl herauszufinden, das ich habe, wenn ich weibliche Sachen trage. Es muss damit zu tun haben, endlich mal kein Mann sein zu müssen.«

»Siehst du! Von dieser Entspannung schwärmen sie alle. Schau mal, du brauchst noch eine Perücke – die hier ist doch wunderschön! Du kannst sie bei jeder Föhntemperatur frisieren und modellieren.«

Jetzt legte ich mit dem Einkaufen richtig los. Ich entdeckte einen schwarzen Lederminirock, den ich mir sofort anzog und nicht mehr hergeben wollte. Innerhalb weniger Minuten verwandelte ich mich in ein Wesen, das weder Mann noch Frau war, aber immer weiblicher aussah. Mein Vorhaben artete in konzentrierte Arbeit aus. Ständig stimmte irgendetwas noch nicht. Ich war ungeschminkt. Dann mein Bartschatten. Aber wenigstens hatte ich nun einen Rock, eine blonde Langhaarperücke und wunderbar schaukelnde Brüste. Und meine Beine steckten in schwarzen, halterlosen Nylons, die sich wie eine sanfte zweite Haut anfühlten.

Die sensible Haut meiner inneren Frau, dachte ich, als ich im Mini mit den Händen in der Garderobe darüberstrich und auf einem plüschigen Polsterhocker Posen mit übergeschlagenen Beinen ausprobierte. Die Bewegungen geschahen wie von allein. Meine weibliche innere Stimme schien mich anzuleiten: »Beim Überschlagen musst du die Beine eng zusammenhalten. Sonst sieht es unelegant aus. Nur Männer können es sich erlauben, bei dieser Bewegung die Knie auseinanderzureißen!«

Ich mochte diese neue Stimme in mir. Ich hörte ihr gerne zu. Fortan war sie für mich »die Frau in mir«.

Immer wieder schielte ich zu Erika. Lachte sie vielleicht über mich? Doch eigenartigerweise verhielt sie sich so, als würde ich hier etwas vollkommen Normales tun.

»Das mit den Strümpfen und den Beinen hast du wohl schon mal gemacht, das machst du sehr gekonnt«, sagte sie, während sie zusah, wie ich mit den Fingerspitzen an den Nylons zupfte, ohne sie aber mit den Nägeln zu berühren, damit sie besser saßen.

»Du hast wirklich einen Kennerblick«, bemerkte ich.

»Zugegeben, Nylons sind nicht neu für mich. Ich finde sie wunderbar praktisch und kann überhaupt nicht verstehen, warum Männer so etwas nicht anziehen dürfen.«

»Das würde den Frauen wohl nicht sehr gefallen.«

»Genau. Aber was ist denn daran so anstößig?«

Ich betrachtete mich im Spiegel. Die wippenden Brüste hingen immer noch fest an mir dran. Doch zusammen mit den Unmassen an Männerhaaren, die überall herausquollen, ergab sich ein äußerst skurriles Bild.

»Wir kennen einen tollen Epilationsspezialisten«, sagte Erika prompt. »Ganzkörper.« Sie war ein Verkaufstalent.

Ich winkte ab. Das würde dann doch zu weit führen. Eins nach dem anderen. Als Nächstes würde sie mir vielleicht von einem firmeneigenen Chirurgen erzählen, der eine Geschlechtsumwandlung vornehmen könne. Das aber wollte ich keineswegs. Ich fühlte mich als Mann nicht falsch. Es war die Männerrolle, die mich nervte.

Die nächste Entscheidung war fällig: die Schuhe. Es mussten High Heels sein. Warum sollte ich als Frau mit normalen Flachschuhen herumlaufen? Das machte ich schließlich als Mann bereits, nach dem Motto: Immer so nah am Boden der Tatsachen wie möglich.

Es wäre doch ganz schön, endlich einmal ein wenig abzuheben, körperlich und in Zentimetern messbar. Ich wusste, dass ich mit hohen Absätzen die Mitmenschen deutlich überragen würde und dass ich mit Sicherheit zu hören bekäme: »So groß! Das schaut aber unweiblich aus!«

Doch meine Körpergröße war mir egal. Darin bestätigte mich auch die Verkäuferin: »Sieh mal deine Beine an! Jede Frau wird dich um die beneiden. Meinst du, die hier passen dir? Elf-Zentimeter-Absatz, kannst du mit so was laufen? Wenn du das hinbekommst, dann ist es ein himmlisches Erlebnis.«

Während ich versuchte, in die fragilen schwarzen Lackpumps mit den kleinen Riemchen zu schlüpfen, dachte ich an die vielen Frauen und die unzähligen Schuhe, die ich ihnen gekauft hatte. Diesmal war ich dran.

Damit das sich noch fremd anfühlende Schuhwerk nicht von meinen Füßen rutschte, musste ich mir die ledernen Bänder eng um die Fesseln binden. Eigenartig: Obwohl ich etwas an mir festzurrte, fühlte ich mich mit jedem Knoten ein winziges Stückchen lockerer. Ein ähnliches Gefühl hatte ich gehabt, als ich meine Zehen zum ersten Mal in Nylonstrümpfe steckte. Das war, als hätte ich meine Extremitäten durch unsichtbare Gefängnisgitter hinausgestreckt, und mit einem Mal hatte ich eine neue Qualität von Freiheit verspürt.

Ich betrachtete meine Zehen, wie sie vorn durch die Lederriemchen lugten. Dabei stellte ich ernüchtert fest, wie viel noch zu tun war: Pediküre, und alle meine Nägel, auch die meiner Hände, gehörten dringend lackiert, am besten mit einem grellen Rot!

Ich atmete tief durch und sah die Verkäuferin an. Die nickte mir aufmunternd zu. Vorsichtig belastete ich meine Füße und stand zum ersten Mal in meinem Leben auf elf Zentimeter hohen Slingpumps. Im Spiegel kamen mir meine dürren Beine wie Stelzen vor. Als ich die ersten Schritte versuchte, verstand ich, was eine Freundin gemeint hatte, die mir einmal sagte, dass sie High Heels unter anderen deswegen so liebe, weil sie ihr mit etwas Fantasie das Gefühl vermittelten, fliegen zu können. Leider hinderten mich die Lederriemen daran, komplett abzuheben. Und meine Zehen taten furchtbar weh. Trotzdem kam es mir so vor, als würde ich mit jedem Schritt eine Bewegung in eine lässigere Welt machen. Langsam begann ich zu ahnen, dass dies erst der Anfang einer großen Rebellion war.

Eigentlich war es absurd, was ich da tat. Und dann wieder so seltsam normal. Plötzlich spürte ich im kleinen Zeh einen stechenden Schmerz. Es war der einzige Zeh, der nicht vorn aus den engen Schuhen herauslugte, weil alles zu eng war.

»Das schaffe ich nicht!«, rief ich, während ich mich krumm auf ein Sofa fallen ließ und meinen Fuß knetete.

»Hab nur Mut, Christiane! Da gehen wir Frauen alle durch. An solche Schmerzen musst du dich gewöhnen.«

Fast wäre ich vor Schreck mit dem Absatz umgeknickt, wenn ich nicht schon gesessen hätte. Hatte mich die Verkäuferin soeben Christiane genannt? Ich hatte ihr meinen Vornamen verraten, Christian, aber von Christiane war nie die Rede gewesen.

»Seid ihr Frauen denn Masochistinnen? Wie kann man sich so etwas antun?«, stöhnte ich, ohne weiter auf ihre Anrede einzugehen.

»Das musst du selbst herausfinden!«

Die Slingsandaletten mit den hohen Absätzen sahen – ein Blick in den Spiegel bestätigte dies – umwerfend an mir aus. Sie verlängerten meine Beine optisch gleich um ein paar Meter. Irgendeinen Trick werden die Frauen sicherlich haben, damit man mit solch wunderschönen Schuhen schmerzfrei gehen kann. Ich nahm mir vor, zu Hause ausgiebig zu üben.

Nach ein paar Stunden Anprobieren in diesem Geschäft erschien es mir, als gehörte ich bereits zum Inventar. Ich hatte alle Hemmungen über Bord geworfen und wanderte zwischen den überall aufgestellten Spiegeln hin und her, posierte wie eine frischgebackene Frau. Mit einer leichten Kopfbewegung warf ich die Haare der Perücke zur Seite und zupfte an den BH-Trägern herum. Nicht übel, ein wenig ungelenk und eckig noch, aber das wird sich schon geben, sagte ich zu mir – Christiane. Das klang ungewohnt, aber nicht schlecht.

Ich spürte das Gewicht der Brüste, die angenehme Wärme des Silikons, die weiche Spitze des BHs. Das Gefühl für die Bewegungen meines Körpers hatte sich insgesamt verlangsamt. War das Frausein mit einem verringerten Tempo verbunden – oder war ich auf dem besten Weg, die Weiblichkeit zu idealisieren?

»Du musst den BH noch enger machen«, meinte die Verkäuferin, »sonst sitzt er zu locker und alles rutscht irgendwann heraus. Darf ich helfen?«

Sie begann an mir zu zurren. In dem Moment fiel mir etwas auf: Eigenartigerweise hatte ich die Attraktivität von Erika bislang überhaupt nicht bemerkt. Das war ungewöhnlich für mich. Erst jetzt fiel mir auf, wie gut sie aussah. Sie trug enge Jeans und eine Bluse, die oben fast einen Knopf zu viel offen war. Ihre Augen funkelten, so wie ich es gern mochte.

Wie vermutlich fast jeder Mann, beginne ich mich bei interessanten Frauen nahezu wie auf Kommando ein wenig, sagen wir einmal »bewusster« zu verhalten, und normalerweise hätte ich in einer solchen Situation wie dieser jetzt gedacht: Was für einen Spruch sage ich auf, wie bringe ich sie zum Lächeln? Es musste unbedingt sofort sondiert werden, wie ich die Aufmerksamkeit der Frau gewinnen konnte, wie sie auf mich reagierte, wie sie funktionierte. Solche Gedanken entstanden vollkommen verselbstständigt in meinem Männerhirn. Sie waren immer da, losgelöst davon, ob es bereits eine andere Frau in meinem Leben gab oder nicht. Was ich hier in diesem Laden erlebte, war jedoch völlig neu: Ich stand als ein kleidungstechnisch bereits zu 75 Prozent in eine Frau verwandeltes Mannsbild einer begehrenswerten Frau gegenüber. Doch es war noch keine Antenne ausgefahren, kein einziger Flirtmotor angesprungen. Wie entspannend. Es war, als wäre eine unsichtbare Spannung, eine Polarität aufgehoben.

Erika reichte mir zur weiteren Vollendung meiner bisherigen Verwandlung ein elegantes kurzes Kleid. Es war dunkelblau und lag mit seinem Stretchmaterial eng an mir an.

»Und was mache ich mit meinem Gesicht?«, fragte ich.

»Wenn du willst, kannst du dich hier gleich ein wenig schminken. Und übrigens: Warum lässt du die Sachen nicht einfach an und fährst so nach Hause? Wohnst du allein?«

»Nein, ich bin verheiratet.«

»Na, dann ist es wohl besser, wenn deine Frau das nicht mitbekommt.«

»Ich habe in dieser Hinsicht keine Geheimnisse vor ihr. Allerdings ist sie für ein paar Wochen in den Urlaub zu ihrer Familie gefahren.«

»Du erzählst ihr davon? Darin unterscheidest du dich von den meisten. Die machen es so gut wie alle heimlich.«

»Denk ich mir, auf den Straßen sieht man sie jedenfalls nicht.«

Sie legte mir Make-up und Lippenstift hin. »Versuch's mal damit. Ich muss jetzt wieder nach vorne. Eine weitere Kundin!«

Natürlich wollte ich mich nun in meiner neuen Weiblichkeit zeigen. Das war ja auch der ganze Sinn und Zweck dieser Aktion.

»Ich werde dir beweisen, dass nicht alle Männer so ängstlich sind!«, rief ich Erika nach, während ich am Lippenstift zu schrauben begann. »Und zwar gleich jetzt!«

Das Selbstbemalen war nicht auf Anhieb meine Sache. Zuallererst brach ein Stückchen der Lippenstiftspitze ab. Ich hatte viel zu stark draufgedrückt und war mit der

Farbe auf einen Schneidezahn gerutscht. Den dicken roten Schmierer um die Lippen musste ich mit Kleenex mühevoll wieder abwischen. Dabei scheuerte ich viel zu kräftig auf meiner Haut. Mit gerötetem Gesicht machte ich mich dann auf den Weg zur Kasse. Das war nicht ganz einfach, denn ich musste an so vielen faszinierenden Produkten vorbeigehen. Ein schwarzer Lederrock fiel mir noch ins Auge. Ich konnte mich nicht zusammenreißen und nahm ihn mit.

Während ich meine Einkäufe bezahlte, bemerkte ich etwas entfernt einige elegant gekleidete Frauen. Sie bewegten sich langsam zwischen den Regalen. Diese Zeitlupenbewegungen von Frauen waren mir schon öfter in Boutiquen aufgefallen. Die Bügel, an denen Kleider hingen, wurden geradezu bedächtig in die Höhe gehalten. Mit prüfenden Blicken wurden sie angesehen, extrem verlangsamt, wurden von einer Seite auf die andere gewendet, stundenlang die Stoffe befühlt. Es schien, als würden sie dabei meditieren.

Aus derselben Richtung, in die ich blickte, waren auch Männerstimmen zu vernehmen. Plötzlich wurde mir klar, dass es sich bei den eleganten Frauen um Männer handeln musste, die miteinander sprachen. Sie sahen nicht nur wie Frauen aus, sie verhielten sich auch so. Und sie befanden sich auf einem ähnlichen Beutezug wie ich.

»Tageslicht? In meinem Zustand?«, murmelte ich etwas verschreckt, als ich blinzelnd ins Freie trat und beinahe mit einem Absatz im Gitter eines Teppichtreters hängen blieb. Ich hatte mir zwar vorgenommen mit vollem Körpereinsatz auszuprobieren, wie es ist, so in der Öffentlichkeit als Frau wahrgenommen zu werden, aber jetzt kamen mir doch Zweifel. Wollte ich das auch wirklich? Bei Licht betrachtet war ich auf einmal nicht mehr ganz so mutig. Da hörte ich quietschende Reifen. Eine schwarze Limousine fuhr auf dem Parkplatz des Outlets vor. Ein Mann im dunklen Anzug stieg aus. Nervös sah er sich um, bevor er sich eine Sonnenbrille aufsetzte und mit abgewandtem Gesicht an mir vorbeieilte, hinein in das Geschäft, aus dem ich gerade kam. Wie albern!, dachte ich und beschloss mutig und in voller Montur ins Auto zu steigen.

Auf der Fahrt hielt ich wegen des kurzen Rocks die Schenkel zusammen. Gas und Bremsen betätigte ich mit einer Art X-Haltung meiner Beine. Trotz der High Heels konnte ich die Pedale wunderbar bedienen. Seltsamerweise hielt ich auch die Hände anders am Steuer. Etwa weiblicher? Laut drehte ich die Musik auf und staunte über mich selbst: Ich begann mitzusingen. Das hatte ich im Auto schon lange nicht mehr gemacht!

Meine blonden Haare flatterten in der Fahrtluft. An den Ampeln schaute ich mit verstohlenen Blicken aus den Seitenfenstern. Dabei bemerkte ich, wie mich die Männer in den neben mir haltenden Autos beäugten. Einige ließen ihren Wagen an der Ampel extra einen halben Meter weiter vorrollen, um mich aus den Augenwinkeln besser betrachten zu können. Immer wenn ich zu ihnen hinübersah, schauten sie schnell weg und waren scheinbar mit irgendetwas beschäftigt. Es schien mir auch, als würden sie, um mir zu imponieren, schnell Gas geben und durchstarten wollen, wenn es Grün wurde. Dann aber wurden sie bewusst relaxter und langsamer. Vielleicht, weil es heutzutage nicht mehr so opportun ist, den vollen Macho herauszukehren, sondern eben den pseudo-geläuterten und auch weich sein könnenden Typen, nennen wir ihn den Neo-Macho: Zuerst markiert er den Starken, dann zeigt er sich als Gefühlswesen. In Wirklichkeit ist er aber zutiefst verwirrt und nicht die Bohne authentisch, sondern mutiert für die Frauen in alles Mögliche. Einen von ihnen kannte ich in- und auswendig – mich selbst.

Dann kam die nächste Herausforderung; die Tankstelle. Während ich den Zapfhahn bediente und versuchte, männliche Bewegungen zu vermeiden (mit angewinkelten Beinen breit dastehen, mich beim Zapfen lässig auf den Kotflügel aufstützen, den Blick in die Runde schweifen lassen), sah ich mich vorsichtig um. Lastwagenfahrer schlurften mit nackten Füßen und hornigen Fersen in Crocs über den Asphalt. Sie steckten in einer müllartigen Lappenkleidung (Overalls, ausgeleierte Jeans, löchrige Shirts). Zwischen ihnen in dunkle Anzüge gekleidete BMW-Fahrer, die sich für etwas Besseres zu halten schienen. Sie alle hatten eines gemeinsam: Die Heimlichkeit und offensichtliche Zufälligkeit, mit der sie zu mir herübersahen, während sie zur Kasse gingen, um ihre Tankfüllung zu bezahlen. Testweise spielte ich mit den Reflexen dieser Männer. Selbst mit kleinsten Bewegungen konnte ich Blicke anziehen oder wegdriften lassen: Wollte ich weniger Aufmerksamkeit, gab ich im Hohlkreuz etwas nach. Streckte ich meine Brustwirbelsäule ein wenig durch, reckte sich entsprechend mein Busen und die Blicke der Männer glitten über meinen Körper. Dabei stellte ich fest, dass der Effekt besonders zufällig wirkte, wenn ich ihn mit einem Einatmer verband, gleichzeitig die Lippen öffnete und eine schnelle Kopfbewegung zur Seite machte, so, als müsse ich eine Haarsträhne auf die Seite werfen. Was für eine Neomacho-Marionettenfäden-Steuerungsmöglichkeit!

Als ich zu Hause angelangt war, nahm ich alle neu erworbenen Kostbarkeiten genauer unter die Lupe. Ich dachte dabei an meine ersten Erlebnisse in dieser neuen Rolle an der Tankstelle. Noch nie hatte ich Männer so wahrgenommen. Kein Wunder, als Mann hatte ich mit wirklichem Interesse immer nur Frauen angesehen. Auf einmal erschienen mir aber nicht mehr die Frauen, sondern die Männer wie Wesen von einem anderen Planeten. Dabei waren die Männer doch meine Geschlechtsgenossen. Eigentlich müsste ich ihnen gegenüber Loyalität empfinden. Stattdessen fühlte ich mich plötzlich wie abgekoppelt. Die Männer waren die anderen. Die andere Seite des Pols. Vielleicht hätte ich mich wie ein Verräter fühlen müssen. Wie einer, der einen geheimen Codex bricht. Der seine Meute verrät und verlässt. Wie ein Spielverderber, der nicht mehr mitspielen will. Doch das war es nicht, nein. Da war etwas, das mir mein Bezugsgefühl zu den Männern schwer machte: diese Männerrolle. Sie waren mir auf einmal fremd, diese Typen, die ich nun mit neuen Augen sah.

Aber auch die weibliche Welt war ganz anders, als ich sie mir vorgestellt hatte. Als Mann fiel es mir schwer zuzugeben, dass das, was ich bisher für Weiblichkeit gehalten hatte, nichts weiter als Pseudowissen gewesen war und ich nun etwas tat, von dem ich keinen blassen Schimmer hatte. Als würde hier ein unerklärliches Bermudadreieck beginnen. Doch ich wollte nicht kehrtmachen. Ich wollte eigene Wege beschreiten und alte Klischees aufbrechen. Diese trotz aller Orgasmen und Zärtlichkeiten irgendwie nie wirklich bis zur Erfüllung kommende Anziehung zwischen uns Geschlechtern tiefer ergründen. Das männliche Gebalze hinterfragen. Herausfinden, wie die Frauen ticken. Was ihnen an den Männern gefällt und was nicht. Bis jetzt hatte ich dazu nur einzelne Puzzlestücke gesammelt, kannte nicht das ganze Bild. Ich wusste beispielsweise, dass viele Frauen sanfte Männer auf Dauer nur mögen, wenn sie zugleich von einem unergründlichen Charakterzug in Atem gehalten werden. Starke Männer werden hingegen nur auf Dauer akzeptiert, wenn auch etwas Gefühlvolles in ihnen spürbar ist. Vielleicht wünschen sich Frauen ihre Idealmänner wie starke Schiffe, die auf weich gespültem Wasser fahren?

Aber auch das sind nur abgedroschene Bilder. Sie sind Mauern im Kopf. Es ist genauso ungeheuerlich, was ich als Mann mein Leben lang auf Frauen projiziert habe: Dass sie mich glücklich machen sollen mit der Liebe und ihrer Weiblichkeit. Dass ich dafür die Allerschönste haben wollte, die Intelligenteste. Sie sollte mich inspirieren, der Starke aber wollte *ich* bleiben, immer unabhängig sein, immer tun und lassen, was ich wollte.

Männer, die starken Schiffe, und Frauen, deren Weiblichkeit ein Meer aus Glück und Liebe für sie sind? Diese stereotypen Bilder wollte ich aufbrechen – wenigstens für mich.

3   Schwimmen in der Luft

Einige Zeit später war es so weit: Heute wollte ich mich als Frau perfekt durchstylen und so hinausgehen. Einen kleinen Bummel durch die Straßen des Viertels stellte ich mir zum Einstieg vor. Leider hatte ich aber etwas Entscheidendes vergessen. Kosmetik! Ich konnte unmöglich im Kleid und mit Bartschatten im Gesicht (ohne perfekt aufgetragenes Make-up) auf die Straße gehen. Die Paste, die Erika mir mitgegeben hatte, war zu durchsichtig. Ich versuchte es mit Acryl. Die Farben konnte man wunderbar mit Wasser verdünnen.

Nicht schlecht eigentlich, was ich da für ein Hellbraun zusammenrührte. Mit ungelenken Fingern pinselte ich die Mixtur auf, aber vom Ergebnis her ging das gar nicht. Es war ein blöder Versuch. Solange sie noch feucht war, sah die Farbe auf meiner Haut wunderschön aus. Doch sobald sie getrocknet war, schaute mir aus dem Spiegel ein steinaltes Schreckgespenst entgegen. Meine Haut glich einem von der Trockenheit rissig gewordenen Wüstenboden.

Jetzt war diese neue Seite an mir erst kürzlich erwacht, und ich begutachtete mein Aussehen vor dem Badezimmerspiegel schon mit dieser typisch weiblichen Haltung aus Kreativität und gnadenloser Kritik. Mit mir selbst als Mann würde ich das niemals machen. Oder verdrängte ich das nur, weil Eitelkeit als unmännlich galt?

Fühlten Frauen so, wie ich mich jetzt fühlte? Ich konnte auf einmal verstehen, warum für sie im Badezimmer grundsätzlich die Zeit stehen blieb. Vor dem Spiegel wendete ich mich weiter hin und her. Ich spürte, wie die Luft durch das Dachfenster hereinwehte und über meine Haut strich. Die Arme und Schultern waren wegen des ärmellosen Kleides entblößt, ein ganz neues und wunderbares Gefühl. Es war, als würde etwas Neues aus meinem Körper sprechen. Es fühlte sich an wie Schwimmen in der Luft.

Mit etwas Puder sowie Kajal- und Lippenstift von Maria malte ich mir ein provisorisches Make-up ins Gesicht.

Nicht schlecht eigentlich, Christiane, sagte ich mir. Mir gefiel das alles mehr, als ich gedacht hatte. Ich begann in die Bereiche meiner Seele hineinzuspüren, die ich mit meinem Manngehabe fest weggesperrt hatte. Sie hatten mit Gefühlen zu tun und ähnlichen Gewässern. Mit Verletzlichkeit zulassen, spontan sein, die Sensibilität meines Körpers fühlen (nicht nur seine Stärke). Es hatte damit zu tun, mehr meinen impulsiven Sinnen nachzugeben, offener zu sein und meinem Bewusstsein mehr zu vertrauen, anstatt immer nur auf der Wunsch-Siegesstraße entlangzufahren. Auch in meiner Rolle als Mann war ich offen, doch was ich für mich als weibliche Offenheit identifizierte, war die Bereitschaft, ein Risiko einzugehen, indem man sich einer Erfahrung aufschließt, selbst wenn sie fremdartig oder tabuisiert sein sollte. Als Mann spielte ich die Offenheit mehr, als dass ich sie lebte. Jetzt durch die weibliche Rolle öffnete sich eine Tür zu meiner Seele, die Erfahrungen hineinließ, die zuvor vielleicht ange-klopft hatten, aber bisher außen vor geblieben waren. Ich wollte diese Tür nicht länger verschlossen halten und dabei riskieren, dass sich draußen vor meiner Seelen-tür vielleicht zu große ungelebte Erfahrungsberge auf-türmten, und ich irgendwann nicht mehr aus mir selbst hinauskommen würde. Dann könnte aus mir einer die-ser verstockten Menschen werden, die denken, sie wis-sen alles, und in Wirklichkeit wissen sie nichts. Einer von denen, die sich ihre Grenzen immer nur so weit set-zen, wie ihr Tellerrand reicht. Die bei jeder ungewöhn-lichen Kleinigkeit sagen: »Tja, so ist das halt, so ist das Leben.«

Die Weiblichkeit wirklich zu leben, war nun so ein An-satz für mich. Allein mit dem Versuch, das zu tun, fühlte ich mich schon viel offener. Extrem verletzlich natürlich, aber prallvoll mit Lebendigkeit.

Apropos prall: Ich betrachtete mein Kleid im Spiegel. Irgendetwas gefiel mir einfach nicht. Das falsche Blau? »Steht mir Blau überhaupt? Bei blonden Haaren, passt das?«, überlegte ich laut.

Um meinem Farbproblem auf den Grund zu gehen, surfte ich im Internet. Unter »blonde Frauen blaue Kleider« er-hielt ich Milliarden Ratschläge.

»Greifen Sie beim nächsten Einkauf zur richtigen Farbe für Ihren Typ!«, hieß es im Netz. Dann musste man dem virtuellen Schlund eine intime Datenlawine einspeisen, um gesagt zu bekommen: »Wenn Sie die richtigen Farben wählen, wirkt Ihr Teint frischer. Und Ihre Zähne leuchten sofort weißer!« Hier wurde zum Thema »blau und blond«

gechattet, und jeder sagte etwas anderes. Ich schaltete das Tool wieder ab.

Vielleicht war auch gar nicht das Kleid das Problem, sondern die Haare: Auf die Frisur, die ich meiner Perücke verpasst hatte, konnte ich nicht mit Stolz blicken. Eine halbe Stunde lang hatte ich ziellos gebürstet, nun wurde mir klar: Das musste ich einen Profi machen lassen.

4 Kein Mann mehr?

»Du musst schweben. Du musst mehr gleiten, wenn du gehst!«

Erschrocken fragte ich Laura, meine Friseurin: »Findest du, ich gehe nicht gut?«

Obwohl ich zu Hause im Wohnzimmer auf den Slingpumps das Gehen geübt und dabei sogar ein paar Löcher ins Parkett gestanzt hatte, musste es wohl furchtbar ausgesehen haben, wie ich mit Stöckelschuhen und Minikleid durch die Nachbarschaft eilte. Die Peinlichkeit im Nacken. Vorbei an Menschen, die ich kannte. Die mich hoffentlich nicht erkannten. Die mir aber hinterherschauten.

»Ich habe dich vom Schaufenster aus beobachtet«, kicherte Laura, eine hochgewachsene, schlanke und dennoch etwas kräftig gebaute Frau mit pechschwarzen Haaren. »Du hast toll ausgesehen, als du über die Kreuzung gelaufen bist«, fuhr sie fort. »Aber man sieht sofort, dass du ein Mann bist. Dein Make-up muss wirklich besser werden. Und eben auch dein Gang. Lauf nicht selbst, sondern lass dich laufen!«

Seit Minuten lauschte ich Lauras Ausführungen. Sie sprach auf eine eigenartige Weise eindringlich. So unbetont, als hätte sie keine Zuhörer, und so leise, als hinge die ganze Welt an ihren Lippen. Dabei war ich der Einzige, mit dem sie redete. Oder die Einzige? War ich in meiner Frauenkleidung eigentlich überhaupt noch ein Mann? Laura war die erste Person, der ich so begegnete. Sie hatte mich gleich als Frau angeredet, als ich den Salon betrat. Als eine Sie. Ein Assistent hatte mir die Tür aufgehalten. »Willst du eine Zeitschrift?«, hatte er gefragt, als er mir ein Hochglanzmagazin reichte. Eines für Frauen.

Wann war ich noch ein Mann – und ab wann nicht mehr? Geriet meine geschlechtliche Identität wirklich bereits in ernsthafte Gefahr, wenn ich als Frau angesprochen wurde, in einer Modezeitschrift blätterte und mir die neuesten Röcke der kommenden Sommersaison betrachtete? Genau das war der Punkt. Vielleicht hören Männer bereits auf, Mann zu sein, wenn sie sich anders verhalten, als es Männern zusteht. Das Tragen von Nylons oder ähnlicher »Kleinigkeiten« ist sicherlich bereits eine solche Grenze. Mich »laufen lassen«, ja, das wollte ich. Was ich da machte, könnte »laufen lassen« heißen. Mich, meine Sinne und alles, was in mir ist, einfach »gehen lassen«. Warum sollte man die schönsten Teile seiner selbst immer nur in Ausnahmezuständen ausleben? Und die Frau in mir empfand ich zunehmend als eines meiner schönsten Teile.

Lauras Stimme klang nur annähernd wie die einer Frau. Sie hatte einen weichen Tonfall, aber die Stimme war ein wenig zu rau, zu tief für eine Frau, und zu hoch für einen Mann. Doch aus ihrem halterlosen schwarzen Top lugten eindeutig und kokett ihre Brustansätze heraus. Jetzt musste ich sie einfach fragen: »Bist du ein Mann oder eine Frau?«

»Ich bin eine Frau«, sagte sie sofort, als hätte sie auf diese Frage gewartet.

Sie machte eine kurze Pause. Ihre Bürste fuhr ein paarmal energisch durch mein Perückenhaar. Im Spiegel bewegten sich ihre lustigen dunkelbraunen Augen flink zwischen meinem und ihrem Gesicht hin und her. Dann strahlte sie mich an: »Aber eine mit transsexuellem Hintergrund.«

Mehr als eine Art »Ah!« wusste ich daraufhin nicht von mir zu geben. Was meinte sie damit? Hieß das, sie war einmal ein Mann gewesen? Oder umgekehrt? Nein, das konnte nicht sein. Und als was war eigentlich ich zu bezeichnen, der (oder die) in Frauenkleidern herumlief? Nachdenklich betrachtete ich mein selbst geschminktes Gesicht im Spiegel. Die roten Lippen. Ich spürte die Seidenstrümpfe unter meinen Handflächen. Bedeutete das, dass ich jetzt auch eine Frau war? Eine mit einem besonderen »Hintergrund«? Einem männlichen vielleicht?

Auf Lauras linker Schulter glänzte ein hübsches Tattoo. Ein Paradiesvogel mit rotem Schwert.

»Es schaut hinreißend aus, wenn man eine Porzellanhaut hat wie du«, sagte ich, während ich auf das Tattoo zeigte und sie im Spiegel beobachtete.

»Danke für das Kompliment! Aber sag mal, warum machst du das?«

»Ich will das Weibliche erforschen«, sagte ich.

»Das Weibliche *erforschen*? Machst du Witze oder bist du eine Wissenschaftlerin? Komm, sei ehrlich!«

»Ich meine das Weibliche in mir.«

»Aha, das klingt schon besser.«

»Eigenartigerweise macht es Spaß.«

»Jetzt klingt es noch besser.«

Plötzlich fühlte ich mich auf dem Prüfstand. Wie werde ich meiner Umwelt gegenüber erklären und begründen, was ich mache?

»Meine innere Frau, die will ich auf diese Weise jetzt mal kennenlernen.«

»Ich verstehe dich gut! Vielleicht wirst du das mehr mögen, als du es dir vorgestellt hast.«

Während ich Laura von meinen letzten Wochen erzählte, wurden mir ein paar Dinge klar: Das Ganze war weitaus mehr als nur eine Faszination. Obwohl ich gerade erst angefangen hatte, war mir schon jetzt der Gedanke an ein Aufhören unangenehm. Was war in dieser kurzen Zeit bloß passiert? Mit jedem Schritt, den ich als Christiane ging, wollte ich mehr davon. Denn es machte Lust. Ich spürte, dass es mir nicht reichte, nur einmal im Rock um den Block zu laufen. Das wäre eher Klamauk gewesen und hätte nichts mit dem Gefühl zu tun gehabt, das mich antrieb: Denn ich kam mir neuerdings tatsächlich vollständiger vor.

Wenn ich mein Experiment fortsetzen wollte, brauchte ich unbedingt weitere schöne Kleider und Röcke. Wo bekam ich das alles nur her? In meiner Größe? Wie sollte ich mich orientieren mit meinem noch nicht sehr weit herangebildeten Geschmack? Männer wechseln täglich maximal vier Teile: Unterwäsche, Hemd, Hose, Socken. Das Jackett passt meist zu allem. Doch als Frau begann man mit der kleinsten Outfitveränderung ein ganzes Universum neu zu arrangieren. Für den Lederrock würde ich ein geeignetes Oberteil brauchen. Ein Top? Gescheites Make-up und zum Rock passende Schuhe hatte ich auch nicht. Wo bekam ich als Mann all das her, was ich für meine Rolle als Frau benötigte, ohne dass die Welt einen Aufstand machte? Sollte ich Laura das fragen?

Laura drehte mich auf meinem Friseurstuhl hin und her, rauf und runter, je nachdem, welche Partie sie an meiner Frisur gerade bearbeitete. Dann und wann kamen meine Schultern darunter zum Vorschein. Sie schienen mir etwas zu kräftig für eine Frau, und ich dachte mir, ich sollte künftig lieber nichts Ärmelloses mehr kaufen.

»Deine Schultern kannst du ruhig zeigen«, meinte Laura, als könne sie Gedanken lesen. Ihre Stimme war schon wieder einen Touch tiefer als mein Ohr es erwartete, und gleichzeitig einen Millimeter feiner. »Schere dich nicht darum, was die Leute denken. Es geht hauptsächlich um dein Gefühl!«

Wie recht sie hatte.

Ihr zierlicher, aber muskulöser Körper steckte in einem pechschwarzen, eng anliegenden Rock, dazu das schwarze Top. Es hatte ein pinkfarbenes Muster drauf, so eines, wie man es auch manchmal auf den Tanks von Harley-Davidson-Motorrädern findet: lodernde Flammen, die im Nichts enden. Beides war vermutlich aus Satin. Lauras Haut hatte etwas Samtiges. Sie war wunderschön leicht gebräunt und äußerst dezent geschminkt, so wie ich es an Frauen mochte. Ihre Lippen aber so überirdisch knallrot, was für ein scharfer und betörender Look. Im Spiegel versuchte ich festzustellen, ob sich zwischen ihren Beinen etwas wölbte. Doch ich konnte nichts Verdächtiges erkennen. Laura war wirklich eine Frau.

Nachdem sie mit meinen Haaren fertig war, sagte sie: »Warte noch, ich werde dir das Make-up ein wenig richten.«

Dann wischte sie hier und dort in meinem Gesicht herum, und plötzlich sah ich viel weiblicher aus. Als sie mein zufriedenes Lächeln sah, strahlte sie geheimnisvoll und schrieb mir eine Telefonnummer auf einen Zettel.

»Das ist ein Freund von mir. Er gibt Gehkurse.«

»Wie bitte?«

Sie drehte die Musik laut auf und sagte: »Dort lernst du das Fliegen!«

Ein Kurs, in dem man in High Heels das weibliche Gehen lernen kann?

»Meinst du, ich muss bei so etwas mitmachen?«

»Das musst du selbst wissen. Wenn du richtig in die Weiblichkeit eintauchen willst, dann solltest du das nicht nur über die Kleidung ausprobieren, sondern auch über die Bewegung. Du willst dich doch ernsthaft damit auseinandersetzen, oder?«

Laura hielt mir einen runden Spiegel hin, sodass ich mich von allen Seiten sehen konnte.

»Eine tolle Perücke hast du«, sagte sie.

»Und du hast eine wunderschöne Frisur gemacht. Danke.«

Nachdem sie mich von allen Seiten begutachtet hatte, landete ihr Blick auf meinen Füßen. Kritisch sagte sie: »Du musst dringend deine Fußnägel lackieren lassen!«

Mit weichen Knien verließ ich den Friseursalon, natürlich so schwebend wie möglich. Eigentlich hätte ich Laura noch so viel fragen mögen, aber bestimmt hatte ich sie nicht zum letzten Mal gesehen.

Als ich über die Straße lief, sah ich zurück. Dem freundlichen, aber zweifelnden Blick von Laura, die an der Tür ihres Geschäfts stand und mir hinterhersah, entnahm ich, dass mein Gang wirklich noch nicht das Wahre war. Frausein will auch gelernt sein, dachte ich. So nahm ich mir ihre Empfehlung zu Herzen und meldete mich gleich nach meiner Ankunft zu Hause bei dem High-Heels-Gehkurs mit dem prätentiösen Namen »Star-Walk« an.

Der Termin war wenige Tage später. Dazu wollte ich meine Slingpumps anziehen. Die, auf denen ich vielleicht fliegen lernen könnte. Aus ihnen würden vorn die Zehen herausschauen. Es stimmte, was Laura meinte, dafür brauchte ich unbedingt perfekte Zehennägel. Also ließ ich mir kurzfristig auch einen Termin in einem bei mir in der Nähe gelegenen Nagel-Beautystudio geben. Schon oft war ich dort vorbeigegangen und hatte gerätselt, was für die Kundinnen dort drinnen stundenlang geschah. Mein Frausein war auf dem besten Wege, sich zu einer Vollzeitbeschäftigung zu entwickeln.

Weil ich mit der Zeit so knapp war, ging ich als Mann in das Studio. So einfach konnte ich die Verwandlung in meine Frauenrolle noch nicht vollziehen, und mir zu überlegen, was ich anziehen sollte, war mir einfach zu stressig.

Im Nagelstudio waren die Mitarbeiterinnen ziemlich überrascht, dass ich mir als Mann rote Nägel machen lassen wollte. Sie lächelten und nickten, meinten, das sei »interessant«. Das Ganze artete in eine viel umfangreichere Prozedur aus, als ich dachte. Zunächst legte die französische Besitzerin Florence so etwas wie eine Patientinnenkartei von mir an. Dann wurde ich einer hübschen, blonden Nagelkünstlerin zugeteilt. Stundenlang bearbeitete Timmi sodann meine Hände und Füße. Währenddessen lernte ich wieder äußerst viel dazu. Die gebürtige Rumänin Timmi weichte meine Extremitäten in lauwarme milchige Laugen ein. Fasziniert beobachtete ich, mit welch fremdartig aussehenden Instrumenten sie meine Füße Stück für Stück verschönerte. Timmi erzählte mir von einem neuen Permanent-Make-up, von unterschiedlichsten Nagellacken mit wissenschaftlich klingenden Namen. Währenddessen schrubbte sie mir überflüssige Hornhaut weg, entdeckte und heilte einen Miniriss in meiner Fußhaut und hörte mich dabei mit unaufdringlich nachgreifenden Fragen über meine Idee aus, als Frau zu leben.

Beim Lackieren spürte ich dann ein wunderschön angenehmes, kühles Gefühl auf meinen Nagelbetten. Es war so überraschend, dass mir eine Gänsehaut über den Körper lief. Dass Nagelbette wohltuende Empfindungen verströmen können, war mir mein Leben lang verborgen geblieben. Es war so aufregend frisch.

»Ist dir zu kalt?«, fragte Timmi, als sie sah, wie es mich fröstelte.

»Nein, es ist so schön«, sagte ich.

Timmi lächelte und schwieg.

Abends ging ich als Frau (in dem blauen Minikleid) und mit meinen neuen, aus den hohen Slingpumps herausragenden bunten Zehennägeln zum »Star Walk«-Seminar. Ich eilte von einem Häuserschatten zum anderen (war noch sehr scheu beim Hinausgehen, fühlte mich vor allen Dingen als Frau wirklich noch nicht perfekt). Im dem Gehkurs, der in einem grell bestrahlten Loft mit riesigen Fabrikfenstern abgehalten wurde, fand ich mich inmitten von rund zwanzig jungen Frauen wieder. Beruhigt stellte ich fest, dass ich keine von ihnen kannte. Auch mich konnte somit keine erkennen. Meine anfängliche Beklemmung löste sich daher schnell. Ich hatte mich, so gut wie es mir möglich war, selbst geschminkt und zurechtgemacht. Mit meinen Make-up-Künsten haderte ich noch sehr. Aber ich hatte sie verbessert und fand, dass ich ganz annehmbar aussah. Langsam nahm ich mir die Frau ab.

Die Motivationen der anderen Kursteilnehmerinnen waren natürlich ganz andere als meine: Einige standen unmittelbar vor ihrem ersten Tanzkurs, vor einer Bewerbung oder wollten bald heiraten. Viele aber wollten sich einem bekannten, nervenzerreißenden Modelcasting aussetzen.

»Ich muss dringend auf einer Party gut aussehen!«, hatte ich bei meinem Anruf als Begründung angegeben.

Darauf hörte ich ein blödes Lachen: »Well, dann komm mal her, kurzes Kleid, *can't be short enough*, und mindestens Acht-Zentimeter-Absätze sind Vorschrift, okay?«

Die betont coole Westernstimme am anderen Ende der Leitung war mir sofort zuwider.

Das Ziel des Abendkurses, für den ich fast 100 Euro zahlte: mit den Fersenstelzen so traumhaft »wie ein Star« gehen zu können. Jedenfalls verkündete das der Westerntyp während seiner Begrüßungsrede, während ununterbrochen eine gegelte und extra lang gewachsene Strähne seines Haars ins Gesicht fiel. »*You know, be like the really big stars,* sodass dich jeder Mann sofort engagiert.«

Zum Tanz, für die Ehe, für die Nacht, für was sonst.

Am schwierigsten war es, so zu gehen, dass mein Stangenkörper nicht aussah wie ein im Sturmwind schwankender Fahnenmast. Emsig, ja verbissen, übten wir die Kunst, auf roten Bändern entlangzubalancieren. Sie waren mit Tesafilm fest aufs Parkett geklebt, scharfe Kurven eingeschlossen. Mit den mehr als acht Zentimetern Höhenunterschied zwischen Zeh und Ferse sollten wir es schließlich auch schaffen, grazil die Biege machen zu können.

Um Tempo zu gewinnen, waren stellenweise schwarze Striche auf die Bänder gemalt. Diese Zeichen gaben uns den Befehl, ruckartig in den Eilschritt umzuschalten. Es konnte ja passieren, dass einem auf der Straße plötzlich eine Gefahr drohte.

»Kannst du mal kurz bei mir überprüfen, wie das von hinten aussieht?«, fragten mich einige Teilnehmerinnen. Keine machte nur die geringste negative Bemerkung über mein Erscheinungsbild. Im Gegenteil: Ich erhielt Komplimente. Und es kam mir vor, als hätten sie gerade zu mir besonders viel Vertrauen, denn sie fragten mich immer wieder, wie ich ihr Aussehen und ihre Gehweise fände.

»Schaut klasse aus«, erwiderte ich grundsätzlich. Mehr konnte ich dazu nicht sagen. Aus meiner Perspektive waren ihre Bewegungen einfach nicht zu überbieten!

Andere nahmen die Veranstaltung weniger ernst und hatten einfach nur ihre Freude.

»Ihr müsst euch anstrengen«, warnte sie der Kursleiter, »das Schnellgehen in High Heels kann beim Überqueren einer Kreuzung lebensnotwendig werden! Und ihr zwei dort vorne, ihr wollt doch bei dem Modelcontest gewinnen, oder nicht? Also reißt euch zusammen!«

Auch das Treppensteigen bildete eine eigene Ausbildungsphase. Jetzt verstand ich, warum es Pflicht war, einen Mini zu tragen. Beim Hinaufsteigen übten wir »nette Pobewegungen«, wie er es nannte. Unser Coach wollte, dass wir ein möglichst weiches Hin- und Herwiegen des Hinterns trainierten.

»Denkt an eine Melodie, jede Stufe ein Ton, ihr müsst zur Melodie werden«, rief er begeistert, während wir auf der aus Pressspan zusammengehauenen Showtreppe mit den Absätzen die eingefärbte Papierplane löchrig traten, die einen roten Teppich simulieren sollte.

»Nicht schlecht, Christiane, aber du bist so hinreißend groß, dass du deine Pobewegung noch mehr mit dem Restkörper harmonisieren musst! Gleich noch mal.«

Blöder abgehalfterter Modechoreograf, dachte ich.

Beim Herabsteigen der Treppe übten wir das Strecken der Füße, das Geradeauslächeln und das Trotzdem-nicht-auf-die-Schnauze-Fallen.

»Stars schauen nie nach unten«, bläute uns der Coach ein. So ein Trottel. Zeitweise kam ich mir vor wie bei einem Verkehrsunterricht für elitäre Schulmädchen.

Das höchste Ziel des Trainings war es, die Beine so graziös nach vorne zu schwingen, wie es »Clooodia« tat. Immer wenn der aufgestylte Typ von dem Supermodel sprach, veränderte sich seine Aussprache mindestens für die Dauer von zehn Worten vor und zehn nach dem Namen »Clooodia Schifför« in Richtung eines schmatzenden amerikanischen Slangs. Der affige Trainer produzierte sich so, als wären Fernsehkameras auf ihn gerichtet. Und ich musste mich daran hindern, sofort die Flucht zu ergreifen. In mir sträubte sich alles. Ich kannte dieses Klima und diese Art von Männern aus meinem eigenen, aus meinem früheren Leben.

Damals war ich selbst im Mediengeschäft tätig gewesen und organisierte unter anderem Modelcontests. Es war eine Zeit, in der ich noch um die Welt jettete, voll verheddert in allen möglichen Männlichkeitserhaltungs-Mechanismen. Ich ließ mich mit Hubschraubern nach Manhattan einfliegen, aus denen ich Zigarre rauchend ausstieg. Ich erfand die irrsten Projekte, um dieses Leben führen zu können, um Frauen meine Visitenkarte zustecken zu können, manchmal mit handgeschriebenen Bemerkungen und gemalten Herzchen darauf, damit sie sich von mir ausführen ließen.

Nein, es gefiel mir hier gar nicht. Ich wollte ganz schnell fort aus diesem Gehseminar. Hier waberte die gleiche Stimmung wie einst. Eine künstliche und unmenschliche Welt. Es drehte sich nur um den überzüchteten Egoismus einzelner Selbstdarsteller. Um eine stilisierte Art zu gehen, eine scheinheilige Art zu leben. Und sonst um nichts. Und so verließ ich das Loft, ohne zu fliegen.

Ich war froh, dass ich noch von einem anderen Seminar gehört hatte, es hieß »Gehen auf hohem Niveau«. Sein Ansatz war eine viel ehrlichere und ganzheitlichere Haltung gegenüber dem Gehen als jener aufgesetzte Show-event. In einer herzlichen Atmosphäre saß ich eines Abends in einer Gruppe jüngerer und älterer Frauen, die alle dasselbe Anliegen hatten: Sie liebten High Heels und wollten schmerzfrei auf ihnen herumlaufen können. Eine von ihnen hatte wegen einer Entzündungskrankheit im Fußgelenk jahrelang nicht gehen können. Unter Anleitung einer herzlich strahlenden Körpertherapeutin entdeckten wir das Geheimnis der hohen Absätze tief in unserer Seele. Edeltraud Breitenbergers markanteste Aussage war: »Die Brust betritt zuerst den Raum!«

Der erste Zugang zum wahren High-Heels-Gang lief über eine intensive Vorderballenmassage unserer Füße. Wir arbeiteten uns sorgsam von unten nach oben. Spreizübungen mit den Zehen und Gelenkgymnastik zeigten erstaunliche Veränderungen bei unseren ersten Gehversuchen. Die stellten wir allerdings zuerst barfuß an. Wir arbeiteten uns Zentimeter für Zentimeter hoch. Und anschließend sollten wir uns gegenseitig Feedback geben.

»Durch High Heels richtet sich unser Körper so würdevoll auf wie es ihm gebührt«, war ein Leitsatz. Die Körpertherapeutin betonte auch immer wieder, dass High-Heels-Gehen nur gut für die Füße sei, wenn man es richtig mache.

Nach drei Stunden intensivem Training verspürte ich nahezu eine Bewusstseinsveränderung: Da waren Zonen in meinen Zehen, die bei entsprechender Aktivierung unglaubliche Energien durch meinen Körper sandten. Und die kamen nur in Gang, wenn ich auf meinen High Heels durch den Übungsraum lief. Es war, als wäre die ungewohnte Gehweise plötzlich zu einer ganz normalen geworden. Der gesamte Körper war dabei im Einsatz. Meine Hüften, mein Po und meine Arme bewegten sich mit jedem Schritt auf angenehme Weise mit. Es war, als wäre das High-Heels-Gehen die normalste Arte der Fortbewegung.

»Und sogar die Orgasmen werden besser!«, sagte die Lehrerin mit zwinkerndem Auge.

Wenn ich den anderen Teilnehmerinnen zusah, war ich begeistert: Egal welches Alter sie hatten, egal, ob übergewichtig oder dürr, sie bewegten sich alle mit einer Würde und Anmut durch den Raum, dass meine Bewunderung kaum Grenzen kannte.

5   Der Weg ist, wo die Angst ist

Je länger ich mich in meiner neuen Rolle bewegte, desto mehr geriet mein Weltbild ins Wanken. Bisher hatte ich mit meinem Umfeld eher allgemein und theoretisch über das Thema gesprochen. Doch nun wollte ich endlich jemandem genauer von meinen neuen Erfahrungen erzählen – und rief Amber an. Er war ein alter Freund, den ich bei einem meiner Meditationsabenteuer in Indien kennengelernt hatte. Von ihm wusste ich, dass er für so etwas eine Antenne hatte. Ihm musste ich nicht lange erklären, dass ich diese Verkleidungsorgie nicht aufgrund einer beginnenden Geistesverwirrtheit veranstaltete, sondern weil ich damit ein tieferes Anliegen verband. Amber war begeistert, nachdem ich ihm das bisher Geschehene in Kurzfassung präsentierte, und wollte mich nun unbedingt durch die Stadt begleiten. Er bestand darauf, dorthin zu gehen, wo meine Furcht am größten war: mitten ins Zentrum, wo mich viele Menschen sehen würden. Und natürlich wollte er mit mir U-Bahn fahren.

»Bist du verrückt? Das mache ich niemals! Ich dachte, wir gehen am Fluss spazieren«, erwiderte ich in dem Telefonat.

»In Indien gab es einmal einen Mystiker, der irgendwann nur noch als Frau herumgelaufen ist, und zwar
überall«, meinte Amber. »Er hieß Ramakrishna, und er
wollte auf diese Weise die absolute Hingabe zu Gott finden.
Es heißt, er hätte sie auch gefunden. Der Weg ist dort, wo
die Angst ist, Christiane, geh dahin, wo es für dich am
peinlichsten ist.«

Innerlich musste ich lächeln, denn Amber sprach mit
mir beinahe so sanft wie ein Guru.

»Oft hat Angst aber auch eine Berechtigung«, entgegnete ich.

»Was kann dir schon passieren? Du wirst weder ster-
ben noch verhungern, allenfalls dein Ruf könnte Schaden
leiden. Es wird dich aber vermutlich kaum jemand erkennen, oder?«

»Ich glaube kaum. Zumindest nicht auf Anhieb.«

Mein Ruf. Ah ja. Dieses Theater um den Ruf. Das konnte
ich schon gar nicht ausstehen. Der Medienmanager. Der
Produzent. Der Kosmopolit, der mit den Stars auf du war.
Der Aussteiger und Schriftsteller. Grauenvoll. Egal welchen
Schritt ich unternahm, schon tat sich wieder ein neues
Klischee auf. Alle hielten mich immer für dieses oder für
jenes. So sehr, dass ich selbst manchmal gar nicht mehr
wusste, wer ich eigentlich war. Immer wieder lief ich Gefahr, mich zu sehr mit dem zu identifizieren, was ich tat.
Jawohl, es war eine weitere Motivation für mein Frausein
hinzugekommen: Ich wollte diesen gesamten Ruf zerstören. Jedes Image, auf dem ich entlanggeschlittert bin. All
diese Irrlichter, sie sollten zerbrechen, verschwinden!

Da mir mein Ruf also ohnehin egal war und ich sogar
eine gewisse Lust damit verband, ihn vom Thron zu heben,

war es mir schleierhaft, woher denn dann diese panische Angst in mir kam.

»Trau dich!«, sagte Amber am anderen Ende der Telefonleitung. »Zur Belohnung schenke ich dir eine professionelle Schminksession in einem Kosmetikstudio. Kannst du so was brauchen?«

Ambers Angebot war allerdings eine gefährliche Verlockung. Ich horchte in mich hinein.

»Dein Freund hat recht«, sagte die Frau in mir. »Mach genau das, wovor du Angst hast. Und zwar ganz und nicht halb! Dein Abenteuer wird dir nur etwas bringen, wenn du es wirklich zulässt. Lass dich ein auf das Frausein, so weit wie es dir möglich ist. Aufhören kannst du jederzeit.«

»Wenn du das machst, bringst du dich um Kopf und Kragen«, warnte der Dränger.

Mit Panik betrachtete ich mein verschmiertes Gesicht im Spiegel. Mit dem Schminken stand ich weiterhin auf Kriegsfuß. Da ich trotz vieler autodidaktischer Versuche danach eher wie eine Indianerin aussah als wie eine elegante Frau, vergaß ich meinen inneren Kritiker und ließ mich von Amber breitschlagen.

»Okay, wir fahren U-Bahn. Die Schminksession will ich aber möglichst heute noch«, forderte ich.

»Dann hole ich dich in einer halben Stunde ab.«

»Um Gottes willen nein, ich brauche mehr Zeit. Ich muss wenigstens irgendein Make-up auflegen!«

Schock. Ich hatte zugesagt! Mit Amber zusammen U-Bahn zu fahren und auf dem Weg ins Kosmetikstudio durch die

Fußgängerzone zu spazieren. Mein erster wirklich öffentlicher Auftritt als Frau. Draußen, richtig ausführlich, wo mich jeder sehen konnte. In Frauenkleidung. Das war eine ziemliche Mutprobe für mich. Aufgescheucht raste ich durch meine Wohnung. Ich musste mich fertig machen. Ganz schnell. Gut, dass Maria wieder geschäftlich unterwegs war, denn schon kurze Zeit später sahen Schlaf- und Badezimmer aus wie nach einer Explosion.

Maria. Sie war so eine wundervolle Frau. Bei ihr kamen sich Stärken und Schwächen nicht in die Quere. Auch nicht Sinnlichkeit und Verstand, Intelligenz und Neugierde. Bei den meisten Frauen hatte ich das vermisst. Sie lebten nur das eine oder das andere. Die Beziehung zwischen Maria und mir war die schönste, die ich je hatte. Wir ließen uns einfach so, wie wir waren. Nie hatten wir versucht, einander ändern zu wollen. Jeder führte sein eigenes Leben, und zusammen hatten wir unser gemeinsames. Ich fühlte mich sehr glücklich, sicher und voller Vertrauen. Trotzdem hatten wir, seit ich ihr von meinem ersten Nylonstrumpf-Abenteuer erzählt hatte, das Thema weitgehend ausgeklammert. Das war ungewöhnlich für uns, und ich nahm mir vor, so bald wie möglich mit ihr zu reden.

Nun aber hatte ich andere Sorgen. Amber würde gleich klingeln. Vielleicht schon im nächsten Moment. Und wo war schon wieder der passende Slip? Der schwarze, der sich nicht durch das hauchdünne blaue Kleid hindurch abzeichnete? Das wollte ich wieder anziehen. An das dunkle Blau hatte ich mich mittlerweile gewöhnt. Beim Gehseminar hatte ich viele Komplimente dafür erhalten.

Es würde meine Figur so gut betonen, meine Beine sähen so bezaubernd aus. Ich hatte Frieden mit der Farbe Blau geschlossen, ich mochte das Kleid sogar.

Doch das ständige An- und Ausziehen, das ununterbrochene Tüfteln, was ich anziehen sollte, hatte bereits seine ersten Spuren bei mir hinterlassen. Ich bemerkte, wie viel Energie und Aufmerksamkeit das alles auf die Dauer absorbierte. Besonders der Kauf von Slips hatte mich fast an den Rand meiner Nerven getrieben. Immer wieder war ich losgezogen, auf der Suche nach einem Höschen, das einerseits Entscheidendes ausreichend verbarg und andererseits noch viel Wichtigeres nicht wellig zusammenpresste: meine Fettpölsterchen. Ja, ich Bohnenstange hatte Fettpölsterchen an der Hüfte! Als Mann war mir das noch nie an mir aufgefallen.

So sehr ich auch suchte, der Slip blieb verschwunden. Damit war auch meine Entscheidung für das blaue Kleid hinfällig. Zumindest für dieses Mal. Sein Stoff war einfach zu dünn. Ich hatte ja noch meinen kurzen schwarzen Lederrock. Das Material, aus dem der Rock war, reichte in seiner Stärke aus, um einen anderen Slip zu tragen – und auch um meine »Problemzonen« zu verbergen. Mit ihm wollte ich meine erste richtige Straßentour wagen.

Mein Vorsatz, mich mit dem Peinlichen zu konfrontieren, änderte sich nicht im Geringsten, je konsequenter ich mich auf meine Straßentour vorbereitete. Doch es war eigenartig. Mein Genieren steigerte sich umso mehr, je extremer die weiblichen Imagebilder waren, die ich verkörperte. Ich hatte das Gefühl, als wären die Klischees wie Stacheldraht um meine Seele gewickelt. Trotzdem wollte ich alles richtig machen. Keine halben Sachen. Ich wollte ganz und total mit dem Frausein verschmelzen. So wie es die Stimme in mir eingefordert hatte. Also hatte ich mich letztlich für die sexy Blondine entschieden, die ich auch gemalt hatte. Ein Frauenklischee, das ins Auge stach, dem die Männer hinterhersahen und das bereits jahrzehntelang Mode und Werbung beherrschte.

Umso stärker das weibliche Klischee war, desto größer war aus meiner Sicht das Tabu und auch meine Angst davor, es als Mann zu durchbrechen. Das war genau das, was ich wollte. Eine Verwandlung in eine dezent auftretende Frau (in Hosen, Schnürschuhen und mit kurzem Haarschnitt) hätte mir nicht gereicht. Ich hätte das Gefühl gehabt, ich würde mich mit dem kleinen Finger immer noch am Hosenzipfel meines Mannseins festhalten. Genau den wollte ich aber loslassen.

Die Scham vor dem, was ich tat, war tatsächlich fast wie ein Wegweiser. Sie zeigte mir, wie sehr ich mit meiner Identität als Mann verhaftet war, festgezurrt in einem bestimmten Rollenbild. Als ein solcher (quasi gefesselter) Mann leben zu müssen, fühlte sich für mich immer unmöglicher an. Ein Teil von mir klebte in dieser Männerrolle fest wie eine Fliege am Fliegenfänger. Und diese Verhaftung an gesellschaftlichen Vorstellungen und Dogmen empfand ich als ein falsches Leben.

Die antrainierten Bilder, die ich aufgrund dieser Männerrolle von mir selbst hatte, sie waren so eng verknotet mit der von uns Männern zelebrierten geschlechtlichen Superidentität. Davon wollte ich frei sein. Das Durchbrechen der Schammauern sollte mir dabei helfen. Und umso mehr ich als Mann diese Hürden überwand, desto mehr konnte ich vielleicht meine alte Männlichkeitsidentität von mir abstreifen. Das war jetzt meine Hoffnung. Das war der Grund, warum ich sogar richtig Lust darauf hatte und ungeduldig war, mit Amber loszuziehen.

Vor Nervosität zitterte ich am ganzen Körper. Wie vor einer Premiere. Immer wieder sah ich in den Spiegel. Ungeduldig nestelte ich an meiner Frisur herum. Stimmte wirklich alles? Mit den Brusthaaren musste ich unbedingt noch etwas machen. BH und Brustbewuchs, was für ein furchtbarer Anblick. Gott sei Dank trug ich einen silbergrauen Rollkragenpullover. Er verbarg den darunterliegenden Zustand. Neuerdings fiel es mir schwer, mich von den Spiegeln in meiner Umgebung zu lösen. Das war alles so neu und so ungewöhnlich für mich, was ich in ihnen sah.

6 Frauenoffen

Zum Glück teilte mir Amber per SMS mit, dass er sich verspäten würde. Ahnte er, dass ich Zeit brauchte? Je mehr ich mich im Spiegel betrachtete, desto drängender kam mir Maria in den Sinn. Ich erinnerte mich, wie oft ich sie dabei beobachtet hatte, wie sie selbst vor dem Spiegel stand und sich hübsch machte. Und nun war ich es selbst, der das tat. Fast hatte ich deswegen ein schlechtes Gewissen.

»Warum sollte dir das nicht auch zustehen?«, hörte ich sofort die Stimme in mir.

Bevor ich aber in meiner nicht ganz unauffälligen Aufmachung hinausging, wollte ich meiner Frau reinen Wein einschenken. Seit unserem Gespräch über die Nylons hatte ich mit Maria allenfalls allgemein über das Thema gesprochen. Von meinen weiteren Schritten als Frau hatte ich ihr nichts erzählt. Ich wusste, dass sie sich im Ausland aufhielt und rief sie auf ihrem Handy an. Als ich ihre Stimme hörte, atmete ich tief durch. Dann erzählte ich ihr von meinem Vorhaben. Maria, die sonst für alles offen war, zeigte sich schockiert.

»Bist du jetzt wirklich pervers geworden? Ich habe doch einen Mann geheiratet, keine Frau!«, rief sie ungewohnt scharf.

»Haben wir nicht bereits darüber geredet? Ich bin doch ein Mann. Oder hast du mich nur als Kleiderständer geheiratet?«

Doch dann ließ mich ein wehmütiger Ton in ihrer Stimme aufhorchen: »Ich hab's mir gedacht, dass es so kommen würde. Zuerst die Nylons, und jetzt willst du also einen Rock anziehen?«

»Ich will das nicht nur, mein Schatz, ich habe bereits einen an.«

»Wie bitte? Und wie soll ich mir diesen Rock vorstellen?«

»Knapp, schwarz, Leder.«

»Furchtbar!«

»Warte doch, bis du wieder da bist. Dann siehst du, wie toll er an mir aussieht!«

»Warum willst du das tun? Bist du nicht glücklich mit uns?«

»Doch. Ich liebe dich. Aber ich will das einfach gern ausprobieren. Es fasziniert mich.«

»Fehlt dir vielleicht etwas mit mir?«

»Nein, wirklich nicht. Es geht um etwas anderes. Es ist total interessant, was ich bei diesem Frausein erlebe.«

Ich hatte meine Frau zum ersten Mal vor sieben Jahren in einem Kaffeehaus in Wien gesehen. Wir beide saßen morgens an unseren Tischen und warteten auf eine Verabredung. Mir waren sofort Marias blonde Locken aufgefallen, ihre so zart und weich wirkenden Augen und der Mund, den bereits die minimalste Zuckung der Mundwinkel in ein gigantisches Strahlen verwandeln konnte. Ich hatte immer wieder zu ihr hinübergesehen, zum übernächsten Tisch, und mir gedacht: Diese Frau würde ich gern näher kennenlernen.

Dann wurde sie versetzt. Ich auch. Und umso mehr das gewiss wurde, desto intensiver sahen wir uns an. Zuerst lächelten wir leicht, dann lachten wir uns direkt an. Schließlich setzten wir uns an einen Tisch, sprachen stundenlang miteinander, bekochten uns später gegenseitig. Nach einem Jahr heirateten wir und zogen zusammen. Seither führen wir eine Beziehung, die uns und unseren Freunden als unzertrennlich erscheint, als unzerstörbar und durch nichts zu irritieren.

Und jetzt erzählte ich Maria von meinem Vorhaben, in die Rolle einer Frau schlüpfen zu wollen.

»Was soll ich dazu sagen, du stellst mich ja vor unabänderliche Tatsachen«, sagte sie mit einem unbestimmbaren Ton in der Stimme.

Warum hatte ich sie bloß angerufen. Am Telefon darüber zu reden war nicht gut. Man konnte sich so leicht missverstehen.

In meinem Leben hatte ich immer mit der Weiblichkeit geflirtet. Das sah dann so aus, dass ich Frauen nachsah, über sie nachdachte, mit einigen Liebes- und Sexbeziehungen hatte. Oft trauerte ich Frauen nach, wenn ich sie verloren hatte. Ein Vorwurf mir gegenüber hatte sich dabei oft wiederholt: Dass ich sie nicht wirklich an mich heranließ. Ich hatte nie verstanden, was sie damit meinten. Maria war die erste Frau, mit der dieses Problem nicht auftauchte. Warum? Was war der Hintergrund dafür? Hatte ich bei den anderen Frauen Angst gehabt, etwas von meiner Männlichkeit zu verlieren, wenn ich mehr Nähe zugelassen hätte, um dann in einem geschlechtlichen Nirwana zu landen? Hatte ich Angst gehabt, nicht geliebt zu werden, wenn ich meiner Welt nicht ständig dieses angestrengte Männlichsein vorlebte? Und immer wieder überlegte ich: War ich, ließ ich all die männlichen Verhaltensweisen weg, möglicherweise kein Mann mehr?

»Christian, hörst du mir eigentlich zu? Fehlt dir etwas an unserem Sex? Brauchst du solche Fantasien?«

»Wieso hat das etwas mit Sex zu tun, wenn ich mich wie eine Frau kleide?«

»Ich weiß auch nicht. Sex hat ja auch was mit Unterschiedlichkeit zu tun, vielleicht geht das verloren. Im Moment habe ich nur Angst.«

Gern hätte ich sie in den Arm genommen, was aber nicht möglich war. Hätte ich ihr doch nicht alles so offen erzählen sollen? Nicht am Telefon? Oder erst viel später, wenn … ja, wenn was überhaupt?

»Was ist denn los mit dir?«, fuhr sie fort. »Gibt es etwa doch Probleme in unserer Beziehung? Fühlst du dich nicht emanzipiert genug?«

»Vielleicht hast du mit Letzterem nicht ganz unrecht«, sagte ich. »Aber bitte, glaub mir, all das hat nichts mit dir zu tun. Und es ist auch keine Gefahr für unsere Beziehung!«

Tief in mir drin war nun Unruhe entstanden. Mir war klar, warum. Ich hatte Angst vor Marias Reaktion. Mein Experiment hatte damit zu tun, dass ich aus dem Spiel der Gegensätze zwischen Mann und Frau ausbrechen wollte. Das war etwas Existenzielles. Das fühlte meine Frau. Was würde dann übrig bleiben? War ich dann noch beziehungstauglich? Das fragte ich mich nun auch selbst.

Aber dieses Spiel, das nach den alten, eingefahrenen Regeln abläuft, es kam mir so stecken geblieben vor, so unabänderlich – obwohl damit ständig die Freiheit und unsere hochentwickelte Kultur ins Feld geführt wurde. Die Starrheit unserer geschlechtlichen Rollenerwartungen stand dazu aber im Widerspruch. Und jede Rolle, die auf mich projiziert wurde, oder die ich automatisch anderen überstülpte, war bei genauerer Betrachtung nicht wirklich anerkennens- und lebenswert. Weil sie in einer Scheinwelt existierte. Dementsprechend kam es für mich auch nicht infrage, dazugehörige Erwartungen zu erfüllen.

Was ich in dieser kurzen Zeit aus meiner neuen weiblichen Perspektive sah, bestätigte meinen Überdruss nur noch mehr: Die Männer schienen ihre Rolle wie ein altes Stammesritual zu zelebrieren. In ihrer Gendertradition verhaftet, ohne frischen Wind auszunutzen, dümpelten sie in ihrer kleinen Pfütze.

Die Frauen dagegen hatten sich längst geöffnet und begonnen, sich von den ihnen auferlegten Begrenzungen zu befreien. Sie verharrten nicht stoisch in veralteten Bildern. In Gesprächen hatte ich immer wieder erlebt, dass die Übertragung des Worts »Emanzipation« auf die Situation der Männer von den Männern selbst abgewiesen wurde. Das empfanden sie als lächerlich. Ein Bekannter sagte zum Thema Emanzipation der Männer einmal zu mir: »Wie soll denn so ein Quatsch aussehen? Fühlst dich wohl selbst nicht frei. Das muss dein ureigenes Problem sein. Ich hab das nicht.« Ein anderer meinte: »Das ist etwas für die Frauen.« Oder: »Gibt es bei uns doch schon längst!«

Wo es kein Wort wie »Emanzipation« gab, schien auch kein Problem vorhanden zu sein: Warum sollte sich ein Mann befreien? War er es nicht von Natur aus? Um sich befreien zu wollen, müsste er zuerst einmal anerkennen, dass er unfrei ist. Etwas, bei dem man eigentlich davon ausging, dass es nur die Frauen beträfe. Will oder kann sich ein Mann eingestehen, ein – sozusagen – »frauentypisches Problem« zu haben?

Das Fatale ist doch: Zum bestehenden Männerbild gehört der Glaube an die Unangreifbarkeit des eigenen Geschlechts. Dieses Selbstverständnis hatte ich selbst irgendwann wie ein unerträgliches Gesetz des Schweigens empfunden. Diese angebliche Stärke. Das viel beschworene Durchhaltevermögen vieler Männer, alles anpacken, alles schaffen und erledigen und besiegen zu müssen. Mir kam das wie der fanatische Glaube in einer Sekte vor, die den Höhepunkt ihrer Hybris hinter sich hatte. Längst hatte diese Sekte sich von der Welt des Zusammenlebens abgekoppelt. Sie war zu einer autistischen Clique geworden, die nur noch unter ihresgleichen existierte. Ihre Abkapselung beinhaltete – übertragen auf die Männerwelt –, dass die Männergemeinschaft immer allein auf ihrem vermeintlichen Gipfel stehen musste. Und diese maskuline Gemeinschaft bemerkte nicht einmal, dass sie sich mit dem Vorgaukeln dieser Scheinunabhängigkeit selbst im Wege stand.

Wenn sich Männer ihr Bedürfnis nach einer Befreiung (oder wenigstens Weiterentwicklung) eingestehen würden, müssten viele zunächst erkennen und akzeptieren, dass sie ihre Männlichkeit auf eine unfreie, weil ferngelenkte Weise leben. Fremdbestimmt, weil sie Männerklischees erfüllen, die nur auf Äußerlichkeiten basieren. Bereits das Eingeständnis, dass wir Männer in einem starren und längst überholten Rollenbild eingezwängt sind, würde dieses stark beschädigen. Es wäre ein Widerspruch zum männlichen Narzissmus, der umgekehrt funktioniert. Er besagt: Männer zeigen keine Sensibilität, tragen keine Nylons (vor der Französischen Revolution taten sie es) und lackieren sich die Fingernägel nicht (und schon gar nicht rot). Heute speisen sich Männerbilder aus Antiklischees. Das erste lautet: »Meine Männerwelt ist in Ordnung. Es wäre unmännlich, wenn dem nicht so wäre.« Also kann die Männerwelt nur in Ordnung sein, es geht gar nicht anders. Sonst müsste ich mir eingestehen, versagt zu haben. Als Mann. Folglich ist der Kampf gegen das Versagen und gegen die Vermutung, dass etwas mit der eigenen Welt nicht stimmen könnte, einer der Kämpfe, die Männer so verbissen wie kaum etwas anderes führen.

All diese Überlegungen waren aber zu umfassend, als dass sie in einem über Tausende Kilometer hinweg geführten Telefonat hätten angesprochen werden können. Ich beschloss daher, Maria erst einmal so gut es ging wieder zu beruhigen und mein Experiment als etwas ganz Harmloses darzustellen.

»Maria, ich fühle mich wunderbar mit dir, voll emanzipiert, auch mit dem Sex ist alles okay. Mach dir keine Sorgen. Ich bin einfach ein wenig verrückt. Du kennst mich doch.«

»Ja, gerade deshalb«, antwortete sie skeptisch. Maria hatte schon mehrmals meinen Hang zu außergewöhnlichen Erfahrungen und Ideen erleben dürfen. »Und wie lange soll das Ganze noch gehen?«

»Ich habe mit dem Selbstversuch doch gerade erst angefangen«, fuhr es aus mir heraus.

Genau diese Frage hatte ich mir auch schon gestellt. Wie lange mache ich das noch? Ich tat mich schwer, ganz genau zu begründen, was ich da gerade tat. Ich *wollte* es vor allen Dingen nicht. Das ständige Begründen, Beurteilen, Abzirkeln und Einschätzen zählte ich genau zu dem männlichen Rollenklischee, das ich verlassen wollte. Wie sollte ich eine neue Erfahrung machen, wenn ich von vornherein den Weg durch sie hindurch vom Anfang bis zum Ende festlegte?

Bereits jetzt empfand ich es als eine enorme seelische Belastung, zu wissen, dass ein jeder eine Motivation von mir verlangen würde, angepasst seinem jeweiligen Weltbild. Ich war mir sicher: Man würde mich in Zukunft unentwegt nach Grund, Ziel und Dauer fragen. Wie bei einer Prüfung, in der es darum ging, ob ich noch tauglich genug war, um der Gemeinschaft angehören zu dürfen. Es gab aber kein festgelegtes Ziel, das ich hätte genau benennen können. Ich war meinen inneren Impulsen gefolgt. Es hatte sich alles von allein entwickelt. Wie sollte ich das meiner eigenen Frau erklären? Ich hatte doch selbst noch nicht richtig verstanden, was ich tat. Ich befand mich noch im Anfangsstadium meines Selbstversuchs, war ohne Erfahrung, Praxis und Routine – und vielleicht auch etwas blauäugig. Und sicherlich empfand ich auch aus diesem Grund gleichzeitig alles als so wundervoll schillernd.

Das, was ich eigentlich geradeheraus hätte sagen müssen, wie leicht könnte es in die falsche Kehle geraten: Ich habe es satt! Diesen Männerzirkus! Dieses mentale Hosenzuknöpfen und Reißverschlusshochziehen.

Also versuchte ich es bei Maria mit Diplomatie und Charme, denn es war mir wichtig, dass sie verstand, dass mein Experiment nichts mit ihr oder unserer Beziehung zu tun hatte. Ich erzählte ihr von meinem Termin bei der Friseurin Laura und den Gehseminaren bei Frau Breitenberger. Auf diese Weise brachte ich meine Aktion mit Projekten aus meiner einstigen Berufswelt in Verbindung, von der ich mich vor einiger Zeit entfernt hatte, sowie mit meinen Gedanken zur Vermarktung der Weiblichkeit. Das war ihr vertraut. Dass ich ihr dabei auswich, als würde ich etwas verbergen, schmerzte mich.

»Was hast du eigentlich gegen deine frühere Zeit?«, fragte Maria. »Du warst doch ein erfolgreicher Manager!«

»Finde ich überhaupt nicht. Ich bin nicht stolz darauf, Teil einer Industrie gewesen zu sein, in der die Welt und die Wahrheit verbogen wird, und das obendrein auf Kosten der Frauen.«

»Der Frauen? Wieso?«

»Sie sind die Aushängeschilder jeder Zeitschrift, jeder Werbung, jedes Vermarktungsvorhabens. Frauen werden durch Marketingstrategien mit Schönheitsidealen zusammengeschweißt, die einfach nur noch synthetisch sind. Schau dir doch diese Modelcontests an. Glaub mir, ich habe in den Eingeweiden dieser Industrie gelebt.«

»Aber es geht doch in keiner Branche heilig zu. Erkenne doch mal an, was du früher gemacht hast. Oder willst du am Ende nur eine Frau sein, um mit der vergangenen Zeit abzurechnen?«

»Ich weiß nicht. Vielleicht. Interessante Überlegung. Aber das wäre mir im jetzigen Stadium zu hypothetisch. Und um das nochmals klarzustellen: Ich bin gern ein Mann und habe damit keine Probleme. Ich stehe auf Frauen, auf dich!«

»Also was soll das, was du da treibst?«, sagte Maria. »Erregt dich das sexuell, sag schon!?«

Ich wurde immer ungeduldiger. Das Telefonat begann sich im Kreis zu drehen. Amber musste jeden Moment klingeln. Er war jemand, der es gar nicht mochte, wenn man nicht rechtzeitig fertig war.

»Erregend war eigentlich nur am Anfang der Kick, etwas Verbotenes zu tun. Je länger ich mich in diesen Tagen mit dem Verkleiden beschäftige, desto mehr lässt jedoch das erotisierende Gefühl nach.«

»Was ist es dann?«

»Ich fühle mich freier. Das ist das Entscheidende für mich.«

»Frei? Von mir? Hast du vielleicht genug von mir? Ist dir unsere Beziehung zu eng, willst du ausbrechen?«

»Wirklich, Liebling«, sagte ich, »ich finde es einfach nur spannend, mit Frauenkleidern herumzulaufen. Es ist, als würde ich dann kompletter sein. Stell dir vor, ich bin eine Torte, aus der man ein Stück herausgeschnitten hat – und dieses fehlende Stück schiebe ich nun in sie zurück. Endlich bin ich wieder ganz.«

Das schien sie zu amüsieren: »Soso, eine Torte. Was hast du Torte denn sonst noch an außer diesem ominösen schwarzen Lederrock?«

»Zum Rock trage ich einen Pullover – und eine Perücke. Und einen Busen habe ich auch.« Jetzt war es endlich raus.

»Puh, Perücke und sogar einen Busen – du scheinst ja an alles gedacht zu haben. Hast du auch einen Namen für dich als Frau?«

»Sag doch einfach Christiane zu mir!«

Auf einmal war es still in der Leitung.

»Hallo!«, rief ich. »Bist du noch dran?«

»Jetzt glaube ich wirklich, dass du es Ernst meinst. Ich will aber keine Christiane. Ich will Christian haben, einen starken und intelligenten Mann, kein Weichei.«

Mit diesen Worten traf Maria einen der neuralgischen Punkte, um die es mir ging. Ich wollte so stark und so schwach sein können, wie mir zumute war. Jederzeit. Und auch ein Weichei sein zu können, war für mich ein Bestandteil meiner neuen Freiheit.

Wir sprachen noch ein wenig über Weicheier, alberten etwas herum, und als ich der Meinung war, sie soweit beruhigt zu haben, dass ihre Fantasie keinen Wildwuchs treiben würde, legten wir auf.

Amber schickte mir eine zweite SMS, er würde in ein paar Minuten da sein. Ich war froh, nach dem Gespräch mit Maria ein paar Momente zu haben, um mich zurechtzuzupfen. Im Spiegel sah ich das Gesicht einer schlecht geschminkten Frau. Sie sah nicht gerade glücklich aus. Das Telefonat hatte einiges in mir aufgerissen. Meine ganze Unzufriedenheit als Mann.

Während Frauen sich längst in den ursprünglich der Männlichkeit vorbehaltenen Gefilden ausleben, Hosen anhaben und sogar auf eine Frauenquote in den Chefetagen pochen, leben wir Männer nur kärglich wenig von unserer Weiblichkeit. Wie Statuen stehen die meisten (in Krawatte) auf antiquierten Podesten. Gleichzeitig haben Frauen längst viele Begrenzungen überwunden, die einst identitätsstiftend waren. Während Männer zum Brüllen in einem Auto sitzen, ins Fußballstadion gehen, eine Ehefrau als

Projektionsfläche brauchen oder zum Coach rennen, schenken sich Frauen gegenseitig Rosen. Was für ein Skandal, wenn Männer das tun würden. Auf kreative und kämpferische Weise haben die Frauen ein freieres weibliches Selbstbild von sich entfaltet und alte Normen abgestoßen. Viele Männer verbinden mit solchen Grenzüberschreitungen aber nicht Fortschritt, sondern einen schmerzhaften Verlust: den Verlust ihrer männlichen Identität.

Dabei wäre es gerade in dieser von Burn-outs und Karrieredruck geprägten Zeit so hilfreich, wenn das Männerbild noch viel weiter aufbrechen würde. Loslassen gilt beispielsweise nicht gerade als männliche Eigenschaft. Es ist in den von Männern so stark frequentierten Coachings aber zu einem geflügelten Wort geworden. Viele nehmen das »Loslassen« in einem Atemzug mit Begriffen »Achtsamkeit« oder »Diversity« in den Mund, weil so viele Seminare diese Worte in ihrem Titel haben. Dabei stellt sich die Frage: Was soll denn eigentlich losgelassen werden?

Die Überwindung des Gefühls der Peinlichkeit und Angst vor einem scheinbaren Kontrollverlust stellen schwierige Hürden dar, um als Mann freier zu werden. Da muss man aber erst einmal durch, wenn man loslassen will. Genau das ist aber das Loslassen. Dabei wird vergessen: Auch Kontrolle zu haben ist ein männliches Klischee. Die gilt es erst einmal »loszulassen«, bevor die Achtsamkeit kultiviert wird. Doch diesen Schritt überspringen die meisten Männer und drehen sich auch hier wieder einen netten Arterhaltungstrick zurecht: Sie sind dann »achtsam in Kontrolle«. Das Gleiche in Grün.

Barfuß und mit gemischten Gefühlen stieg ich die Stufen der Galeriewohnung hinunter ins untere Geschoß. Dabei betrachtete ich meine feuerroten Zehennägel. Und dann meine Fingernägel! Ein helles, fast pinkfarbenes Rot. Ich erinnerte mich an das kühle Gefühl auf meinen Nagelbetten, als Timmi meine Nägel lackiert hatte. Total scharf fand ich das. Ich hatte mir bereits einen weiteren Termin geben lassen, weil ich dieses Gefühl wieder erleben wollte. Und ich wollte mir vor allen Dingen auch andere Nagellackfarben gönnen. Dementsprechend war meine Aufmerksamkeit geschärft. Neuerdings sah ich auch gern anderen Frauen auf die Finger oder in Modemagazine, um festzustellen, was für Farben gerade en vogue waren. Nagellacke, das war wie Farben ohne Grenzen!

Ich hatte das Gefühl, wirklich etwas für mich zu tun. Und damit fühlte ich mich sehr wohl.

Mit einem gut gelaunten Hüftschwung ließ ich mich in einen Haufen Kissen fallen, um auf Amber zu warten. Als Frau fällt es sich sehr schön in Kissen, dachte ich. Man kann dabei seine Beine so herrlich zusammenlegen. Weiblich zu sein ist wirklich ein empfehlenswerter Zustand für jeden Mann! Genüsslich nippte ich an einem Glas Prosecco. Hatte ich auch schon lange nicht mehr getrunken, so etwas. Als Mann trank ich zum Aperitif eher einen Gin.

7 Seelennackt

Vier Stockwerke waren es bis nach unten, wo Amber auf der Straße auf mich wartete. Ich war zwar schon ein paarmal in Frauenkleidern durchs Treppenhaus gehuscht, etwa als ich zum Friseur und zu den Gehkursen gegangen war, aber diesmal fühlte ich mich merkwürdig entblößt und unsicher. Dieser Ausgang war für mich wie die eigentliche Premiere. Was würden meine Nachbarn wohl sagen, wenn ich in meinem Mietshaus im Minirock und mit Stöckelschuhen die alten Holztreppen herunterklapperte?

Alles Mögliche schlenkerte während des Abstiegs von der Dachgeschosswohnung an mir herum: die Handtasche, meine Halskette, die Armringe, ein ständig verrutschender Seidenschal, mein neuer Busen und die langen blonden Haare, von denen mir eine extrem nervige Strähne ständig in den Augen herumpinselte. Jeder Auftritt meiner Absätze hallte in der Stille des Hauses. Zugige Luft wehte um meine Beine. Auf High Heels schien man tatsächlich fliegen zu können. Im Parterre bog ich im letzten Moment um die Kurve, als hinter mir eine Tür aufgerissen wurde. Genau davor hatte ich Angst gehabt!

Ich hörte lautes Männerlachen. Schlagartig wurde es leiser, als ich ins Blickfeld geriet. Aus den Augenwinkeln erkannte ich den Freund eines Hausbewohners, ein zwei Meter großer Mann im dunkelblauen Anzug. Ich kannte ihn flüchtig, wusste dass er verheiratet war und gern zynische Bemerkungen machte. Er drängte sich durch die Gruppe seiner Freunde und nahm meine Fährte auf. Ich spürte, wie mich seine Blicke und auch die der anderen zu durchleuchten schienen. Doch mein Gesicht und den vom Make-up provisorisch abgedeckten Bartschimmer konnten die Männer nicht sehen.

»Guten Tag!« Das klang deutlich um Sympathie bemüht. Angenehm vom Klang, aber letztlich absurd. Als wollte der Zweimetertyp mich bereits mit dem Gruß für sich vereinnahmen. Es war das erste Mal, dass ich von einem Mann diese Art von Aufmerksamkeit erhielt. Doch in die Freude darüber, dass meine Erscheinung eine derartige Wirkung zeigte, mischte sich Vorsicht. Der will mich nicht nur begrüßen, dachte ich. Noch bin ich keine geübte Frau, die auf so etwas sofort parieren kann. Ich muss hier ganz schnell raus! Automatisch lief ich weiter, die rettende Haustür vor Augen.

Obwohl ich eine solche Begegnung nie zuvor erlebt hatte, kam sie mir vertraut vor. Ich kannte sie aus der anderen Perspektive: von meinem eigenen Verhalten als Mann. Nur zu oft, wenn ich interessant aussehenden Frauen begegnete, klappte meine Miene wie eine dieser Werbejalousien in ein freundliches Grußwortlächeln um, das ich in jeder Stimmung hervorzaubern konnte. Gleichzeitig kam ein ähnliches überzogenes Blöken aus mir heraus, wie das, was ich soeben gehört hatte. Da ich fast jede Frau auf irgendeine Weise attraktiv fand, hatte ich darin (zu meinem eigenen Überdruss) eine gewisse Automatik entwickelt. Sobald die Frau an mir vorbeigelaufen war, drehte ich mich normalerweise noch einmal kurz nach ihr um – genau so, wie mir mein Nachbar und seine Freunde jetzt hinterherschauten.

Von hinten sah ich 1a aus, das wusste ich. Ganz schön weiblich. Durch den engen Pullover zeichneten sich die Träger meines BHs ab. Dann waren da noch die schwarzen, blickdichten Nylons und blonde Haare, gebändigt durch eine riesige Sonnenbrille, die ich mir auf den Kopf geschoben hatte.

Fünf oder sechs Schritte musste ich noch zurücklegen, dann war ich draußen. Mit einem Anflug von Mut drosselte ich meinen Gang auf jene kurzschrittige Normalgeschwindigkeit herunter, die ich mir als typisch weiblich einbildete. Dieses Gehtrippeln hatte ich mir bei längeren Sitzungen in Straßencafés bei vorbeigehenden Frauen abgeguckt. Der ununterbrochen Sprüche klopfende Zweimetermann und seine Kumpanen hatten ihren Abstand zu mir verringert. Instinktiv kniff ich meinen Po ein wenig zusammen. Ich befürchtete, dass er sich sonst zu aufreizend hin- und herbewegen könnte.

Als ich mich durch die schwere Haustür zwängen wollte, rutschte mir die Handtasche von der Schulter. Ich wollte sie noch fassen und machte eine fahrige Bewegung. Da fiel meine Sonnenbrille auf den Boden. Ich bückte mich, und Unmengen blonder Haare fielen mir ins Gesicht. Was für ein Desaster! Natürlich war der Nachbarsfreund, den ich noch nie so zuvorkommend erlebt hatte, sofort zur Stelle. Und zwei seiner Freunde auch. Mit einer gekonnten Bewegung stellte er ein Bein in die Tür, hob die Brille auf und strahlte mich an. Unglaublich, was Männer alles gleichzeitig tun können, wenn sie wollen!

»Bitte schön. Kann ich Ihnen noch irgendwie helfen?«

»Vielen Dank!«, sagte ich schnell. Ich wollte nur noch raus.

»Kennen wir uns irgendwo her? Christian, bist du das? Das gibt's ja nicht!«

Überrascht ließ er die Tür wieder los. Ich klemmte mir fast den Arm darin ein. Seine Stimme war jetzt völlig von ihrem Charme entleert. In dem Augenblick, in dem er erkannte, dass ich ein Mann war, musste ich mir die Haustür wieder selber aufhalten.

»Holla!«, rief er. »Erst hab ich gar nicht erkannt, dass du keine Frau bist. Wieso machst du das?« Dann riss er den Mund auf: »Und diese Brüste!« Ohne eine Antwort von mir abzuwarten, drückte er seinen Zeigefinger in einen Busen hinein.

»Spinnst du?« Ich schlug ihm auf die Finger.

»Komm, zier dich nicht so.«

»Hast du einen Knall? Machst du das immer so? Frauen einfach antatschen?«

»Ich glaube, da verstehst du was falsch. Du bist ja keine echte Frau und die Dinger hier sind doch eh aus Plastik …« Und damit drückte er seinen Finger in die andere Brust.

Wütend stieß ich ihn mit beiden Armen weg.

»Wenn du das noch einmal machst, gibt's ein blaues Auge!«, gab ich zu verstehen.

»So eines wie du bereits zwei davon hast?«

Der Typ lachte und klimperte affig mit den Wimpern. Die zwei anderen Männer zogen ihn von mir weg. Ich musste mich beherrschen. Am liebsten hätte ich ihm mitten ins Gesicht geschlagen. Aber er ließ nicht locker: »Unglaublich echt sind die! Na ja, fast. Wie hast du das gemacht? Lass sie mal wippen!«

Ich war fassungslos, wusste mir nicht zu helfen. In Frauenkleidern hatte ich mich auf die freie Wildbahn gewagt und war bereits im Hausflur den ersten Raubtieren begegnet. Die drei lachten und hauten mir mit voller Wucht auf die Schultern. So grob hatte ich mir das Ganze nicht vorgestellt.

»Ein Guter hält's aus! Oder bist du jetzt eine Gute?« Laut lachend gingen sie weiter.

In fühlte mich eigenartig verletzt. Als wäre mit den Fingerstichen eine innere Grenze überschritten worden. Waren künstliche Brüste genauso intim wie echte? War meine Seele offener und damit berührbarer, wenn ich in Frauenkleidern steckte? Ich hatte mich auf ein unbekanntes Terrain begeben. Sollte ich umkehren?

Nein. Es war wie beim Stapellauf eines Schiffes – das Erlebnis mit dem Nachbarsfreund hatte die Halteseile gekappt. Jetzt erst recht. Mal sehen, wie es weiterging.

An der nächsten Straßenecke war ich mit Amber verabredet. Amber war zurzeit ohne Beziehung. Als er vierzig wurde, lief ihm seine Freundin davon, weil er eine andere hatte (die verließ ihn natürlich auch, nachdem sie von allem erfahren hatte). Das hatte ihn in seelische Turbulenzen gestürzt, aus denen er erst jetzt, Jahre später, langsam wieder auftauchte. Obwohl immer noch Single, wollte er gern wieder eine Frau kennenlernen, mit der er fest zusammen sein konnte. Vielleicht konnte ich ihm sogar helfen, mit meiner weiblichen Erscheinung seinen Single-frust ein wenig zu kompensieren? Es war schon etwas seltsam, ihn in dieser Konstellation zu treffen. Denn sonst hatten wir immer von Mann zu Mann über Frauen und die Welt gesprochen. Und nun war ich selbst so etwas wie eine Frau.

»Wow, unglaublich, Christiane!«, begrüßte er mich. »Ganz schön mutig. Wenn ich nicht von deiner Veränderung wüsste, ich hätte dich nicht erkannt.«

Etwas übersensibilisiert drehte ich mich von ihm weg, um meine Brüste abzuwenden. Doch er kümmerte sich nicht um meine Oberweite. Wie selbstverständlich begab er sich an meine Seite und führte mich über die Straße, indem er vorsichtig, aber dennoch bestimmend, meinen Ellenbogen umfasste.

»Eigenartiges Gefühl, ich sehe in dir gar keinen Mann mehr«, sagte er, als wir die andere Straßenseite erreicht hatten.

Einen Moment lang war ich irritiert gewesen, doch dann hatte ich es als angenehm empfunden, geführt zu werden. Ich spürte, wie in mir ein innerer Druck nachließ. Ohne weiter auf Amber einzugehen, blickte ich mich um und bemerkte, wie mir die Männer hinterherschauten. Meist auf sehr heimliche Art und Weise. Frauen dagegen lächelten mich offen an. Sahen sie in mir eine von ihnen? Sie lächelten mich doch sonst nie an.

Zum ersten Mal in aller Öffentlichkeit als Frau in High Heels an der Seite eines Mannes zu gehen, war, als würde ich auf rohen Eiern balancieren.

»Hörst du das Tocken meiner Absätze? Es klingt wie das Köpfen von Eiern«, sagte ich.

Amber musste lachen: »Etwas Ähnliches habe ich gerade auch gedacht! Du siehst übrigens sehr gut aus. Tolle Frisur!«

»Ich reiche das Kompliment weiter an Laura, meine Friseurin.«

»Was mich daran erinnert, dass wir ein Date in einem Kosmetiksalon haben. Bist du bereit?«

»Schon, aber ich bin ganz schön aufgeregt.«

»Kann ich verstehen.« Amber war wirklich ein guter Freund.

Während wir uns unterhielten, musste ich höllisch aufpassen. Ein Gehsteig ist nämlich für jemanden, der auf High Heels durch die Welt geht, tendenziell eine Rallyepiste, auf jeden Fall eine Strecke zum Brechen von Fußknöcheln. Irgendwo konnte ich immer mit einem Absatz hängen bleiben. Hinzu kam ein anderer Stressfaktor: In jedem Schaufenster überprüfte ich mein Aussehen: Saß noch alles an der richtigen Stelle, wehten die Haare auch so wie echtes Haar sich im Wind bewegte?

Ich zwang Amber, bei dem einen oder anderen Schaufenster stehen zu bleiben, um mit mir ein interessantes Kleid oder eine hübsche Bluse zu begutachten. Amber hasste Shopping. Ich hatte es auch immer gehasst. Darüber waren wir uns früher grundsätzlich einig gewesen. Es war fast ein Ritual unter Männern, sich abfällig über die Einkaufstouren von Frauen auszulassen. Doch nun war ich im doppelten Sinn verwandelt. Schaufenster zogen mich auf einmal magisch an. Als wir uns beide in einem Schaufenster spiegelten, musste ich lachen: »Meine Güte, bin ich groß!«

»Das nächste Mal ziehe ich zwanzig Zentimeter hohe Plateauschuhe an«, scherzte Amber.

Mit seinem Kopf reichte er mir nur bis zu meiner Nase. Zum ersten Mal konnte ich dank meiner Absatzhöhe aus meiner Vogelperspektive seine Stirnglatze bewundern. Erstaunlicherweise hatte er trotz seines Alters kaum graue Haare.

»Mann, du bist schon fast wie eine richtige Frau, das ist ja furchtbar!«, rief Amber und zog mich weg von den Auslagen.

Als wir die Rolltreppe zur U-Bahn hinunterfuhren, flatterte das Lederröckchen, ein Luftzug war die Ursache. Reflexartig presste ich eine Hand gegen das Kleidungsstück, gegen meine Oberschenkel.

»Du hast Bewegungen wie eine Frau«, registrierte Amber. »Und als du vorhin an deinen BH-Trägern herumgezupft hast, dachte ich: Das machst du wie alle anderen Frauen es machen. Hast du das die letzten Tage geübt?«

Mir wurde das langsam unheimlich. Woher wusste mein Körper das alles?

Viele Menschen waren unterwegs, die meisten wollten nach Hause fahren. Fast nur Männer. Vor der offenen U-Bahn-Tür bildeten sie eine kleine Gasse. Ja, um mir den Vortritt zu lassen! Und noch dazu wortlos. Es fiel mir nicht leicht, einfach durchzugehen. Alle Blicke waren auf mich gerichtet. Ich empfand mich als seltsam nackt. Wie schnell würden sie erkennen, dass ich ein Mann war? Amber hielt seine Hand vor die Automatiktür, damit sie offen blieb. Ich fühlte mich wie auf Händen getragen und gleichzeitig wie auf einem Tablett präsentiert.

Mein aufgeregtes Unwohlsein kam aber nicht nur daher, weil ich als Mann in Frauengarderobe gekleidet war. Da war auch noch eine Portion schlechtes Gewissen gegenüber diesen Männern. Sie ließen mir den Vortritt, weil ich wie eine Frau aussah, weil sie offenbar allem, was weiblich war, den Vortritt ließen. Durfte ich diese Dienste überhaupt in Anspruch nehmen?

Die Türen schlossen sich, die Bahn setzte ich in Bewegung. Es wurde dunkler. Draußen flitzten die Tunnellichter vorbei. Ich sah meine Spiegelung in der Fensterscheibe. Die blonden Haare saßen noch gut. Der Rock hing leider etwas schief. Wie sollte ich ihn hier im Abteil nur zurechtzupfen, ohne Anstoß zu erregen? Meine Beine in schwarzen Nylons. Das ganze Riesengestell in federleichten High Heels. Sie vermittelten mir tatsächlich diese Art Fluggefühl. Besonders gut gefielen mir meine roten Lippen. Und erst das schwarze Mascara um die Augen! Im Zerrspiegel des U-Bahn-Fensters schaute es gar nicht so schlecht aus, mein Make-up. Irgendwie glaubte ich das, was ich hier sah, dennoch nicht.

Die U-Bahn bremste. Um ein Haar hätte ich mein Gleichgewicht verloren. Doch ganz neu: Ich wurde gehalten. Von Amber, der neben mir stand. Reflexartig hatte er seinen Arm um meine Hüfte gelegt.

»Du bist ja ganz in Gedanken«, sagte Amber. »Keine Sorge, ich halte dich!«

Nun fühlte ich etwas, was ich als Mann noch nie erlebt hatte: Schutz.

Ich hatte Angst, berührt zu werden. Es war, als würden Körper und Seele plötzlich näher beieinander liegen. Da war eine Scheu vor zu viel Nähe. Und ich fing gerade erst an, mich zu trauen, mit Rock und Stöckelschuhen durch die Welt zu laufen. War das möglich, ohne dabei auch nur ein Gramm Mannsein zu verlieren?

»Bist du dir da wirklich sicher?«, fragte der Dränger in mir.

Tief atmete ich ein und sah mich in der U-Bahn um. Viele Menschen hatten ihre Augen nach innen gerichtet. Lauschten sie ihren inneren Stimmen? Und wenn ja, was sagten die ihnen wohl?

»Ob die mich hier alle für verrückt halten?«, flüsterte ich Amber ins Ohr, der mich nur aufmunternd anlächelte.

Es war so angenehm, ihn als Begleiter dabeizuhaben. Er ist einer der aufgeschlossensten Menschen, die ich kenne. Weit war er gereist in seinem Leben, einst ein berühmter Finanzmanager, bis er aufgrund eines ähnlichen Genervtseins wie ich seinen Job an den Nagel hängte.

8 Wunderglimmen

Das erste Etappenziel meiner Expedition war erreicht. Ich war draußen, ausgebrochen aus dem Rollenknast. Dieses Mal wollte ich nicht in ferne Länder reisen, sondern tief in mich selbst hinein. Es sollte eine Art Seelenurlaub werden. Eine Reise auf der Spur meiner Sehnsucht. Die Unabhängigkeit von diesem Mannsein empfand ich als einen unverblendeten, fast entblößten Zustand. In dieser neuen, eher empfangenden Eigenschaft war ich lebendiger, als in der anderen Rolle, die von so vielem Tun beherrscht war.

Immer wieder war ich in meinem Leben vermeintlich irgendwo angekommen. In allen möglichen Variationen von Entspanntheit oder Glück. Meine Versuche, diese Bedürfnisse zu stillen, hatten mich durch so viele Abenteuer geführt. Durch alle möglichen Berufe. In den Rausch von Egotrips, in die sanfte Welt der Meditationsseminare (die auch nicht egofrei waren), in die Irrgärten von Therapien (und Illusionen vom »Ankommen«) und in die leicht missverständlichen Wunderwelten der Liebe. Immer wieder hatten mich diese Bedürfnisse weit abgetrieben von eingefahrenen Wegen, hin zu immer wieder neuen, zu unbekannten Routen. Es war mir unmöglich, gegen ihren Wind zu segeln. Dafür hatten sie mich die unendliche Vielfalt des Lebens kennenlernen lassen. Leider war es mit all meinen Erfahrungen am Ende immer so trostlos wie bei dem ewig Durstigen: Die Erlebnisse waren wunderbar. Doch anschließend fühlte ich mich vor lauter Sehnsucht noch viel durstiger. Die Sehnsucht erschien mir unstillbar.

Es hatte Überwindung gekostet, mich in eine Frau zu verwandeln. Doch jetzt stand ich so da. Ich freundete mich mit den ersten Gefühlen meines Lebens als Frau an – und konnte schon jetzt gar nicht genug davon haben. Es hatte etwas damit zu tun, vieles zulassen zu können. Ohne Anstrengung. Das war etwas in mir, wo ich schon lange hin wollte. Das war mir klar gewesen. Doch es hatte sich mir nie wirklich erschlossen, was diese Flamme in mir wollte. Wohin würde es mich wohl führen, wenn ich ihr mehr und mehr nachgeben würde?

Während eine U-Bahn-Haltestelle nach der anderen folgte, überlegte ich, von welchen Sehnsüchten all die Menschen in dem Waggon wohl angetrieben wurden. Waren sie meinen ähnlich? Ging es ihnen so wie mir? Fühlten sie sich auch wie eine Schnecke, die mit ihren Fühlern nach grünen Blättern suchte und nie das Richtige fand? In Zeitlupe bewegte sie sich durch ihr grünes Paradies, immer auf der Suche nach dem idealen Salatblatt. Dabei kroch sie längst mitten auf ihm entlang.

Es gab keine Garantie dafür, wohin mich mein neuer Weg führen würde. Einzig durch mein Erscheinungsbild wechselte ich die Geschlechterrolle und erlebte viel mehr als beim tollsten Abenteuerurlaub. Ohne aufwendige Flugarrangements getroffen, ohne auch nur einen Kilometer zurückgelegt zu haben, tauchte ich in eine vollkommen andere Welt ein.

Ich wollte in mir selbst schwimmen lernen und dafür kein Riesenschiff benötigen müssen. Ich würde das Glück nicht länger Tausende Kilometer entfernt von mir suchen, dort, wo mir Werbebroschüren den Seelenfrieden verheißen. Nun wollte ich meine eigene Weiblichkeit kennenlernen.

Mit einem lauten Ruck öffnete sich abermals die Tür der U-Bahn. Ein frischer Windzug umspielte meine Beine. Für einen Moment spürte ich eine seltsame Wehmut in mir. Ich fühlte mich durchlässig. Nicht ungeschützt, nein, aber auf eine eigenartig empfängliche Weise offen. Und zugleich verletzlich. Als könnte alles ganz unmittelbar in mich eindringen.

Amber war jetzt wie ein Notanker für mich. Bislang waren Männer das noch nie für mich gewesen. Er war ein eher durchschnittlich aussehender Mann, auffällig war lediglich seine leise Stimme. Er sprach immer leicht bedacht. Einmal hatte er mir gesagt, er wolle in seinem Leben etwas Bedeutendes machen. Jetzt, einige Jahrzehnte später, fragte ich ihn: »Sag mal, hast du mittlerweile etwas Bedeutendes angestellt? Erinnerst du dich noch, als wir einmal darüber sprachen?«

In seinen Augen glaubte ich einen Schimmer Traurigkeit zu erkennen: »Ich denke, diese Bedeutsamkeit gibt es gar nicht. Sicher, ich habe mich bemüht. Und jedes Mal, wenn ich danach zu greifen versuchte, löste es sich in Luft auf.«

Durch den Berufsverkehr und wegen der vielen Leute mussten wir zusammenrücken. Amber legte wieder vorsichtig seinen Arm um meine Hüfte. Es fiel mir schwer, das zu akzeptieren. Der Dränger wurde sofort unruhig: »Was?«, rief er. »Du lässt dich von einem Mann berühren?«

»Lass ihn brüllen«, sagte die andere, die viel schönere Stimme in mir.

Etwas weiter hinten im Abteil saßen zwei attraktive Frauen. Jung, schlank, gut aussehend. Halb kurze Röcke, überschlagene Beine, die Haare zusammengebunden. Die Gesichter regungslos. Ganz entspannt konnte ich sie wahrnehmen. Ich wollte sie nicht anbaggern, so wie ich es sonst gern getan hätte, nicht ihre Blicke erhaschen oder heimlich auf ihren Busen schauen. Stattdessen stellte ich einen Vergleich an. Ich überlegte: Sind die beiden Frauen schöner als ich? Wirklich beeindruckend wie sich mein Verhalten veränderte. Ich blickte zu Amber. Neben meinem Freund fühlte ich mich gut aufgehoben, als wäre ich an ein beschützendes Kraftfeld angeschlossen. Das war angenehm. Aber durfte ein Mann so etwas empfinden?

Die U-Bahn hielt ein weiteres Mal. Die Türen glitten auf. Eine Mutter drängte sich mit ihrem kleinen Jungen an mir vorbei, und ich blickte ihnen hinterher, während sie sich langsam auf dem Bahnsteig entfernten. Auch ich war einmal so ein kleiner Junge gewesen …

In meiner Schulzeit gab es ein Mädchen, zu dem ich eine besondere Verbindung hatte. Sie hieß Susi und spielte jede Pause mit den anderen Mädchen Gummitwist auf dem Schulhof. Eines Tages holte sie mich einfach dazu. Sie nahm meine Hand und half mir beim Hüpfen. Danach sah sie mich an. Seitdem wollte ich nie mehr von Susi fort. Nie mehr ihre Hand loslassen.

Auf der anderen Seite des Schulhofs warteten meine Freunde. Das war eigentlich meine Welt. Sie bestand aus Keilen, Vergleichen und Reibereien. Wir unterschieden uns voneinander durch einen eigenartigen Sport, den man als subtiles Kräftemessen bezeichnen konnte. Egal wo und bei was, es ging sofort ums Ganze und darum, wer die Oberhand behielt. Bei den Mädchen ging es nicht so zu.

Die Jungen schauten neidisch zu mir herüber. Es erschien uns wie ein Zufallsprinzip, wen von uns die Mädchen ansprachen. Nur eines war uns aufgefallen: Wenn wir uns zu deutlich bei ihnen bewarben, erreichten wir das genaue Gegenteil.

Susi nahm wieder meine Hand. Während wir über die Gummibänder sprangen, sangen die Mädchen Reime. Und meine Freundin sah mir in die Augen, ihre langen glatten Haare wehten leicht im Wind, während sie mich einen Reim lehrte:

Die Kaiserin von China,
geborene Katharina,
war leider viel zu klein,
um Kaiserin zu sein.
Da stieg sie auf die Leiter,
stieg immer, immer weiter,
auf einmal blieb sie stehn –
und du kannst gehen.

Von da an spielte ich regelmäßig mit den Mädchen Gummitwist. Machte ich dabei etwas besonders gut, glaubte ich zu erkennen, dass die Augen der Mädchen plötzlich glänzten.

Es war damals die Zeit, in der ich zum ersten Mal dieses prickelnde Gefühl in der Magengrube erlebte. Ich war irgendwie verliebt, ganz besonders in Susi, die meine Hand hielt und deren Augenfunkeln mich so betörte! Dieses Wunderglimmen suchte ich in den Augen der Frauen fortan mein Leben lang.

Das Aufblitzen dieses Verliebtseins bei den Mädchen wirkte auf uns Jungen magnetisch, verzaubernd und rätselhaft. Ich dachte, eine zu eindeutige Erwiderung würde dieses Liebesflimmern sofort wieder zum Erlöschen bringen. Daher machte ich das, was alle anderen auch taten: Wir versuchten, möglichst cool und unbeteiligt auf die jungen Damen im anderen Teil des Schulhofs zu wirken. Dabei hauten und knufften wir uns, schauten ständig zu den beschwingten Gummitwisterinnen hinüber: Hatten sie das gesehen und glänzten ihre Augen vielleicht?

Obwohl mich meine Klassenkameraden zurückzuhalten versuchten, lief ich gern zu den Mädchen hinüber. Mit Susi ging ich oft spazieren. Sie hatte etwas Treues an sich, sie war so offen zu mir und zeigte mir ihre Welt. Ich besuchte sie zu Hause, und in ihrem Zimmer spielte sie mir ihren Lieblingssong vor: »Get Back« von den Beatles. Immer wieder legten wir die zerkratzte Platte auf, tanzten zuerst scheu und vorsichtig dazu. Dann sprangen wir auf ihr Bett, auf dessen Kante wir voller Freude balancierten und mitsangen. Um nicht herunterzufallen, hielten wir uns gegenseitig fest und ließen selbst dann nicht los, wenn einer von uns das Gleichgewicht verlor und in die Kissen fiel. Susi und ich liebten es, unsere Hände zu halten und gemeinsam auf allen möglichen Linien zu balancieren. Randsteine, umgefallene Bäume, und am liebsten auf den Mittelstreifen von Straßen.

Bereits damals fiel mir auf, wie unverblümt und direkt die Mädchen untereinander waren. Sie rauften und schlugen sich nicht. Sie gaben viel weniger an als wir Jungen. Eigentlich gar nicht. Ich bemerkte schon, dass es unter den Mädchen auch Konkurrenz gab. Aber die äußerte sich spielerischer und nicht so martialisch wie bei uns Jungen, so kam es mir jedenfalls vor. Eines der Mädchen war wohl ein wenig in einen meiner Kumpel verschossen und fragte mich über ihn aus: »Hat Mario schon eine Freundin?«

Ein anderes Mädchen bemerkte das und versuchte unser Gespräch zu stören, indem sie direkt neben uns laut zu singen begann. Dann schauten wir alle hinüber zu Mario. Der posierte mit einer drohend in den Himmel gereckten Faust.

»So ein Angeber!«, riefen beide Mädchen. Obwohl sie soeben konkurriert hatten, waren sie plötzlich solidarisch geworden – und wandten sich von ihm ab.

Kurz darauf wartete Mario nach der Schule mit ein paar Freunden hinter einem Baum auf mich. »Was haben die blöden Hennen mit dir geredet?«, brüllte er mich an.

Sie verprügelten mich nach Strich und Faden. Obwohl ich eine unbändige Wut in mir spürte, war ich nicht fähig, mich zu wehren. Ich fühlte mich wie gelähmt. Mit Blutgeschmack im Mund schrie ich zurück: »Du bist ein fürchterlicher Idiot.«

»Du Verräter! Du Gummitwistmemme, du mit deiner blöden Susi.«

Mario spuckte mir ins Gesicht, dann ließen sie von mir ab.

Susi erzählte ich nichts von dem Vorfall. Es war mir peinlich. Wenige Zeit später passierte das Unfassbare: Susi kam nicht mehr in die Schule. Sie war gestorben. Überfahren von einem Auto. Zum ersten Mal spürte ich Schmerzen in mir, auf die ich kein Pflaster kleben konnte.

Als wir älter wurden, begannen wir Jungs uns immer mehr aufzuplustern. Wir beeindruckten die Mädchen mit Erzählungen von tollen Autos, luden sie zu einer Tüte Kakao ein oder berichteten von gefährlichen Erlebnissen. Obwohl ich mein Möglichstes tat, hatte ich Mühe, mit den Angebereien mitzuhalten, mit diesem Produzieren von Leistungen. Das ging dann fast mein ganzes Leben lang so weiter. Ich verstand nie wirklich, wozu wir das alles machten. Noch viel weniger war mir klar, warum es mir später immer schwerer fiel, aus all dem auszubrechen. Vielleicht wollen wir Männer auch heute noch von den Gummitwisterinnen auserkoren werden?

Ich freute mich jedes Mal, wenn ich das Wunderglimmen in den Augen der Frauen sah, das ich von den Gummitwisterinnen aus meiner Schulzeit kannte. Ich wollte, dass es blieb. Als Dauerlicht. Doch als ich später Frauen begegnete, die mir gefielen, kam ich mir oft so vor, als würde ich im Dunkeln herumstochern. Da glänzte kein Leuchtturm mehr in ihren Augen. Die Frauen hatten ihre Lichter ausgeknipst. Sie schauten weg, wandten sich ab und versuchten, möglichst unbeteiligt zu wirken. Als wären Männer eine Spezies, vor der man sich in Acht nehmen musste. Es kam mir so vor, als müsste ich für jede Frau ein völlig neues Verführungsspiel erfinden. Gleichzeitig hatte ich ein Gestrüpp aus Wunsch, Bedürfnis und Moral in mir herangezüchtet, das immer mehr zu einem undurchdringlichen Dickicht wurde.

»Hey, Christiane! Was ist los mit dir? Warum bist du so still?«, flüsterte Amber in mein Ohr.

Wir standen noch immer in der U-Bahn. Amber drückte mit dem Ellenbogen meine Hand an sich. An seiner sah ich Farbflecken. Er hatte wohl gerade gemalt. Wunderschöne Bilder kannte ich von ihm. Farbenprächtige Blumen, viel Rot auf Grün, rauschhafte Bilder. Mein Freund war ein sehr emotionaler Mensch, aber er lebte das wohl mehr in seinen Werken aus.

»Entschuldige Amber«, sagte ich, »ich habe nur nachgedacht.«

In der Enge schlug eine Aktentasche gegen meine Wade. Sie riss eine Laufmasche in meinen 30-Euro-Strumpf. Er hatte nicht einmal ein paar Stunden überdauert. Dann standen auf einmal drei Anzugtypen neben mir. Sie hatten gerade über Frauen gescherzt, und verstummten abrupt, als sie mich sahen. Sie taten so, als würden sie mich nicht bemerken, schielten aber immer wieder zu mir herüber.

Ich kannte dieses Verhalten von mir selbst, doch jetzt fühlte ich die Auswirkungen davon am eigenen Leib. Als Mann hatte ich geglaubt, Frauen würden es nicht hören, wenn ich ganz leise mit einem Freund ein paar Bemerkungen über sie austauschte. Ich hatte angenommen, dass sie meine kurzen Blicke nicht wahrnahmen, meine Gedanken nicht spürten und meine Lügen nicht durchschauten. Was für eine Täuschung! Kaum hatte ich die Seiten gewechselt, kamen mir Frauen wie wandelnde Radaranlagen vor. Sie realisierten wirklich alles.

Meine Sinne waren in meiner Rolle als Frau nicht mehr auf »Senden« geschaltet, sondern auf »Empfang«. Mein männlicher Habitus, ständig etwas produzieren zu müssen, war verflogen. Sogar im Rücken schienen mir Antennen gewachsen zu sein: Es war ganz offensichtlich, wie die drei Typen auf meine blonde Mähne und meine aus dem Minirock ragenden ziemlich langen Beine starrten. Sie fühlten sich wie tolle Hechte, als sie unmerklich ihre Stimme erhoben. »Man kann diesem Markt nicht mehr vertrauen«, sagte einer aus dem Trio, »ich habe alle meine Positionen verkauft. Jetzt weiß ich nicht, was ich mit dem Cash tun soll. Gold?«

Aha, unter Sexappeal schienen die drei Geld zu verstehen. Und diese zufälligen Kopfbewegungen in meine Richtung! Während sie scheinbar fachmännisch über die Wirtschaftskrise sprachen, schwirrten ihre unbeherrschten Blicke immer wieder an meiner Oberweite entlang. Im Fenster der U-Bahn konnte ich alles bestens beobachten. Es war, als würden mich ihre Augen wie Reisnägel an eine Pinnwand heften. An die Wand ihrer eigenen Projektionen. Es war kein Wunder, dass ich diese Klischees wie falsche Schutzschilde von mir abzuschütteln versuchte. Riesenspinnweben an falschen Images.

»Das darf doch nicht wahr sein«, rief plötzlich der altbekannte Dränger in mir. »Denkst du wirklich, dich mit deinem Zirkus von deinen Klischees befreien zu können, nur weil du sie gegen solche über Frauen austauschst?«

Stimmte das?

Gehörte das zum weiblichen Leben, sich verletzlicher und offen brachliegender zu fühlen, als ich es als Mann kannte? Oder nahm ich diese Ungeschütztheit nur deswegen als etwas so Besonderes wahr, weil sie für *mich* neu war, weil *ich* mich immer irgendwie vorsah und weil das zu einer neuen Erfahrung einfach dazugehörte, sich so zu fühlen? So leicht berührt werden zu können und physisch tatsächlich auch angefasst zu werden. Mit Blicken. Mit Gedanken. Mit durch die Luft reichenden Projektionen. Das war mir bislang fremd gewesen. War das normal oder nicht?

Die U-Bahn schüttelte mich durch. Um der heimlichen Anmache der drei Anzugträger zu entgehen, schob ich mich vorsichtig auf die andere Seite von Amber. Schon nach kürzester Zeit kam ich mir in meiner Frauenrolle vor wie ein Schleckeis auf zwei Beinen. Musste ich nun ständig Grenzen setzen, wie nahe ich einen dieser vielen drängenden Männer um mich herum an mich herankommen ließ? Bei den Nachbarsleuten im Treppenhaus? Den vielen Menschen in der U-Bahn? Würde ich nun meine Blicke dosieren, mich abwenden, schneller oder woanders hingehen, immer ein wenig in Habachtstellung und darauf gefasst, was den Vertretern der unberechenbaren Spezies Mann plötzlich als Nächstes einfallen könnte?

Ich musste in jedem Fall aufpassen, dass ich niemandem mit meinen Brüsten zu nahe kam. Es war so eng. Vor allem die Männer bewegten sich keine Spur vom Fleck.

Als würden sie es auf Kollisionen und erzwungene Berührungen anlegen. Unruhig schauten sie auf die Uhr, tippten
auf ihren Handys herum, hatten ununterbrochen etwas
zu tun. Doch zwischendurch schielten sie zu mir herüber, beziehungsweise zu dem Teil von mir, auf dem mein
Kopf saß. Oder zu den anderen Frauenunterteilen im
Wagen. Ohne Amber hätte ich kaum gewusst, wo ich hier
sicheren Halt hätte finden sollen.

9 Schutzlos

Plötzlich spürte ich einen diffusen Druck an meiner linken Brust. Ich hörte einen lauten Lacher und roch gleichzeitig zu viel getrunkenes Bier. Da hatte doch glatt so ein Fußballfan – er trug entsprechende Klamotten –, seinen Finger in meinen Busen gedrückt.

»Nimm die Pfoten weg!«, herrschte ich den feisten Typen an, dem der Bierdunst in sein rotfleckiges Gesicht geschrieben stand.

»Pfoten? Bist du sensibel! Was bist du eigentlich?«

Ich zersprang fast vor Wut. Dem hau ich jetzt die Fresse ein, egal wie unweiblich das vielleicht sein mag, dachte ich. Aber ich dachte es nicht nur, ich holte bereits aus, und Amber sowie ein starker Arm von diesen drei Anzugtypen hielten mich zurück.

»Komm, lass mal Christiane, der ist nicht klar im Kopf, der ist betrunken«, rief Amber.

»Bleib cool«, sagte auch der Businessmann, der vorhin von seinen Aktien gesprochen hatte. »Bringt nichts.«

In dem Moment hatte ich, begleitet von einem hämischen Lachen, einen weiteren Finger im Busen. Jetzt packte ich den Mann aber mit der einen Hand am Kragen seines Fanhemds und gab ihm mit der anderen eine kräftige Ohrfeige.

»Das nächste Mal werde ich dir auch etwas zusammen-
drücken!«, fauchte ich ihn an.

In Sekundenschnelle war ein Sicherheitskommando
schwarz gekleideter Männerschränke zur Stelle, sie hatten
das Abteil wohl begleitet. Kaum dass sie mich sahen, waren
sie lammfreundlich und stellten sich schützend vor mich.

»Was ist denn passiert, Fräulein?«

Was sollte ich nun antworten? Etwas von sexueller Be-
lästigung faseln? Die Situation überforderte mich total.
Ich sah den Angreifer an. Sie hatten ihm die Arme auf den
Rücken gebogen. Sein Gesicht spiegelte ungläubige Überraschung. Diese Reaktion hatte er sich wohl nicht von
mir erwartet. Er japste noch nach Luft.

Jener Managertyp, der bislang nichts gesagt oder getan
hatte, meinte lässig: »Die Dame wurde sexuell belästigt
und hat sich gewehrt. Mit Recht. Mehr war nicht.«

Die Sicherheitsbeamten wollten den Mann abführen.
Deswegen sagte ich: »Lassen Sie mal. Wir haben das unter
uns geregelt.«

Ich warf dem Managertyp einen dankbaren Blick zu. Dann
verließen Amber und ich den Waggon, eskortiert von drei
bulligen Sicherheitsleuten. Wieder schritten wir durch ein
Spalier schaulustiger Männer.

Mein tolles Gefühl von Entspanntsein hatte mittlerweile
den Beigeschmack von Aggression bekommen. Abfälliges
Verhalten von Männern löste in mir eine Gegenreaktion
aus. Ich hatte eine so unbändige Wut in meinem Bauch
gespürt. Vielleicht waren Teile dieser Wut immer noch
von früher in mir am Leben, als mir Mario ins Gesicht ge-
spuckt hatte, weil ich mit den Mädchen Gummitwist gespielt hatte.

»Oh, là, là, was bist du doch für eine resolute Blondine«, meinte Amber leise.

»Hast du die drei im Anzug bemerkt?«, fragte ich. »Wären wir geblieben, hätte es nur noch ein paar Minuten gedauert, bis mir einer von ihnen seine Telefonnummer zugesteckt hätte.«

»Es gibt eben auch charmante Männer. Sie wollen Beachtung, du kennst es. Außerdem siehst du klasse aus.« Mein Freund lachte.

Und kaum zu fassen: Während wir die Rolltreppe nach oben fuhren, gab er mir allen Ernstes mit der Hand einen Klaps auf den Hintern. Dabei knickte ich unwillkürlich im Knie ein. Hatte Amber, der galante Erstbegleiter meines Wagnisses, am Ende eine Macke?

»Amber, das machst du nicht noch einmal«, sagte ich, gespielt empört.

»Doch, wenn ich will.« Er grinste mich an. Doch ich war mit den Gedanken schon woanders.

Was war da eben mit meinen Knien passiert? Bei Frauen hatte ich dieses Einknicken in den Knien schon dann und wann beobachtet, aber als Mann hatte ich mich immer vor jeder Art von deutlich sichtbarer Verkleinerung meiner selbst gedrückt. Man(n) knickt nicht ein. Nie! Und jetzt erlebte ich das Einknicken der Knie plötzlich als etwas ganz Selbstständiges. Es passte ja auch: Ich fühlte mich als Frau viel beweglicher. Die Hüfte schaukelte fast automatisch (oder besser gesagt: Sie durfte schaukeln.) So wie andere weibliche Bewegungen auch einfach aus mir herauskamen. Woher kam das bloß? Stehen Frauen, überlegte ich, wirklich leichter da als Männer? Sind sie gelenkiger? Sind sie wirklich entspannter oder ist das nur mein subjektiver Eindruck? Vielleicht sind es ja auch die hohen Absätze, die meiner Haltung ihren Zoll abverlangten.

»Was denkst du?«, fragte Amber.

»Mir ging gerade durch den Sinn, wie toll ich die Frauen und all dieses Weibliche finde. Ich will es gar nicht differenzieren. Ich will es auch nicht hinterfragen. Jetzt zumindest will ich erst einmal all das auf mich wirken lassen und genießen.«

Diese Eindeutigkeit im Uneindeutigen hatte mir lange gefehlt. Etwas einfach ganz radikal so zu machen, wie mir zumute war, das war wohl ein tiefes Bedürfnis in mir. Und was sollte falsch daran sein, wenn niemand daran Schaden nahm? Dennoch erstaunte es mich, wie ich trotzdem zunehmend die Konturen von Mann und Frau zu kategorisieren begann. Das ging in die Richtung, als wären die Männer die Bösen und die Frauen die Guten.

»Gerade stehen«, sagte Amber fordernd. »Frausein ist auch anstrengend. Nicht zum Fragezeichen werden. Sobald du eine falsche Figur machst, ist es leichter zu sehen, dass du keine echte Frau bist.«

»Stehen Männer etwa wie Fragezeichen da?«, fragte ich.

»Schau dich doch mal um.«

Das Kosmetikstudio, in das mich Amber führte, wurde von unzähligen Strahlern erleuchtet. Mein Freund benahm sich, als hätte ich Geburtstag und das wäre nun sein Geschenk an mich: Galanter ging es nicht. Nun wollte ich voll auskosten, wie es sich anfühlte, wie eine Frau geschminkt zu werden. Wieder etwas ganz Neues.

Fand ich dieses Experiment vielleicht nur deshalb so faszinierend, weil alles neu war?, fragte ich mich, bis das Streicheln eines feuchten Pinsels auf meinen Wangen meine Gedanken zum Schweigen brachte. Die Make-up-Stylistin hatte sich als Rose vorgestellt. Sie sprach ihren Namen mit englischem Akzent aus und roch dabei wunderbar nach etwas Rosenartigem. Ihre Haare waren hinten zu einem kunstvollen Knoten zusammengebunden, ihr schwarzes Stretchkleid war knapp, aber genau richtig für ihre etwas mollige, aber sehr ästhetische Figur. Sie sprach in einem hypnotischen Ton, bei dem sich mein Gehirn in den Modus des Gedankendriftens verlangsamte. Nach ein paar Minuten wusste ich, dass sie zwei Kinder hatte, von beiden waren die jeweiligen Väter davongelaufen.

Rose sprach mit mir wie zu einer Freundin. Mit keiner Silbe fragte sie mich, was mich dazu veranlasst hatte, in Frauenkleidung durch die Stadt zu gehen. Dachte sie einfach nur an ihr Geschäft, oder kam ich als Frau so überzeugend an, dass ihr dazu schlicht nichts in den Sinn kam? Letzteres glaubte ich nicht wirklich. Aber war das wirklich wichtig?

»Dir stehen eher helle, eher kühlere Farben«, raunte sie mir zu. »Nicht so viel Braun, auch kein dunkles Blau.« Ah, mein blaues Kleid war also definitiv ein Fehlkauf. Dann fuhr sie fort: »Bei deiner Haut musst du als Basis diese Creme nehmen.« Schon baumelte eine lachsfarbene Tube vor meinen Augen. »Ich werde dir den Namen des Produkts aufschreiben.«

Eine Art Gesichtsfilzstift strich nun rot-violette Kreise auf mein Antlitz. Mit ihrem Zeigefinger verteilte sie alles sanft.

»Was nimmst du normalerweise für die Base und was fürs Finish?«, fragte Rose.

»Wie bitte? Also mein größtes Problem ist mein Bartschatten. Hast du eine Idee?« Ich hatte keinen blassen Schimmer, von was sie redete.

»Primer, hast du einen guten Primer? Nein? Okay, ich zeige dir gleich, worauf zurzeit alle stehen.«

»Alle?«

»Na, *wir*, die Frauen! Jede fragt danach. Der Super-Primer. So was gab's noch nie, du wirst süchtig danach. Kostet aber auch etwas. Ich wette, er ist die Base für das coolste Finish aller Zeiten, das macht so einen geilen Coat! Warte mal ab, was ich dir gleich ins Gesicht zaubere.«

Nach über einer Stunde erkannte ich mein eigenes Gesicht nicht wieder. Ich sah in das Antlitz einer Frau. Sie war mir vertraut. Christian war verschwunden, das war nun eindeutig Christiane. Meine Augen waren mit schwarzem Mascara und einem zart violetten Lidschatten geschminkt. Die Augenbrauen hatte mir die Kosmetikerin mit meiner Erlaubnis komplett ausgezupft. Angeblich hatte ich Schlupflider. »Ich werde dir höhere Augenbrauen hinmalen«, hatte Rose erklärt. »Dann haben wir mehr Platz, um deine Augen zum Strahlen zu bringen!« Mit einem komischen Zwirbelgerät war sie mir mehrmals über die Brauen gefahren, das begleitende Geräusch klang nach einem Rasenmäher. Und vom Empfinden her war es ein fast nicht aushaltbares kitzeliges Unterfangen gewesen.

So, jetzt hatte ich neue Brauen. Höhere, schlankere, längere. Die gemalten Linien verliehen meinem Aussehen schlagartig mehr Weiblichkeit. Dass Augenbrauen so eine Bedeutung für dieses Bild haben, erstaunte mich sehr. Künstliche Wimpern kamen jetzt noch dazu. Während sie diese anklebte, erwähnte sie meine Halsfalten. Die waren mir nie besonders aufgefallen. Doch nun wusste ich, mit welchen Tinkturen ich sie in Zukunft versorgen musste. Als sie von einer chirurgischen Straffung anfing, fiel ich ihr allerdings ins Wort. Ich bekam eine Ahnung davon, wie schnell eine Frau dazu kommen konnte, einen Spezialisten aufzusuchen, der sein Skalpell bei ihr ansetzte.

Beim Rouge probierte Rose mehrere Rottöne aus, und sie wollte wissen, welcher mir am besten gefiel. Ich konnte aber kaum einen Unterschied feststellen, und so fragte ich Amber nach seiner Meinung.

»Eindeutig das mattere Rot«, erklärte er.

»Das hätte ich auch empfohlen«, stimmte Rose zu. »Und nun noch ein letzter Tipp: Deine schwarzen Nylonstrümpfe musst du unbedingt gegen rote austauschen, wenn du heute Nacht noch ausgehen willst. Was glaubst du, wie super das zu deinen roten Lippen aussieht.«

Es war ein feuriges Weinrot geworden. Eigentlich sah ich nur noch rot!

Amber und ich verließen den Salon. Draußen sog ich die frische Luft ein, als würde ich es zum ersten Mal machen. Mein Freund reichte mir ein kleines Päckchen: »Schau mal, was ich dir aus dem Laden noch mitgenommen habe: rote Nylons. Ich will aber dabei sein, wenn du die ausführst.«

Bevor wir uns voneinander trennten, gingen wir noch ein Stück durch die Fußgängerzone der Innenstadt. Vorsichtig sah ich mich um. Viele der vorbeihastenden Menschen bemerkten mich nicht einmal. Manche Frauen lächelten mich an. Bei den meisten Männern, die mich bemerkten, versteinerte sich sofort die Miene.

Es fiel mir nicht leicht, mich von Amber zu verabschieden. Einerseits wollte ich allein weitergehen – andererseits fühlte ich mich hier mitten im Getümmel ziemlich schutzlos.

Als Amber in der Menge verschwunden war, fiel mir ein Bettler am Straßenrand auf. Er saß auf dem steinernen Boden und pfiff eine lustige Melodie. Als ich ihm einen Euro in den Hut warf, wedelte mich der erstaunlich gepflegt aussehende Mann mit der Hand zu sich heran.

»Auch ich habe die Anima studiert«, sagte er durch seinen struppigen Bart, »mein ganzes Leben lang. Sie ist eine verzehrende Frau. Du musst aufpassen. Hast du sie einmal berührt, verzaubert sie dich sofort.« Dann lachte er laut und rief: »Vielen Dank, schöne Frau!«

»Sie haben die Anima studiert?«, fragte ich den Mann.

»Philosophie. Ich bin Professor. C. G. Jung kann ich auswendig, ob du's glaubst oder nicht. Nur verdient man damit nichts.«

»Warum unterrichten Sie dann nicht mehr?«

»Die Frauen«, erklärte er, »die Frauen. Alles, was ich hatte, ging an meine Ex. Aber das ist eine lange Geschichte. Ich war nicht hart genug. Es war die Liebe, die mich auf die Straße gebracht hat. Und mein zerbrochenes Herz.«

Verblüfft starrte ich den Mann an. Er musste so um die vierzig sein. Erzählte er mir Unsinn? Oder war es tatsächlich die Wahrheit?

Als ich weiterging, rief er mir hinterher: »Du wirst die Anima nicht mehr los! Sie hat dich bereits verzaubert! Merkst du es nicht?«

10 Dominomenschen

Inzwischen war es Sommer geworden. Ich ging nun regelmäßig als Frau auf die Straße. Als ich an einer Fußgängerkreuzung auf das rote Männchen starrte, fragte ich mich, ob jemals darüber nachgedacht worden war, als Ampelsymbol eine Frau zu wählen. Überhaupt stach mir neuerdings die Männerlastigkeit dieser Welt enorm ins Auge. Und diese geschlechtliche Trennung. Im Fernsehen zappte ich in dieser Zeit einmal in eine Dokumentationsreihe über die Evolution der Menschen. Darin wurden veranschaulichende Szenen gezeigt, in denen ausschließlich Männer zu sehen waren. Als hätte sich die Menschheit nur durch Männer entwickelt. Wenn ich abends wegging, stellte ich fest, dass in den Bars fast nur Männer standen. Wenn es irgendwo laut oder unangenehm wurde, dann waren das immer Männer. Alleine als Frau in Bars zu gehen, empfand ich als fast unmöglich. Und warum hörte man im GPS von Autos oder in den telefonischen Antwortsystemen von automatisierten Betrieben fast immer nur weich, sanft und wohlklingende Frauenstimmen?

Neben mir an der Ampel stand ein Mann um die dreißig, gewollt ungeordneter Haarschnitt auf dem Kopf, vielleicht als Kontrast zu dem Grau, das er trug. Typ Streber.

Er sah aus wie so ein ganz Aufgeschlossener, der aber alles immer sehr akkurat haben musste und deswegen morgens stundenlang brauchte, um seine Haare widerspenstig aussehen zu lassen. Kaum dass er mich erblickte, wurde er unruhig. Dann hörte ich einen Schnalzer – und ein Fetzen Spucke flog vor meine Beine. Erschrocken wandte ich mich dem Mann zu, doch der schaute weg, als wäre nichts gewesen.

Kaum dass ich wieder Richtung Ampel sah (das Männchen war immer noch hochrot), spürte ich wieder seinen Blick in meiner Seite. Er trat einen Schritt vor, dann einen zurück. Er begutachtete mich, als wäre ich eine wandelnde Litfaßsäule. Dann machte er ein Geräusch, als würde er sich gleich übergeben müssen, und rotzte nochmals. Teile seiner Spucke landeten auf meinen Schuhen. Ich war sprachlos und brachte kein Wort heraus. Da trat eine Frau neben mich, die das Ganze wohl mitbekommen hatte: »Sagen Sie mal, spinnen Sie? Eine Frau anspucken, was soll das denn?« Ihre Stimme klang drohend, sie besaß eindeutig Durchsetzungsvermögen.

»Was wollen Sie überhaupt?«, grunzte der Mann, der sich offensichtlich ertappt fühlte. Dann eilte er achselzuckend und kopfschüttelnd über die Straße. Jetzt sprang auch die Ampel auf Grün. Die Frau, die in meinem Alter war, berührte mich solidarisch am Arm und ging mit mir langsam über die Straße. Ich war ganz benommen wegen des Vorfalls.

»Geht es Ihnen gut? Nehmen Sie sich so was nicht zu Herzen. Unglaublich, was Männer sich so alles erlauben. Für keinen Cent würde ich einer sein wollen«, sagte sie.

»Wie meinen Sie das?«

»Na, Sie haben es doch eben selbst gesehen.«

»Zum Glück sind aber nicht alle so«, erwiderte ich.

»Aber die meisten. Auch diejenigen, die nicht so wirken«, sagte sie zornig, »ich könnte Ihnen einiges erzählen!«

»Ihnen geht es auch so wie mir?« Natürlich hatte sie bemerkt, dass ich ein Mann in Frauenkleidern war.

»Klar. Zwar nicht so extrem wie bei Ihnen, aber mir reicht's. Mag sich so ein Typ von Ihnen provoziert fühlen, aber tut das was zur Sache, gibt ihm das irgendein Recht?«

Umso mehr Männer sich mir gegenüber als Christiane so verhielten (bei dem Ampelerlebnis blieb es nicht), desto mehr fragte ich mich, was genau die Männer provozierte, wenn sie mich in Frauenkleidern sahen. Fühlten sie sich in ihrem Mannsein verraten? Spürten sie Angst vor der Weiblichkeit? In jedem Fall fühlte ich es so, als würden mich die Männer widerlich finden. Bei den Frauen war es umgekehrt. Sie zeigten überraschenderweise großes Interesse.

Täglich watete ich in den folgenden Wochen als Frau durch den Peinlichkeitsschlamm dieser Welt, immer wieder stieg Scham in mir hoch. Ganz gleich, ob ich als Frau ein Restaurant aufsuchte oder morgens zum Bäcker ging. Die Überwindung der inneren Widerstände empfand ich als größte Schwierigkeit bei meinem Vorhaben.

Ich hatte immer gedacht, das Wesen eines Menschen befindet sich in seinem Innersten. Meine Erziehung, mein

Verständnis der Werte unseres Zusammenlebens hatten mich gelehrt, dass alles Äußerliche hohl sei. Wertlos. Schein. Das war meine tiefe Überzeugung gewesen. Doch es schien mir nun so, als würden sich bedeutende Teile meiner Selbst auch außerhalb von mir befinden. Warum sonst reagierten sowohl die anderen, als auch ich selbst so stark auf die Veränderung äußerer Details? Mein Wesen musste viel mehr mit diesem »Außen« zu tun haben, als ich – im Lichte all dieser Wertvorstellungen – immer dachte. Warum sonst dieses von Äußerlichkeiten ausgelöste Gefühl der Peinlichkeit? Innen und Außen musste verbunden sein. Oder sogar zusammengehören. Eins sein? Immer mehr erschien es mir so, als wäre es gar nicht voneinander getrennt. Womöglich war ich beides. War die Reduktion meines Selbstverständnisses auf die »inneren Werte« ein Trugschluss, sollte sie sich mit »äußeren Werten« verbinden, war diese Trennung insgesamt falsch?

Denn interessanterweise verschwand dieses Gefühl von Peinlichkeit jedes Mal, wenn ich meine Hemmungen überwunden hatte und mich an meinem (äußeren) Ziel befand. Oder wenn ich bemerkte, dass mein Umfeld mich einfach so aufnahm, wie ich war. Vielleicht wurde diese tief in mir drinnen empfundene Schamangst gar nicht so sehr durch mein äußeres Erscheinungsbild ausgelöst. Die Ursache musste tief in mir selbst liegen: In dem Widerspruch zwischen der Geschlechterrolle, die ich als Mann normalerweise lebte, und meinem wirklichen Wesen. Nein, es gab diese Trennungen (die uns diese auf Dualitätsprinzipien und oft widersprüchlichen Lebensphilosophien gebaute Kultur aufzwang) gar nicht. Vielleicht liegt dort die Quelle dieses Erfülltsein- und Angekommensein-Gefühls, das ich empfand, seit ich mit meinem Experiment begonnen hatte. Auch alles Äußere wirkt direkt und unmittelbar nach innen hinein. Aber diese Erkenntnis hatte ich bisher nicht (oder viel zu wenig) gelebt.

Jedenfalls: Indem ich nun auf so deutlich sichtbare Weise aus all solchen Zwiespalten auszubrechen versuchte, rüttelte ich an den Grundfesten meiner selbst. Oder war es falsch, das so zu sehen? Ich brachte doch lediglich all diese Imagekulissen meiner selbst zum Einstürzen. Dann wäre auch dieses Befreitsein-Gefühl verständlich. Gleichzeitig gerieten dadurch aber auch dieselben Kulissengrundfesten meiner Umwelt in Gefahr. Indem ich durch meinen Tabubruch die Abziehbilder der Projektionsflächen in mir und außerhalb von mir wegriss, zerstörte ich sicherlich nicht nur meine eigenen Identifikationen, Imageverhaftungen und Klischees. Ich brachte auch die Identifikationen derjenigen ins Wanken, welche ihre Vorstellungen auf mich projizierten und mit ihrem eigenen Leben kombinierten. Im Mittelpunkt ihrer Projektion stand zweifellos die Tatsache, dass ich ein Mann war. Und ihr dazugehöriges Männerbild wankte sofort.

Ich kam mir plötzlich so vor, als befände ich mich in einem Bild unseres Zusammenlebens gefangen. Wir begegneten uns gar nicht mehr wirklich selbst. Nur unsere Imagebilder berührten sich. Mit ihnen identifizierten wir uns und nährten falsche (oft Diskriminierung erzeugende) Selbstverständnisse mit Verhaltensweisen, Meinungen und Bewertungen sowie (ganz wichtig) dem ständigen Kauf dazugehöriger Produkte. Die bedeutendsten Utensilien, die unsere Imageidentifikationen manifestieren, machen unsere Kleidung aus.

Dieses Zusammenleben von Menschen, die sich nur durch ihre Images definieren, erschien mir plötzlich so, als würden lauter zu Kulissen erstarrte Menschen wie Dominosteine aneinanderlehnen. Wenn einer aus dieser Kulissenwelt ausscherte, kam die ganze Dominoreihe ins Wanken. Weckte das in der Welt der Dominomenschen vielleicht Aggressionen, ging es wirklich um Loyalitäts- und Verratgefühle oder gar um Existenzangst?

Sicherlich lag die Ursache dieser immens empfundenen Peinlichkeit nicht nur dort, wo mich andere beurteilten, beobachteten oder kritisierten. Die Wurzel musste auch in meiner Haltung dazu liegen. In meinem eigenen Verhältnis zur Außenwelt und wie ich mich in meinem Selbstbild mit dieser verband.

Es beschäftigte mich mehr als ich je gedacht hätte, wenn ich besonders von vertrauten Menschen anders behandelt wurde, nur weil ich in anderen Kleidern daherkam. Konnte wirklich allein eine äußere Hülle bereits eine Haltungs- oder gar eine Wesensveränderung in mir und auch den anderen bewirken? Schließlich fühlte ich mich selbst nachhaltig entspannter und ausgeglichener, seit ich als Frau herumlief. Ein ähnliches Feedback hatte mir auch Maria mehrmals gegeben. War die Peinlichkeit ein Wegweiser, aus meinem eigenen Rollenverständnis herauszufinden?

Und überhaupt: Mannsein, was bedeutete das eigentlich? Wenn ich in meinem Lieblingscafè saß und die vorbeieilenden Männer betrachtete, erkannte ich mich selbst in meiner Männerrolle in vielen von ihnen wieder: Die Männer erschienen mir wie Wesen, denen es verboten wurde, aufzufallen. Sie wollten es zwar gern, aber sie trauten sich nicht wirklich. Wenn sie das taten, entgleisten sie offenbar leicht.

Das sicherste Auffallen gelang den Männern durch das Erbringen besonderer Leistungen. Man konnte es bereits an ihrem Gang sehen. Er hatte immer etwas Zielgerichtetes (was Niederlagen verbergen konnte). Der Trick mit den Leistungen war nicht schlecht, denn er funktionierte über weite Strecken fast risikolos. Mit ihren erarbeiteten Erfolgen dürfen Männer aber nicht allzu offensichtlich, schon gar nicht eitel umgehen. Zu deutlich Freude zu zeigen, könnte leicht als ein Zeichen von Schwäche gewertet werden. Deswegen finden sich in den Fluren von Firmen nirgendwo männliche Mitarbeiter, die nach einem Erfolgserlebnis jubelnd von Tür zu Tür laufen. Eine Männerfreude muss nämlich eine kurze Freude sein, eine Männerwut immer eine an straffen Zügeln geführte. Es durfte auf keinen Fall der Eindruck entstehen, ein Mann würde sich allzu sehr über etwas freuen oder ärgern. Ausgeglichenheit ausstrahlen. Prinzip: keine Gefühle zeigen und sich nur nicht ablenken lassen. Von dem Ziel, oder zumindest etwas, was danach ausschaut. Es sind doch ohnehin unentwegt ganz dringend so viele immens große Probleme und Herausforderungen zu bewältigen.

Wie gedrückte, eingepferchte und zurückgenommene Wesen erschienen mir die vorbeilaufenden Männer. Möglichst unauffällig und düster. Ernste, zu Boden gesenkte Gesichter. Sehr oft schlecht gepflegt. Nicht gerade so, als wäre Wertschätzung das häufigste Gut, das sie geschenkt bekamen. Besonders drückte sich das für mich in ihrer Kleidung aus.

Sie erschien mir streng und ziemlich hochgeschlossen. Als hätten die Männer körperlich etwas zu verbergen. Alles wird zugeknöpft oder geschnürt. Haut wird nirgendwo gezeigt. Relaxt er, macht der Mann gerade mal den obersten Hemdknopf auf. Und wo Männer in früheren Epochen noch mit einer modischen Wölbung auch optisch Raum für ihr Geschlechtsorgan ließen, befindet sich heute ein hermetischer Verschluss, der dasselbe eher wegdrückt, als in ein natürliches Erscheinungsbild integriert. Für Fantasien und Ästhetik bleibt kaum Spielraum. Um was sollten sich die Assoziationen auch ranken? Um den Kragenaufschlag oder den Krawattenknoten? Um die Hosenfalte oder den heraushängenden Hemdzipfel?

Jegliche Vorstellungskraft über sein Innenleben prallt bereits beim Anblick eines Mannes an seinem uniformen Kleidungssortiment ab. Das Image als Mann in der kollektiven Männerrolle ist seine Stärke, seine scharf gezogene männliche Kontur, und nicht seine Individualität als vielseitiger und kreativer Mensch.

Selbst die Freizeitoutfits bilden da keine Ausnahme. Entweder markierten sie im Gammellook aus zerrissenen Jeans, seltsam abgenutzt wirkenden Military- oder Tropenhosen den Kämpfer und Abenteurer, oder sie versuchten, mit lässigen Kleidungsstücken aus der Welt der Sportarten wie Golf, Tennis oder Fußball und darauf prangenden Logos von Markenfirmen, den sportlichen Wettkampf in ihr Imagebild zu holen. Über allem prangte immer das eine: Leistungsfähigkeit. Viele Ursprünge der männlichen Bekleidung entstammen militärischen und maßregelnden Hintergründen. Die Wurzeln der Krawatten rei-

chen in die Uniformen kroatischer Reiterregimenter vor
Hunderten Jahren zurück. Die Jacketts und Anzüge sind
von den Kämpferoutfits der Französischen Revolution
inspiriert und von englischen Modemachern übernom-
men worden. Heute holen sich Modemacher ihre Geistes-
blitze für die Männerkleidung sogar aus amerikanischen
Gefängnissen: Die unsäglichen Baggypants sind von der
Häftlingskleidung inspiriert, die den Insassen daher her-
unterhängen, weil es ihnen verboten wurde, wegen der
Selbstmordgefahr Gürtel zu tragen. Diese Hosenmode ver-
sinnbildlicht doch nichts anderes, als den Zustand der
heutigen Männerrolle: Der Mann, der sich kultiviert in die
Hosen macht.

Kleidete sich ein Mann dagegen zu farbenfroh und ohne
jede Assoziation zur Leistung, so würde er an Achtung
verlieren. Die Leute würden ihn womöglich für einen unberechenbaren Lebenskünstler halten. Trug er werktags
kurze Hosen, könnte man etwa denken, er arbeitet nicht
oder hätte Urlaub (was ja gar nicht geht). Fiel sein Outfit
auch noch zu weich oder gar weiblich aus, gab es andere
Kategorien: Homosexueller, Transvestit oder Mitglied einer
Selbsterfahrungssekte. Oder noch schlimmer: »Schau mal,
ein Verrückter, wie abartig!«

Bei Frauen ist das anders: Frauen repräsentieren durch
ihre Kleidung unterschiedliche Persönlichkeiten. Frauen
sehen aus wie Individuen. Sie spielen mit Fantasien, mit
Farben, Formen, dosierter Körperbetonung und dem Zeigen oder Verstecken von Haut. Das gefiel mir an meiner
Frauenrolle – diese scheinbar unendliche Anzahl an Möglichkeiten, aus meiner steinernen Männergestalt auszubrechen.

11 Unstillbar

Schon vor einiger Zeit hatte ich Tine, einer langjährigen Freundin, von meinem Experiment erzählt, denn ich wollte meine Erfahrungen inzwischen gerne mit »echten« Frauen abgleichen. Bei einem unserer Telefonate kam mir die Idee, eine Art Damenrunde zu gründen, um den weiblichen Austausch zu erweitern. Tine war sofort begeistert und versprach, die Organisation in die Hand zu nehmen. In ein paar Tagen sollte es nun so weit sein. Vorher rief sie mich an. Sie erzählte mir davon, welche Freundinnen sie eingeladen hatte und welche Kleinigkeiten sie kredenzen wolle. Und dann stellte sie mir eine ungewöhnliche Frage: »Weißt du eigentlich schon, was du anziehst?«, fragte sie.

»Nein, weiß ich noch nicht. Warum, ist das wichtig?«

Tine meinte, dass ich das schnell entscheiden müsse. Frauen würden sich schon mal über die Dresscodes abstimmen, bevor sie sich trafen. Ein paar der anderen Damen aus der bevorstehenden Runde hätten sich bereits danach erkundigt, wie ich mich kleiden würde.

»Ist das wahr?«, fragte ich überrascht. »Na, elegant-sexy vermutlich, ist das okay?«

»Ja, bei bestimmten Anlässen schon, elegant-sexy also, ich werde es weitersagen, streng dich an!«

Ob elegant-sexy oder nicht, Frauen achteten offenbar gern darauf, dass sie einander nicht ausstachen. Man stelle sich ein ähnliches Szenario bei den Männern vor: »Hallo Fred, entschuldige, sag mal, welches Hemd wirst du anziehen, welches Jackett, dunkel oder hell, und deine Haare, mit oder ohne Gel?«

»Keine will deplatziert wirken, weißt du«, sagte Tine. »Es gibt so viele unterschiedliche Möglichkeiten, sich zu kleiden!«

»Das stelle ich zurzeit auch fest. Ein stilistischer Irrgarten. Gut, ich werde mich elegant, aber sexy anziehen, sind schwarze Nylons okay?«

Vor der Damenrunde stand jedoch heute Abend noch eine andere Verabredung an. Ich wollte mit Amber eine Bar aufsuchen. Es gab schon wieder so viel Erzählstoff, und außerdem wollte ich ihm die roten Nylons an mir zeigen. Dafür wollte ich meine weibliche Erscheinung weiter vervollständigen. Eine Beinrasur musste sein.

Mit einem manuellen Bartrasierer kratzte ich nach dem Telefonat mit Tine auf meinen Schenkeln herum. Am schwierigsten war es, meine Kniekehlen und die Hinterseiten meiner Oberschenkel von dem schwarzen Haar zu befreien. Schließlich nahm ich einen Schminkspiegel zur Hilfe, der wie ein Vergrößerungsglas wirkte. Da mein Körper einen relativ dichten Beinbewuchs aufwies (so dramatisch war mir das noch nie aufgefallen), brauchte ich für die Prozedur ewig lange. Laufend versagte das Einweginstrument. Akute Klingenverstopfung. Schließlich nahm ich einen Ladyshaver zur Hand, den ich vorsorglich gekauft hatte. Nach einer Weile bemerkte ich, dass die Haare ziemlich schnell verschwanden, wenn ich das Gerät wie einen mechanischen Rasenmäher hin- und herschob. Rauf und wieder runter. Dabei entstand ein pfeifendes Geräusch. Je nachdem, auf welcher Rundung meiner Beinmuskulatur ich entlangrasierte, pfiff meine Haut in immer anderen hohen Tonlagen.

Langsam begann mir dieses musikalische Ereignis sogar Spaß zu machen, und ich begann mitzusummen – mein privates Rasurkonzert. Als die Prozedur endlich beendet war, wurde es kühl auf meiner Haut. Kein Härchen wärmte sie mehr.

Ich sah mich im Spiegel von allen Seiten an. Schon öfter hatte ich mir das Achselhaar oder vereinzelte Schulterhaarflächen kahl rasiert. Aber vor der Kahlrasur an den Beinen und an den Armen hatte ich mich bisher gescheut. Meine Beinhaut sah aus wie eine Freifläche in weißem Marmor. Ich war gespannt, wie sie in den halterlosen Vierzigdenern aussehen würde, den roten, die mir Amber geschenkt hatte. Heute wollte ich sie zum ersten Mal ausführen. Hinreißend glatt fühlte sich die Haut jedenfalls an, als ich Creme auf sie rieb. Aber hinten an der Wade rann irgendetwas herunter. Ärgerlich wischte ich es ab und erschrak: Mein Handtuch war rot! Ich blutete offenbar. Sofort drehte ich das gedimmte Licht des Badezimmers auf gleißend hell und betrachtete meine Arm- und Beinhaut so aufmerksam, als würde ich darauf herumkrabbelnde Tierchen entdecken wollen. Tatsächlich quoll es aus allen möglichen kleinen Poren. Zuerst waren es nur winzige Blutpunkte. Sie wurden aber immer größer und wuchsen zu kleinen Knöllchen heran, die mir die Beine herunterrannen. Über zehn solcher Miniwunden

zählte ich. Es half kein Pressen mit den Fingern, kein Ab-
tupfen mit Klopapier. Das Bluten war unstillbar. Entsetzt
lief ich in mein Arbeitszimmer und legte die Beine auf
den Schreibtisch. Vielleicht würde das Blut dann schneller zur Gerinnung kommen, wenn die Erdanziehung nicht
so sehr daran zog.

Hektisch surfte ich im Internet. »Blutung stillen«, hackte
ich ins Netz.

»Hau dir weißen Pfeffer drauf (tut weh ☹), das stillt aber
das Bluten sofort ☺!«, chattete eine unbekannte Ratge-
berin in einer Rubrik namens »Großmutterrezepte« mit
mir. Sie versuchte, mich mit unzähligen Zeilen und ganz
vielen Smileys aufzumuntern: »☺ Ich kenn das, du Arme
☺, schlimm, was wir Frauen durchmachen ☺ ☺ ☹ ☹!«

Verdutzt wegen der plötzlichen Liebes-Smiley-Flut
schrieb ich zurück: »☺ Ja, wenn die Männer nur wüssten … ☺ Aber sie würden es eh nicht ertragen, danke dir
☺ ☺ ☺ ☺.«

Mit den hochgelegten Beinen vermochte ich nicht viel
zu tun, so konnte ich gut nachdenken. Der Tipp mit dem
Pfeffer mochte zwar wirksam sein, aber ich zögerte doch,
ihn in die Praxis umzusetzen. Wahrscheinlich würde es
höllisch wehtun.

Wieso jammerte die Chatterin eigentlich über das, was
Frauen durchmachen? Ich fand das Frausein zunehmend
besser als das Mannsein. Es war mir schon klar, dass ich
das Frausein allenfalls in der Annäherung beurteilen konnte.
Ich selbst konnte letztlich nur das erfahren, was mir
möglich war. Ich bildete mir beispielsweise ein, als Frau
mehr tun zu können, was ich wollte, denn als Mann. Ich
konnte viel mehr die Zügel loslassen, mehr so sein, wie

ich als Mann wirklich war. So erlebte ich diese Weiblichkeit einfach. Und das war bereits ziemlich viel.

Aus meiner neuen Sicht kam es mir vor, als hätte ich mein Leben lang unter einem inneren Zwang gestanden, einer Rastlosigkeit wie bei Tieren, die ständig ihr Revier markieren müssen. Bei allem, was ich tat, war ich mit nichts anderem beschäftigt gewesen, als mir, meiner Umwelt und vor allen Dingen den Frauen zu beweisen, dass ich ein guter, ein richtiger und ein begehrenswerter Mann war. Das war viel anstrengender, als meine Verwandlungsprozedur in eine Frau. Die wirkte auf mich gar nicht so, als würde ich mich für sie grundlegend verändern müssen. Im Gegenteil. Es erschien mir, als wäre ich genauso Frau wie ich Mann war. Aus jetziger Sicht hatte ich eher das Mannsein als einen energieaufreibenden Akt der Angleichung empfunden. Das Mannsein erschien mir wie ein nie wirklich auffüllbares Gefäß. Nichts reichte aus, um das Bild vollkommen zu machen, so, dass man als männlicher Mensch in seiner Rolle zufrieden und glücklich ist.

Nun versuchte ich, dieses Männertabu zu durchbrechen. Ich war auf dem Weg zu dieser Weiblichkeit, um die ich als Mann einen großen Bogen gemacht hatte. Die Frauen hatte ich geliebt. Doch weiblich wollte ich selbst nie sein.

Seit sich diese neue Welt für mich öffnete, beschäftigten mich unentwegt Fragen. Woher kam nur dieses Prickeln zwischen Mann und Frau? War es wirklich nur den Hormonen geschuldet? Dem Fortpflanzungstrieb? Was verbarg sich hinter dieser wunderbaren erotischen Spannung zwischen Männern und Frauen, die zu Liebe und

Hass führen, die ganz unversehens außer Kontrolle geraten und in geradezu mörderische Gewalt ausarten konnte? Brannte das Feuer zwischen Mann und Frau wirklich nur durch die krampfhafte Aufrechterhaltung dieser Geschlechterpolarität? Und warum konnten Männer und Frauen nicht entspannt miteinander umgehen, ohne Regeln aufzustellen, wie sich die einen oder anderen zu verhalten hatten? Was gab es da Gefährliches in Schach zu halten?

Mit großer Überraschung nahm ich wahr, wie sich meine Meinungen zu Geschlechterthemen änderten. Mein Mannsein, das meine gesamte Identität ausgefüllt hatte, fiel immer mehr in sich zusammen. Wie ein Blinder tastete ich mich in der neuen Welt vor, in der ich plötzlich der weiblichen Identität angehörte. Ich war immer noch einigermaßen orientierungslos. Aber immerhin fühlte ich schon jetzt mehr als früher.

Außerdem war in meiner Rolle als Frau eine Last von mir abgefallen. Fast alles, was ich unternahm, bewerkstelligte ich plötzlich mit halber Kraft genauso gut wie als Mann mit ganzer Kraft. Ohnehin schien es nicht mehr so viel zu tun zu geben. Wie selbstverständlich wurden mir Taschen abgenommen, fallen gelassene Gegenstände gereicht, Wege frei gemacht oder Türen aufgehalten. Und Amber würde mich heute sogar nach Hause bringen.

Der Gedanke an eine Rückkehr in die Männerwelt erschien mir zunehmend weniger verheißungsvoll. Als müsste ich eine lieblos gekochte und ungesalzene Speise weiteressen. In der Welt der Frauen wollte ich erst einmal bleiben. Doch was mache ich mit meinem Mannsein? Und mit Maria, meiner Ehefrau?

12 Gespielte Freiheit

Eine nette Bar im Zentrum. Ein Treffpunkt junger Künstler und ihrer Peripherie. Mir wurde die Tür aufgehalten. Der Kellner nahm mir mein Jäckchen ab und rückte mir den Stuhl zurecht. Amber las mir vor, was es für Bestellmöglichkeiten gab. Entspannt lehnte ich mich zurück. Von unseren Plätzen aus hatten wir eine gute Sicht auf das Geschehen. Es war ein etwas schummriger Raum mit rot gestrichenen Wänden, einem riesigen schwarzen Tresen und vielen Lampen, die mit ihren Lichtkegeln bestimmte Flächen beleuchteten. An der Bar, hinter der ein sehr nett aussehendes Mädchen mit einem blondem Pferdeschwanz Getränke mixte, standen etwa zehn Männer und eine Frau.

Amber wollte gleich was loswerden. Unseren ersten Gang durch die Stadt hätte er als sehr intensiv empfunden, erzählte er. Sogar geträumt hätte er davon, obwohl er gar nicht wüsste, warum. Er hätte mit dem Thema ja eigentlich nichts am Hut. Klar, als Grenzerfahrung fände er es spannend. Alle Männer wären in seinem Traum plötzlich in Frauenkleidern herumgelaufen. Manche nur geschminkt und sonst nackt. Manche in Röcken. Andere wieder hätten sich vollständig in Frauen verwandelt. Er selbst wäre nicht mehr schnell genug mit dem Verkleiden nachgekommen. Einige Männer trugen permanent neue Röcke, Kleider und Frisuren. Viele von ihnen konnten sogar fliegen. Selbst ich wäre ihm im Traum erschienen, als eine erfahrene Mann-Frau-Fliegerin. Echte Frauen versuchten, die Flugmänner an den Füßen zu packen, damit sie nicht zu hoch flogen.

»Sie wollten Männer haben, keine Mutierten. Manchmal klatschte einer auf die Straße, und es pfiff aus ihm wie aus einem geplatzten Reifen«, beendete Amber seine Erzählung.

»Die Frauen scheinen in deinem Traum nicht zu wollen, dass die Männer allzu sehr abheben«, sagte ich.

»Nicht alle. Viele standen herum, sie applaudierten sogar. Stell dir das mal vor!«

»Vielleicht ist es eine Sehnsucht von Frauen, dass Männer die Türen ihrer Sinne aufsperren. Ich würde deinen Traum jedenfalls so deuten. Die Männer wollen das innerlich vielleicht auch, sie trauen sich aber nicht. Schon wegen der Frauen.«

Amber sah auf meine Beine: »Sagenhaft, irre, diese roten Nylons, zeig mal die Halter!«

Da alles vom Tisch verdeckt wurde, zupfte ich meinen dunklen Rock nach oben. Rosarote Spitzen kamen zum Vorschein, die Strümpfe selbst hafteten mit einem Plastikklebeband auf der Oberschenkelhaut. Inzwischen hatte ich herausgefunden, dass mein Tragelimit bei etwa zwölf Stunden lag. Pappten sie zu lange auf meiner Haut, musste ich mit einem Ausschlag rechnen. Das sah dann so aus, als hätte einer mit einer Gerte auf meine Schenkel eingeschlagen. Im Notfall konnte ich auf eine Creme zurückgreifen (ein Tipp einer Chatterin), welche die roten Striemen wegschmelzen ließ. Ich durfte nur nicht zu viel davon einmassieren, weil sonst die Strumpfbänder rutschten.

»Und wie ist das, so was anzuhaben?«

»Unglaublich schön. Praktisch auch. Ich weiß gar nicht, warum nicht jeder Nylons trägt.«

»Geil, dieses Rot!« Und schon streichelte Amber über die Nylons. Ich ließ ihn gewähren. Sie waren ja ein Geschenk von ihm.

»Das Rot passt auch zum Zustand meiner Haut«, sagte ich. »Was habe ich nach dem Rasieren geblutet. Schau die roten Pünktchen hier! Ich war zu grob mit der Klinge.«

»Das heilt. Aber sag, du machst das ja jetzt schon ein Weilchen – was war bislang deine wichtigste Erfahrung?« Amber schaute mich eindringlich an, er hatte wirklich Interesse an meinem Experiment.

»Der Schock über die Männer. Ich hatte sie noch nie so bewusst wahrgenommen. Als Mann schaut man Männer nicht so explizit an. Außer du stehst auf sie.«

Der Kellner setzte uns die bestellten Getränke hin. Es war auffällig, dass er Amber komplett ignorierte.

»Vielleicht reagieren die Männer so heftig auf dein Aussehen, weil sie merken, dass du keine wirkliche Frau bist«, sagte Amber und trank einen Schluck.

»Aussehen. So ein Quatsch. Dass da was nicht in ihr Bild passt, bemerken sie erst nach ein paar Sekunden oder sogar Minuten«, erwiderte ich. »Gerade in diesen ersten Augenblicken erlebe ich sie als ziemlich authentisch, wie es wohl auch Frauen erleben. Und da habe ich nicht immer die besten Eindrücke gesammelt.«

In diesem Moment trat das Mädchen von der Bar auf uns zu. Sie hatte langes flachsblondes Haar und trug diese fast nicht zu beschreibenden Hängehosen. Trotzdem sah sie süß aus.

Sie lächelte mich an und meinte: »Schichtwechsel, ich übernehme jetzt eure Bestellungen. Hey, darf ich dir die Hand schütteln? Ich heiße Evelyn. Ich wollte dir nur sagen, mutig, klasse!«

Ich war total überrascht über ihre Offenheit.

»Danke, alles okay«, sagte ich zu ihr, und zu Amber: »Siehst du, so was passiert mir immer wieder. Frauen sind einfach freier und direkter. Ein Mann würde so etwas niemals bringen. Ich kann mich auch nicht daran erinnern, jemals als Mann von einem anderen Mann ein Kompliment bekommen zu haben. Oder kannst du dir vorstellen, in einem Restaurant zu einem Mann zu gehen und ihm sagen, er sähe gut aus?«

»Verstehe, was du meinst«, bestätigte Amber. »Für mich ist Offenheit etwas sehr Spezielles. Ich muss mir dabei immer einen kleinen Ruck geben.«

»Und dann glaubst du, du wärst offen, dabei spielst du nur Offenheit.«

»Es stimmt schon. Aber ist das bei Frauen nicht auch so?«

»Ich glaube längst nicht so. Aber als nicht echte Frau kann ich das nur vermuten. Und um solche Sachen herauszufinden, werde ich mein Experiment langfristig ausbauen.«

Damit war es raus. Ja, mich interessierte, wie es sein würde, mich jeden Tag schminken zu müssen. Nicht nur für die Männer. Nein, einfach, um als Frau gut auszusehen. Es bereitete mir Freude, mich schön zu machen und dafür so viel Auswahl zur Verfügung zu haben. Ich wollte meinen Kleidungsstil weiterentwickeln und auch sehen, wie ich es auf die Dauer fand, ständig von Männern beobachtet zu werden. Wann vielleicht auch die Gewohnheit, Frau zu sein, zu nerven begann. Vielleicht änderte sich dann meine positive Perspektive aufs Frausein.

»Was willst du? Deinen Selbstversuch ausbauen?«, rief Amber. »Aber wie lange willst du das machen?«

»Genau weiß ich das auch nicht«, druckste ich herum. Maria wusste noch nichts von meinem Plan. Ohnehin hatte ich das Experiment ohne Zeitlimit gestartet. Ich wollte mir nach wie vor keines auferlegen und mich so unter Druck setzen. Während ich sprach, konzentrierte sich Amber auf sein Getränk. Wahrscheinlich musste er erst einmal verarbeiten, was er soeben gehört hatte. Vielleicht hatte er angenommen, dass ich ihn bei unserer nächsten Verabredung wieder als Mann begleiten würde.

»Muss ich mir Sorgen machen, Christian – oder Christiane? Was ist es denn, das dich so unglaublich packt?«

Dann erzählte ich Amber von meinem neuen Freiheitsgefühl. Ich beugte mich nahe an sein Ohr, wollte nicht, dass jeder hören konnte, was ich sagte. Ich kostete diese Freiheit aus: »Wenn ich als Mann mit meinem Gesicht so nahe an dich herankommen würde, Amber, dann würden uns alle für schwul halten. So fängt es schon einmal an! Männer dürfen sich untereinander nicht zu nah zeigen. Aber wenn Frauen sich nahkommen, hält man sie einfach für gute Freundinnen. Wir Männer leben in einem unsichtbaren Gefängnis. Ist dir noch nie aufgefallen, dass

146

wir wie Häftlinge aussehen, so wie wir herumlaufen? Schau dich doch mal um!«

»Also, das ist jetzt etwas überzogen.«

»Nein. Absurderweise fühle ich mich als Frau nicht verkleidet, sondern als wäre das normal für mich. Und als wäre ich von einem schweren Gewicht entlastet. Von dieser Männlichkeitsidentität.«

»Und deswegen willst du jetzt eine Frau sein?«

»Ich werde nie Frau sein können«, erwiderte ich. »Ich bin ein Mann, dazu stehe ich auch. Aber was ich neuerdings erlebe, ist so überraschend und inspirierend. Ich will warten, bis diese neue Quelle versiegt oder mich nicht mehr interessiert.«

Ich berichtete Amber von meinen Überlegungen, wie es wohl für die Frauen sein muss, die all die Männer in ihrer Umgebung aushielten, vor denen mir neuerdings so gruselte (inklusive mir selbst). War das nicht der pure Horror? Vielleicht sogar für unsere gesamte Erde. Männer ließen in meinen Augen jene Empathie vermissen, die ein konsequenteres Vorgehen gegen ihre Zerstörung ermöglichen würde.

»Dennoch führen die Männer fast alle Regierungen an«, gab ich Amber zu verstehen, »und sie besetzen mit erdrückender Mehrzahl die verantwortlichen Gremien in Firmen und Institutionen. Die Führer der Religionen sind alles Männer. Männer reden von Mitgefühl. Rhetorisch waren die darin schon immer gut, aber sie können Mitgefühl nicht leben. Mit ihrer ständigen Besserwisserei verwässern sie den gesunden Menschenverstand, die Intuition. Würden sie auf ihr Bauchgefühl hören, müssten sie auf die Bremse treten. Vollbremsung wäre für die Männer angesagt. Und mal in den Spiegel sehen. Raus aus der Degeneriertheit. Doch das tun sie nicht. Aus Angst. Die Rolle Mann wäre nämlich sofort infrage gestellt.«

»Das ist sehr extrem«, sagte Amber und schaute mich überrascht an, »fast schon feministisch!«

Ich lächelte ihn an. Sollte er mich doch für fanatisch halten. So fühlte ich mich in diesen Tagen auch. Außerdem war ich mir sicher: Würde ich meine Haltung auch nur einen Hauch differenzieren, würden sich sofort alle Männer als löbliche Ausnahme fühlen.

»Was verwässern die Männer denn deiner Meinung nach noch?«, fragte Amber nach.

»Das ganze Leben und seine Unberechenbarkeit. Auch wenn ihnen etwas unklar ist, sagen sie noch: ›Alles klar!‹ Sie sind zu feige, Probleme wirklich beim Schopf zu packen. Nur keine Kanten zeigen.«

»Und was hat das mit deinem Frausein zu tun?«

»Ich bin ich«, sagte ich grimmig, »Frau und Mann zugleich. Ich will das nicht mehr unterscheiden!« Irgendetwas brodelte in mir. »Und ich sage jetzt nur noch, was ich will.«

»Ach? Hast du das vorher nicht getan?«

»Doch. Aber ich habe mich noch nie mit einem Mann so frei über das Mannsein unterhalten wie jetzt. Du?«

»Nein. Aber es stimmt, wenn du nicht als Frau hier sitzen würdest, könnte ich mich in diesem Gespräch auch nicht so frei fühlen, wie ich es gerade tue. Eigenartig.«

Evelyn stellte uns weitere Drinks hin und fragte, was für Musik ich gern hören wolle.

»Reggae«, sagte ich.

148

Amber schaute zu mir: »Warum spricht sie nur mit dir?«

»Weil du ein Mann bist und ich nicht.«

Kurz darauf klang aus den Lautsprechern die Stimme Bob Marleys. »No Woman No Cry.«

»Auch das noch.« Amber verdrehte die Augen.

Gemeinsam summten wir das Lied mit. Dann flüsterte er mir zu, dass er Evelyn recht attraktiv fände.

»Würde es dir etwas ausmachen, wenn ich sie anspreche?«

»Quatsch, im Gegenteil.« Ich lächelte ihn an.

»Ich hätte gern mal wieder eine Freundin.«

»Kann ich verstehen. Ich gehe nachher auf die Toilette, dann kannst du ungehindert dein Glück versuchen.«

Nach Ambers Geständnis genehmigte ich mir einen großen Schluck von meinem Mojito. Ich roch an den Pfefferminzblättern, die in dem Drink steckten. Ich fand, dass sie weiblich dufteten.

»Ist dir schon einmal aufgefallen, dass es für Männer herbe Parfumdüfte gibt und für Frauen süße?«, fragte ich Amber. »Als wären alle Männer herb und alle Frauen süß.«

»Du legst dein Vergrößerungsglas aber auch über alles.« Mein Freund schmunzelte, seine Blicke wanderten erneut zur Barkeeperin.

»Aber ist das nicht ein absoluter Schwachsinn? Wer macht die Parfums? Männer!«

»Nein, auch einige Frauen«, widersprach er.

»Bist du sicher?«

»Wir können das ja mal überprüfen«, sagte er und holte sein Smartphone heraus, um im Internet die Chefetagen von Kosmetikfirmen zu durchforsten.

Ich kannte dieses Smartphone-Getue nur zu gut. Männer müssen sofort alles überprüfen, einordnen, interpretieren. Seit es diese Tools gab, hatten sie den passenden Spielknochen dafür.

Während Amber auf Internetrecherche ging, beobachtete ich die anderen Bargäste. Hier war wirklich alles vertreten: vom gestählten Muskelmann bis zum bierbäuchigen Typ mit Halbglatze. Warum malträtierten Männer ihre Körper so? Entweder wurde durch Bodybuilding vermeintliche Stärke demonstriert. Oder man tat gleich gar nichts für sich und ließ den eigenen Körper fett und krumm werden. Und trotzdem erwarteten Männer, dass die Frauen auf sie stehen. Im Zweifelsfall übertönten sie solche widerwärtigen Anblicke gern mit ihrer Intelligenzmanie und Sprücheklopferei.

Auch die Körperhaltungen all der Männer an der Bar signalisierten mir, wie sehr sie betonten, ein Mann zu sein. Oder das Gegenteil: Sie wollten partout nicht männlich wirken. Egal welche dieser Haltungen zutraf, jede hatte etwas Verspanntes an sich.

»Ich beobachte gerade Körperhaltungen, weil mir meine eigene mehr denn je auffällt«, plauderte ich, während Amber immer noch nach Parfumeurinnen suchte. »Intuitiv lasse ich als Frau meine Beine lässig nebeneinanderstehen. Oder ich strecke sie aus. Oder sie lehnen aneinander. Als Mann habe ich beim Hinsetzen immer die gleiche Haltung angenommen. Im Fernsehen kannst du diese Sitzstereotypen gut beobachten, insbesondere bei Politikern und Managern. Oder bei Fußballern. Die sitzen meist mit extrem gespreizten Oberschenkeln da. Dieser Anblick hat mich schon oft zum Weiterzappen veranlasst.«

Amber ließ langsam seine Beine auseinanderdriften. Dann stützte er eine Hand verkehrt herum auf seinen Oberschenkel und grinste mich an: »Meinst du diese Haltung?«

Wir beide lachten. Das gespreizte Dasitzen konnte ich mit meinem Minirock nicht nachmachen.

»Und was hast du in der Welt der Düfte aufgespürt?«

»Du hast recht, fast alle ›Nasen‹ sind Männer. Eine einzige bedeutende Frau habe ich gefunden, eine Russin, die in Amerika lebt.«

»Kannst du es ertragen, noch mehr über einige Verhaltensweisen zu erfahren, die mir bei den Männern aus der Frauenperspektive sofort ins Auge gefallen sind?«

Er nickte.

»In ihrer Summe«, fuhr ich fort, »entsprechen die Männer dem Krankheitsbild der Manie. Ja, schau nicht so erstaunt, das meine ich tatsächlich im klinischen Sinne. Die Diagnose hat mir eine kurze Recherche in der medizinischen Literatur und ein Gespräch mit einem Psychiater bestätigt. Kannst du gern in deinem Plastikknochen nachsehen!«

Ohne dass ich bemerkte, dass Amber in Gedanken ganz woanders war, erzählte ich ihm von einer wissenschaftlichen Studie, in der »heriditäre und psychosoziale Belastungen« als Ursache für das Entstehen einer Manie ausgemacht wurden. Ihre Symptome sind Erregung und Getriebenheit, rastlose Aktivität, mangelnde Empathie und Sensibilität für die Bedürfnisse und Gefühle der Mitmenschen. Dazu kommt: ununterbrochen neue Ideen produzieren müssen, Unfähigkeit, sich mit einer Situation zufriedenzugeben, Weitschweifigkeit, starker Rededrang, überdimensioniertes Selbstbewusstsein, zwanghafte Darstellungssucht, ständiges Kritisieren. Beim Reden über ein Thema will der Besessene zwanghaft überzeugen. Oder er kommt immer wieder vom ursprünglichen Thema ab und findet nur umständlich zum Ausgangspunkt zurück. Wenn man das Krankheitsbild der Manie beschreiben will, müsste man eigentlich nur das Verhalten der Männer aus Politik und Wirtschaft beschreiben, die sich in Talkshows begeben, redete ich auf Amber ein. Diese Typen, die sich auf Podien mit ihren Zahlenpyramiden darstellen oder von ihren Büros aus im Alleingang die Welt retten wollen, ohne jemals wirklichen Kontakt zum Leben gehabt zu haben. Der bei Männern oft massiv ins Auge stechende Mangel an Empathie und Diplomatiefähigkeit entspricht allerdings dem Krankheitsbild des Autismus. Selbst dazu haben sich Wissenschaftler bereits geäußert. An der Universität Cambridge hatte ein Professor (Simon Baron-Cohen) Autismus einmal als extrem ausgeprägte Form von Männlichkeit bezeichnet.

Amber runzelte während meiner Ausführung immer mehr die Stirn. Ich sah ihm an, dass er protestieren wollte, aber ein anderes Thema schien ihn mehr zu interessieren: Evelyn.

Ich stand auf, schulterte meine Handtasche, zupfte mit zwei Fingerspitzen schnell alles zurecht. Nachdem ich einen kurzen Blick in den Spiegel geworfen hatte, der sich hinter uns an der Wand befand, drehte ich mich um und lief möglichst schwebend zur Bar hinüber, hinter der Evelyn arbeitete. Kurz dachte ich, dass Frauen dieses Schwebenmüssen beim Gehen auch als Druck empfinden konnten. Vielleicht war das Frausein doch nicht ganz so einfach, wie ich es mir gerade vorstellte.

»Wo sind denn die Waschräume, Evelyn?«

»Komm, ich zeig's dir«, antwortete sie. Auf dem Weg zur Toilette raunte sie mir ins Ohr: »Also ganz ehrlich, deine Beine möchte ich haben! Du schaust so toll aus. Darf ich mal fühlen?«

Schnell strich sie vorsichtig über meine roten Nylonstrümpfe. Dann sah sie mir in die Augen: »Und deine Brüste, die möchte ich auch unbedingt spüren, darf ich?«

Ich war völlig irritiert, war ich doch so etwas nicht gewohnt. Aber sie hatte so offenherzig gefragt, dass ich einfach ihre Hand nahm und an meine rechte Brust drückte. Das brachte mir sofort einen Kuss ein. So einfach ging das!

»Wow, total echt, so weich. Aber jetzt muss ich wieder an die Bar.«

Nachdem sie verschwunden war, schaute ich mich in dem prunkvoll aussehenden Waschraum um. Es gab ungewöhnliche Lampen, Sessel und ein Sofa. Kein Vergleich mit einem Männer-WC. Hier konnte soziales Leben stattfinden. Außerdem war es viel aufgeräumter und sauberer als bei den Männern. Ja, zivilisierter. Schon allein weil es hier keine Pissoirs gab. Die unterschiedlichen Bedürfnisse verrichtet eine Frau grundsätzlich in geschlossenen Kabinen. Auch als Mann suchte ich diese immer auf und machte um die vielfach verschmutzten Hängeschüsseln einen großen Bogen. Es reizte mich wenig, neben einem pinkelnden Mann stehen zu müssen. Schon oft hatte ich mir überlegt, ob man die Pissoirs in Herrentoiletten nicht abschaffen sollte. Schon allein aus hygienischen Gründen. Die Herren der Schöpfung pinkelten nämlich gern daneben. Mit entsprechendem Flurschaden.

Zurück am Tisch wollte Amber wissen, was ich mit Evelyn gemacht hatte.

»Sie wollte mal anfassen«, sagte ich grinsend.

»Seid ihr zu den Herren- oder zu den Damentoiletten gegangen?« Wenn das seine wichtigste Frage war, dann hatte er Evelyn aber schnell abgehakt.

»Sehe ich etwa wie ein Mann aus?«

»Mutig. Und, wie war's dort? Sauberer als bei den Männern?«

Wie ich dieses Wort »mutig« hasste. Ich hatte es immer wieder zu hören bekommen, wenn ich in meinem Berufsleben ein Konzept abgab, das den Rahmen der Normalität gesprengt hatte. Mutig war immer das seriösere Wort für »verrückt« oder »völlig daneben« gewesen. Eines dieser Worte, die etwas ganz anderes meinten, als was sie verhießen. Ein verlogenes Wort. Trotz aller Widerstände hatte ich solche Konzepte aber trotzdem oft erst recht umgesetzt.

Die Bar hatte sich mittlerweile gefüllt. Mir fiel auf, dass viele der Männer sich ständig anrempelten, wenn sie aneinander vorbeigehen wollten. Warum? Steckte dahinter das Bedürfnis, bemerkt zu werden? Oder ein fehlendes Gefühl für die richtige Nähe und Distanz zu einem anderen Menschen?

Amber hatte in der Zwischenzeit etwas auf eine Serviette gezeichnet.

»Evelyn«, sagte ich, als er mir sein Ergebnis zeigte.

Er nickte. Es war ein schönes Portrait von der Barkeeperin, die Umrisse aus Strichen, die er ausgemalt hatte.

»Warum gehst du nicht einfach zu ihr hin und sagst, dass du sie magst?«

»Ganz direkt? Dann habe ich verloren.«

Genau das war es! Konnte man dieses Herumgehampele, diesen Todesstreifen zwischen Mann und Frau nicht einfach mal auflösen? Ich zumindest wollte, dass diese Barrieren einstürzten. Dieses: Wie flirte ich eine Frau so charmant wie möglich an (oder wie begegne ich ihr überhaupt?), ohne dass sie das Gefühl bekommt, ich will sie anmachen, ohne dass sie glaubt, ich bin ihr zu nahe getreten? Aber es stimmte, was Amber sagte. Wenn er es ihr direkt zu verstehen geben würde, bestünde die Gefahr falscher Worte. Die Methode mit dem gemalten Bild war sicherer. Ein Bild konnte sich nicht versprechen. Evelyn konnte es eigenmächtig interpretieren. Das Bild war nur für sie gedacht. Vielleicht funktionierte es. Eigentlich war das eine schöne Idee von Amber.

Es war wirklich seltsam mit den beiden Geschlechtern, so überlegte ich weiter. Wir leben unser Leben lang zusammen. Unsere Blicke treffen sich, aber eigentlich schauen wir aneinander vorbei. Wir trauen uns nicht, uns wirklich zu begegnen, bewegen uns immer wieder reflexartig voneinander weg. Doch ob wir es wollen oder nicht, wir sind zusammen. Wir stehen hintereinander in Warteschlangen an Kassen, essen in denselben Räumen, wohnen in einem Haus. Wir sehnen uns nach dem anderen und wünschen ihn gleichzeitig weit weg. Wir lieben uns, wir hassen uns. Wir zeugen Kinder miteinander. Und die werden häufig zu Waffen, wenn es auseinandergeht. Trotz unseres intensiven Miteinanders verhalten wir uns oft wie Fremde unterschiedlicher Kulturen. In der Kindheit ist das noch nicht so. Da fühlt man sich einfach lebendig und frei. Als Erwachsener muss man sich dann »beherr-

schen«, den Gefühlen und Empfindungen keinen freien
Lauf lassen, damit es nicht heißt: »Das ist doch kindisch,
so verhält sich ein Erwachsener nicht.« Obwohl es eigentlich umgekehrt sein müsste, ist das Erwachsensein weniger, als das Kindsein. Die Differenz ersetzen sie durch
ihre Imagekulissen. Eine gespielte Freiheit war das.

Manchmal kam mir die Beziehung zwischen Männern
und Frauen vor wie ein Wetterleuchten, das sich nie wirklich zum Gewitter entlud. Im ununterbrochenen Hagel der
Projektionen und Begierden berührten wir uns höchstens,
wenn unsere Herzen füreinander zu schlagen begannen.
Aber selbst das passierte nicht häufig. Wer die Frauen
wirklich waren, war mir trotz vieler Beziehungen letztlich bisher verschlossen geblieben. Erst jetzt, da ich in
ihre Kleider schlüpfte, weil ich wissen wollte, wie es sich
so anfühlt, zumindest vage, dieses Leben als Frau, wurde
mir einiges darüber klar. Dazu gehörte auch, wie erstaunlich wenig ich über Frauen wusste und wie aufgesetzt ich
oft über sie gesprochen hatte, als ich selbst noch einer
dieser Wissen vorgaukelnden Männerwesen gewesen war,
die ich nun so kritisch hinterfragte.

Evelyn nahm nun eine weitere Drinkbestellung bei uns
auf. Die Gelegenheit nutzte Amber, um ihr seine Zeichnung
zu schenken.

»Hast du das gemalt?«, fragte sie. Sie sah Amber dabei
leider nur kurz an und strahlte stattdessen mir zu meiner
Verwunderung voller Begeisterung in die Augen.

»Nein, das hat Amber gemalt«, sagte ich. »Gefällt es
dir?«

»Oh ja, richtig süß.«

Daraufhin holte sie einen kleinen Blumenstrauß von der Theke und stellte ihn auf unseren Tisch.

»Wirklich süß, die Zeichnung«, wiederholte sie und zwinkerte mir zu.

Amber erhob sich leicht frustriert, murmelte, dass er jetzt selbst aufs WC müsse. Sofort setzte sich Evelyn zu mir. Sie verriet mir, dass sie auf Frauen stand.

»Ich auch!«, sagte ich.

»Geil, dann haben wir ja was gemeinsam. Bist du solo?«

Noch bevor wir das vertiefen konnten, kehrte Amber zurück. Wir bestellten die Rechnung und gingen.

Eine angenehm warme Abendluft umwehte uns, als wir nach draußen traten. Sie animierte dazu, sofort weitere Unternehmungen zu starten. Aber Amber war nach der Abfuhr, die ihm die Barkeeperin erteilt hatte, nicht in der Stimmung dazu. Ich hakte mich bei ihm ein, ein schwacher Trost, und wir schlenderten gedankenverloren durch die Straßen, vorbei an Bars und Restaurants. Plötzlich riss mich Ambers Stimme aus meinen Gedanken. Um ein Haar wäre ich mit einem Fuß umgeknickt. Ein Absatz hatte sich in einem Gulli verkeilt.

»Du musst aufpassen, wohin du trittst!«, schimpfte er. »Ich hab keine Lust, dich mit einem Innenbandriss ins Krankenhaus zu bringen.«

Da bemerkte ich aus den Augenwinkeln einen Schatten. Zuerst dachte ich, es wäre Amber. Doch es war nicht seine Silhouette, sondern die eines Unbekannten.

»Kennst du den Typen rechts neben mir?«, flüsterte ich Amber zu.

»Nein, ist mir aber auch schon aufgefallen. Vor zehn, zwanzig Metern tauchte er auf.«

Wir taten so, als wäre nichts. Der Typ klebte weiterhin neben mir. Wir überquerten die Straße. Der Fremde folgte uns. Er war ziemlich nah an mir dran! Nicht gerade auf Tuchfühlung, denn dann hätte ich reagiert. Er kannte sich offenbar aus mit der gebotenen Nähe und Distanz.

Unbedingt wollte ich ihn mir einmal genauer betrachten und überlegte, wie ich das anstellen konnte, ohne dass er es als Einladung auffasste.

Ich tat, als würde ich mich am Kopf kratzen, zugleich warf ich eine blonde Strähne zurück und schielte zu ihm herüber. Ein elegant gekleideter Herr mittleren Alters. Spiegelglatt rasiert. Gut frisiert. Dunkelblauer Anzug und schwarze Lackschuhe. Er hatte ein umwerfendes Lächeln.

»Wie geht's?«, fragte er.

Ich drückte Ambers Arm: »Sag doch was!«

»Wunderschöne Nacht«, fuhr der Mann fort, »wunderschöne Nacht, wunderschöne Frau.«

»Ich glaub's nicht.« Amber drückte jetzt meinen Arm.

Der Mann sprach ein perfektes Deutsch, doch mit einem Akzent, der mich aufhorchen ließ.

»Sind Sie Italiener?«, fragte ich.

»Ja, aber ich pendele fast schon mein ganzes Leben zwischen München und Mailand. Willst du auch pendeln? Gemeinsam, insieme, du und ich? Pendelino? Che bella donna. Ich mag deine Haare. Willst du nicht lieber mit mir kommen?«

»Vielen Dank, ich habe bereits eine Begleitung.« Langsam verschlug es mir die Sprache.

»Ich habe ein kleines Überzeugungsmittel dabei«, sagte er und zog etwas Knisterndes aus der Tasche.

Ein Kondom, dachte ich im ersten Moment. War es aber nicht. Stattdessen eine 200-Euro-Note.

Amber brummte, er wurde sichtlich sauer.

Unbeirrt redete der Mann weiter. Ich müsse nicht mit in seine Wohnung kommen. Er hätte ein tolles Auto. Er könne mir noch mehr Geld geben. Plötzlich fühlte ich seine Hand an meinem Po. Wut stieg in mir hoch, und ich blieb abrupt stehen.

»Keine Chance, ich bin vergeben«, knurrte ich ihn an. »Keine Chance?«, fragte er traurig, dann wandte er sich an Amber: »Darf ich Ihrer Frau eine letzte Frage stellen?«

»Wenn es die letzte ist, ja«, sagte Amber.

»Signora, Sie haben so wunderbare Brüste, sind sie echt oder operiert?«

Nun blieb mir wirklich die Luft weg. Wollte mich der Typ auf den Arm nehmen?

»Darf ich?« Der Fremde hob nun seine Hand und wollte meinen Busen anfassen.

»Hey, hey!«, rief Amber, und ich haute dem Pendelitaliener eine runter. Doch das mochte er! Der Mann strahlte mich tatsächlich an!

»Wundervoll.« Der eigenartige Gigolo rollte die Augen. Dann verabschiedete er sich so formvollendet, als würde er vom Hofe gehen. An der nächsten Straßenecke war er verschwunden.

»Erlebst du so was jetzt ständig?«, fragte Amber.

Ich nickte.

»Ich begleite dich nach Hause«, sagte er, so wie er es angekündigt hatte.

»Das musst du nicht, ich will noch eine Weile spazieren gehen.«

»Versprochen ist versprochen.«

Noch nie in meinem Leben hatte mich ein Mann nach Hause begleitet. Nun wusste ich, dass es sogar Sinn machte. Der Wind fuhr mir durchs Haar, und die Strähnen umspielten mein Gesicht. Bevor wir uns voneinander verabschiedeten, fragte er noch, was Evelyn in der Bar zu mir gesagt hätte. Ich erzählte es ihm. Dann löste ich mich aus seinem Arm. Den Rest wollte ich alleine gehen.

Ich genoss es, durch die Nacht zu spazieren und meine Gedanken fliegen zu lassen. Was geschah da eigentlich seit einiger Zeit mit mir? Was hatte es mit meinem Frausein auf sich? Und warum mochte ich es so sehr? War es tatsächlich etwas viel Volleres oder Radikaleres als das, was wir Männer lebten? Das echte Frausein muss etwas Urgewaltiges sein, überlegte ich. Doch zu so später Stunde und nach all den Drinks sinnierte mein Gehirn nur noch in Fragmenten.

Müde aber auch irgendwie berauscht stieg ich die Holzstufen zu meiner Wohnung nach oben und fiel ins Bett.

13 Die Liebe ist kein Christbaum

Am nächsten Tag kam Maria von einer ihrer Geschäfts-
reisen zurück. Ich war noch ganz beseelt vom vergangenen Abend und erzählte ihr davon. Zunächst war sie interessiert, wollte wissen, wie ich ausgesehen hatte, und
ich zeigte es ihr. Doch als ich dann so vor ihr stand, stolz,
in Frauenkleidern, mit Brüsten und geschminkt, rief sie:
»Das ist mir zu viel!«

»Das? Was denn, nur wegen dem Zeug?«, platzte es laut
aus mir heraus. Meine gute Laune war verflogen. »Und
ich? Was ist mit mir, siehst du nur die Kleidung?«

»Ich halte das nicht aus«, rief Maria lauter. »Ich habe
Angst, dich zu verlieren. Du lebst in einer anderen Welt,
es ist nicht mehr unsere gemeinsame.«

Ich war wie vom Donner gerührt. Erschrocken. Entsetzt.

»Wir müssen doch nicht alles miteinander machen. Das
haben wir vorher doch auch nicht getan«, erwiderte ich,
ein wenig zu spontan.

»Du liebst mich wirklich nicht mehr!«, antwortete sie.
Jetzt konnte sie ihre Tränen nicht mehr zurückhalten.
»Du versuchst auf diese Weise aus unserer Beziehung auszubrechen! Sei doch ehrlich, sag mir, was dich bewegt,
willst du lieber eine Frau sein?«

»Nein, Liebling, wirklich, ich liebe dich. Ich bin noch immer gern ein Mann. Ich fühle mich wohl als Mann. Mir macht das nur so viel Freude. Komm …« Ich wollte ihr einen Kuss geben, doch sie stieß mich von sich.

»Ich bin nicht lesbisch!«, schrie sie.

Erschrocken ging ich ins Bad. Ich drehte das heiße Wasser auf, rieb mir Seife ins Gesicht. Von panischer Angst gepackt, Maria zu verlieren, riss ich alles von mir. Dass sie so weinte, schmerzte mich sehr. Als ich wenig später wieder wie Christian aussah, ließ sie sich von mir in den Arm nehmen.

»Ich mache das nur so weit, wie es unserer Beziehung nicht schadet«, versprach ich.

»Aber warum musst du das überhaupt so extrem gestalten? Willst du dich selbst zerstören – und auch uns?«

»Wirklich nicht. Ich habe nicht die geringsten selbstzerstörerischen Ambitionen. Ich will leben, frei sein, mich ausdrücken können, so sein können, wie mir gerade zumute ist, ohne vorher überlegen zu müssen, ob das passt oder nicht.«

Maria und ich sprachen die Nacht hindurch. Wir tranken einen sehr guten Rotwein. Sie rauchte ihre Zigaretten. Und ich steckte mir seit Langem wieder einmal eine Zigarre an. Es tat gut, endlich offen mit ihr sprechen zu können. Über alles. Später lagen wir uns in den Armen.

»Mach alles, was für dich wichtig ist«, flüsterte sie mir kurz vor dem Einschlafen zu. »Ich will nicht, dass du dein Leben wegen mir einschränkst.«

»Aber ich will auch nicht, dass du dadurch unglücklich wirst.«

»Das werde ich nicht. Ich liebe dich doch. Das ist das Wichtigste. Solange ich mit dir über alles reden kann, ist es in Ordnung, sogar besser, als wenn du es nicht tun würdest.«

Maria war so eine wunderbare Frau. Und ich konnte ihre Sorgen verstehen. Würde ich ihr Mann bleiben? Würde ich derselbe Mann bleiben, den sie geheiratet hatte? Was an mir war überhaupt noch Mann und was nicht mehr, welche Teile meines Mannseins wurden von den Frauenkleidern hinweggeschwemmt?

Die ersten Erinnerungen, die mir zum Thema Mannsein einfielen, stammten aus meiner Zeit als Ministrant. Der Pfarrer, ein dicker, unangenehmer Mensch, dessen goldenen Messkelch ich vor jeder Messe immer ewig lange hatte polieren müssen, begründete all seine Maßregelungen immer mit den Worten: »Du willst doch ein richtiger Mann werden, oder nicht?«

Dann trug er mir alle möglichen Aufgaben auf. Und wenn ich etwas nicht richtig gemacht hatte, ließ er mich hundert Vaterunser aufsagen, manchmal in der Ecke stehend.

Auch von anderen Erwachsenen, zu denen ich als Kind aufsah, hörte ich diese Mär vom »richtigen Mann« immer wieder. In den verschiedensten Situationen orakelten sie mir Verheißungsvolles von diesem Typen: meine Urgroßmutter, die Eltern, Lehrer und viele andere Erwachsene meiner Kindheit. Bereits als wir noch winzig klein waren, wurden wir Jungen durch den unterschwelligen Ehrgeiz der Erwachsenen und deren erfolgsschwangere Wortpyramiden nach oben gejubelt: »Wenn du das machst, erreichst du dieses und jenes.«

»Wenn du mehr tust, kommst du noch weiter.«

»Irgendwann, wenn du mal ein großer Mann bist, dann …«

Ums *Richtigmachen* hatte es sich von Beginn an in meinem Leben gedreht, nie ging es darum, anzuerkennen, was schon da war. Alle Ansprüche gingen davon aus, dass unsere Ziele weit außerhalb der Reichweite lagen. Und dass man unendlich viel dafür tun musste. Was genau, blieb aber unklar. Also fing ich an, mir Lichtgestalten wie Che Guevara und andere männliche Abziehbilder zum Idol zu machen. Saufen, rauchen, kiffen, nächtelang in Discos tanzen, Parolen brüllen, Vereinsabzeichen tragen – eine Zeit lang war es der rote Stern, den ich an meine schwarze Baskenmütze steckte –, ein Surfen durch die unterschiedlichsten Identifikationen, so vieles war nun angesagt, bei dem man letztlich immer mehr am klischierten Mannsein hängen blieb. Während die Mädchen um mich herum zu jungen Frauen wurden, begannen immer mehr männliche Images mein eigenes Leben zu beeinflussen.

Ich lernte, Männer durften nicht einfach nur sein. Sie mussten immer erst einmal etwas leisten. Sogar vor Gott. Eine Frau heiraten (aber nur eine!), Kinder kriegen (viele!), einen Baum pflanzen (aber richtig!). Vielleicht scheren Männer aus diesem Grund so oft aus, gehen fremd, lügen, lassen sich plötzlich hängen, laufen den Frauen davon oder reisen weit weg in die Ferne, wo sie sich den absurdesten Abenteuern aussetzen. Weil ihnen einfach alles zu viel geworden ist. Vielleicht lassen sie sich deswegen nicht auf ihre Gefühle ein, weil die in ihrer aufgestauten Dimension nicht zu bewältigen wären. Und vielleicht funktionalisieren manche von ihnen deswegen auch die Frauen, machen sie zu Sex-, Liebes-, Ehe-, Beziehungs- oder Arbeitsprodukten.

Ich selbst wollte einfach nur als Mann anerkannt werden – vor allem natürlich von den Frauen. Ich versuchte sie zu beeindrucken. Mit Erzählungen meiner tollen Taten. Mit meiner eigenen Besserwisserei. Mit meinen klug daherkommenden Wortaneinanderreihungen. Ich wollte alles richtig machen. Und irgendwie schien es auch zu funktionieren: Frauen öffneten sich mir einfach. Sie gaben sich mir hin, sagten mir, dass sie mich liebten. Dann schwor ich gleich doppelt so fest, dass auch ich sie liebte. Was ich konnte, tat ich für sie. Ich begehrte sie und schlief mit ihnen. So gut wie möglich. Doch wie sollte ich in dem unerfahrenen Alter feststellen, wie gut das wirklich war? Bei jeder dieser Einzigen versuchte ich, in den Augen zu lesen: Alles okay? War es schön? Habe ich alles richtig gemacht?

In der Schule hatten sie mir Latein und Mathematik beigebracht. Ich hatte gelernt, dass am Nordpol Eskimos lebten und dass vor zweitausend Jahren ein Mensch namens Christus gelebt haben soll. Nichts aber war mir jemals über die Liebe beigebracht worden, über das Zusammenleben, über meine Seele oder die Psyche der Menschen. Wie Jungen mit Mädchen umgehen sollten. Oder was für Worte man dabei benutzen musste, dass Worte eigentlich immer nur einen Ausschnitt des Gemeinten bezeichnen und dass selbst dieser Ausschnitt von den Kommunizierenden unterschiedlich verstanden wird.

Die ursprüngliche Romantik einer Begegnung hatte sich aus dem Abenteuer des Unbekannten genährt. Ihre Flamme hatte mit jeder gemeinsamen Erfahrung höher gelodert. Doch dann begannen uns die Klischees immer mehr zu beherrschen. Bis sie fast totalitär wurden. Die Abziehbilder von der glücklichen Beziehung. Was ich dafür tun müsste. Der ganze Ballast, der daran hing, war kaum zu ertragen. Es wurde auch absehbar, dass sich die Gespräche zu wiederholen begannen. Schließlich stagnierten. Aber holla! Sollte man in einer guten Liebesbeziehung nicht auch immer gute Gespräche führen? Sollte in einer Lebensverbindung zwischen zwei einzigen Menschen nicht immer auch alles einzigartig und unverwechselbar sein?

Eine solche Beziehung wollte ich endlich einmal hinkriegen. Das hieß: ständig zuvorkommend sein. Rechtzeitig und oft genug Blumen schenken. Sich die Frau etwas kosten lassen. Immer wieder mal einen Ring kaufen. Zum Essen ausführen. Selbst kochen. Abwechslung bieten. Gentleman sein. Den aufgeschlossenen Mann spielen. Und ganz wichtig: ihr genug Raum lassen. Möglichst intensiv und zärtlich den Sex gestalten. Mal oft, mal fast zu wenig. Bedürfnisse wachsen lassen. Mal abenteuerlich, mal ein Touch pervers dazwischen, natürlich ganz charmant, mal weicher, mal wilder. Immer wieder kuscheln. Also bloß nicht gleich aufstehen und etwas anderes machen! Frühstück ans Bett bringen. Morgens herzlich sein. Später am Tag in der Gesprächsführung intelligenter werden. Irgendwann ganz unversehens Streit hineinwürzen. Nach dem Motto: »Reibung erzeugt Wärme.« Und auch mal gar nichts sagen, sodass sie fragen muss: »Ist alles in Ordnung?« Daraufhin wohlwollend lächeln, nur nicht zu viel preisgeben: »Ja, sicher, mein Schatz, es ist alles okay.«

Ist ein Mensch, der diese Klaviatur beherrscht, ein »richtiger« Mann?

Ich lernte, in Beziehungen zu leben. Und zu überleben. Ganz entscheidend im Umgang mit den Frauen war, ein Ungleichgewicht zu vermeiden, in welchem der eine Partner zum Schwächeren und der andere zum Stärkeren wurde. Das ging mir vor allen Dingen in meinen ersten Beziehungen so. Plötzlich wurde der eine zum unabhängigeren und der andere zum abhängigeren Partner.

Hatten die emotionalen Verflechtungen in meinen Beziehungen ihr Gleichgewicht verloren, gab es kein Entrinnen ohne eine Trennung. Also arbeitete ich dagegen mit allen nur erdenklichen Prophylaxen an. Abwechslung bieten, beispielsweise. Neues entwickeln. All das natürlich ohne Druck und Zwang. Ganz locker! Nicht zu sehr drängen. Nicht zu viel wollen. Nicht zu viel klammern. Den anderen lassen. Die Zügel aber nicht zu locker lassen! Hie und da eine Dosis Rarmachen. Gleichzeitig immer da sein. Stark und bestimmt, so wie ich als Mann zu sein habe. Und unbedingt diese Schwäche und diese Gefühle zeigen, die ein Mann heute haben darf, nein, muss! Das ganze Programm immer wieder mit einem Funken Verletzlichkeit würzen. Das Weiche, das die Frauen bei starken Männern brauchen. Ich wurde immer verwirrter. War das Liebe?

Die Liebe ist bar jeder Erwartung. Vielleicht ist sie ein Gefäß ohne Rand. Jeder Versuch, sie einzufangen, einzugrenzen oder mit Worten zu kategorisieren, wäre ein Versuch, sie zu bändigen. Sie wäre sofort weg, hätte sich schneller selbst befreit, als man mit den Augen zwinkern kann.

Was ich in vielen Beziehungen lebte, hatte nach einer Weile nicht mehr viel mit Liebe zu tun. Das waren automatisierte Rituale geworden, was Kirche und Erziehung so in mich hineintrompetet hatten. Immer wieder versuchte ich, die Liebe zu zähmen. Ihr meine Ansichten aufzuzwingen. Genauso tat ich es bei meinen Partnerinnen – ohne es zu wollen, ohne es zu bemerken.

Dann begann ich auszubrechen. Ich ging fremd. Ich trennte mich. Ich versuchte mir die Liebe zu erkaufen. Ich wollte gar keine Partnerin mehr und auch nicht mehr lieben. Mir war es zu viel geworden mit der Liebe. Ich hatte meine Geliebten mit Beziehungsworten geschmückt wie Christbäume, ohne den Glitzer je zu entfernen. Obwohl auch die Liebe längst ihre Nadeln verloren hatte, wollten wir sie nicht loslassen. Immer mehr Glanz hängten wir in sie hinein, überfrachteten sie, beluden die Liebe mit unseren Erwartungen, Plänen und Wünschen. Vielleicht ein Kind kriegen? Kinder sollen ein gutes Beziehungsöl sein. Bis sie da sind. Dann sieht die Sache anders aus. Im Mittelpunkt steht nicht mehr der Mann, sondern das Kind. Und der Baum ist längst nicht mehr sichtbar. Keine Kerze brennt mehr. Nur noch Ansprüche.

Nachdem ich in meinem Leben ausreichend unter Trennungen gelitten hatte, wollte ich so nicht mehr weitermachen. Damals war ich um die dreißig und entdeckte ein wirksames Allheilmittel gegen Beziehungsschmerzen: von vornherein mehrere Eisen gleichzeitig im Feuer haben. Wenn ich den richtigen Mann schon nicht hinbekam, konnte ich doch tun, was ich wollte. Wozu mich an Regeln halten? Ich stellte fest, dass in meiner Seele unermesslich viel Gefühl Platz hatte. Es loderte dort so leicht. Selbst wenn sie nicht die Frau meines Lebens war, konnte ich den Sex genießen. Manchmal sogar noch mehr. Es stimmte also wirklich nicht, dieses Märchen von der Einzigen, von der Superliebe. Schon wieder hatte ich einen erzieherischen Betrug entlarvt.

Immer mehr begann ich in neue Welten aufzubrechen. Da kein Land in Sicht war, als ich erstmals über die Ränder meines Tellers hinaussah, suchte ich Unterstützung, um meinen Lebenskurs besser bestimmen zu können. Ich begann zu meditieren, ließ meine Seele in Indien von Gurus in Selbsterfahrungskursen durchkneten, unterzog mich Therapien und nahm an Tantra-Gruppen teil. Manche Frauen, die ich dabei traf, fand ich wunderbar, zum Verlieben. Mit anderen, die ich nicht weniger schätzte, lebte ich die Wollust aus. Das, was mich angeblich von ihnen unterschied, war genau das, was uns zusammenbrachte: das Reden, Schauen, Flirten, Küssen, Streicheln.

»Liebe« war eigentlich ein absolutes Reizwort. Ich wollte mit den Frauen zusammen sein und sie nicht ständig lieben müssen. Oder nicht lieben dürfen. Aussagen wie »Wir sind zusammen«, »Für immer« oder »Wir sind uns treu« begannen mich mehr und mehr zu stören. Bezeichnungen wie »mein Freund«, »meine Freundin«, »meine Ehefrau« oder »meine Affäre« gingen mir oft auf die Nerven. Ohne solche Begriffe tat ich mich leichter. Es traten weniger Missverständnisse darüber auf, in welchem Beziehungstyp ich mich gerade mit einer Frau befand. Intimbeziehungen untergliederte man in lockere oder festere, freiere oder bindende Partnerschaften. Schnell wurde auch das Wort »platonisch« hinzugefügt. Wenn wir Männer von »einer Freundin« sprachen, wollten wir klarstellen, dass die Beziehung keinen Sex beinhaltete. Oft sagte man das gegenüber einer Frau. Das war ein Wink, dass die betreffende »Freundin« keine Konkurrenz für sie war.

Wie aber nennt man eine Beziehung, die ein Mann und eine Frau miteinander haben, in der sie eigentlich nur Freunde sind und dennoch ab und zu miteinander Sex haben? Ohne sich zu lieben, ohne etwas Beziehungstechnisches anzustreben. So eine Beziehungsform war ja weder platonisch noch locker oder fest. Für sie gibt es bezeichnenderweise keinen Namen. Weil sich so etwas in unserer Moralwelt eigentlich nicht gehört.

Dafür gibt es die sogenannten »offenen Beziehungen«, in denen die Partner nicht so sehr aufs Treusein schauen. Einfach mal ein wenig vögeln? Ganz zwanglos? Warum nicht? Jedenfalls gibt es dafür auch kaum ein treffendes Wort.

Ich wollte mit den Frauen (und allen Menschen) einfach unbefangen und frei sein. So wie es dem Leben entsprach. Nicht so, wie es meine Erziehung, die Meinung der anderen, wie es Traditionen und Religionen vorschrieben. Ohne Begegnungsformen, die von einem Denken in Schubladen geprägt waren: »mit Sex« oder »ohne Sex«, »Mann« mit »Frau« oder mit dem gleichen Geschlecht, und davon ableitend »richtig« oder »falsch«, »gut« oder »schlecht« waren.

Lange Zeit hatte ich in den Frauen etwas finden wollen, was sie nicht einlösen konnten. Die Idealfrau, die Göttin und die Freundin in einem. In Wirklichkeit hatte ich

170

nichts kapiert. Mir erschien irgendwann alles nur furchtbar aufgesetzt. Eine konstruierte Geschlechterdiplomatie, mit der wir uns künstlich auf Distanz hielten. Anstatt anzuerkennen, dass wir die gleichen Menschen sind.

Und dann kam Maria.

14 Ein richtiger Mann

»Was wirst du denn nun genau anziehen?«, fragte mich Tine ein weiteres Mal am Telefon. In ihrer Stimme klang die Hektik einer Gastgeberin mit, die alles so gut wie möglich regeln wollte. »Die Frauen aus der Runde wollen es von dir abhängig machen!«

Mich durchfuhr der Schreck: »Der Dresscode ist doch klar, sexy-elegant, haben wir doch schon geklärt«, antwortete ich.

»Schon, aber nachher kommst du superelegant oder was weiß ich. Immerhin kommst du heute Abend mit Frauen auf Tuchfühlung.«

Das stimmte. Endlich konnte ich mich mit Vertreterinnen des Geschlechts austauschen, deren Territorium ich betreten hatte. Als »Frau« mit Frauen. Oder war das anmaßend, was ich da machte? Würden sie mich in der Luft zerreißen, weil sie sich von mir auf den Arm genommen fühlten? Da auch ich mich kleidungstechnisch nicht zu sehr von den anderen abheben wollte, kam mir dieser Abgleich ganz gelegen.

»Aber warum wollt ihr denn diesen Dresscode wissen?«, fragte ich.

»Es macht einfach mehr Spaß. Außerdem fällt dann keine

aus dem Rahmen. Also raus mit der Sprache«, forderte sie. »Was trägst du?«

»Rotes Kleid, schwarze Nylons, tolles Maschenbild, mit einem 360 000-Meter-Faden drin, pinkfarbene Slingpumps, acht Zentimeter Absätze, also nicht ganz so extrem hoch, die Haare hinten ein bisschen nach oben gesteckt. Zufrieden?«

»Klingt gut, ich sag's sofort weiter. Aber was meinst du mit 360 000 Metern ...?«

»40 den! 9000 Meter pro Gramm mal vierzig, in jedem Fall zu viel für einen richtigen Mann.«

»Ich versteh, was du meinst«, lachte sie.

»Sag deinen Damen, dass ich gern auch im Voraus bekannt gebe, was ich bei der Veranstaltung sagen werde.«

»Scherzkeks!«

Nach dem Telefonat riss bei meinem roten Kleid (neu erworben!) ein Spaghettiträger. In einer Stunde musste ich bei Tine sein! Mein Adrenalinspiegel stieg senkrecht nach oben. Ich raste augenblicklich los, um Nadel und Faden zu besorgen. Wahrscheinlich gab es in unserem Haushalt auch so etwas, aber ich wusste nicht wo. Der Eile halber lief ich in flachen Schuhen und Jeans und wegen des unfertigen Make-ups mit riesiger Sonnenbrille hinaus. Nirgendwo fand ich aber einen Laden, in dem man einen roten Faden kaufen konnte. Dafür lag in einer Boutique ein toller Gürtel im Schaufenster. Der musste her. Und dann noch der rote Rock und die Oberteilkombination an der Schaufensterpuppe. Ein »Super-Sale-Schlussverkaufsangebot«. Das war die Rettung und ersparte mir das Nähen. Auch ein wunderschönes Paar Nylonstrümpfe musste ich gleich mitnehmen. Das Teil hatte frei geschnittene Fußspitzen. So konnte ich meine Pumps mit den kleinen Riemchen tragen und die rot lackierten Zehen würden keck herauslugen. Zum Schluss erstand ich für eine Fessel noch eine Kette mit silbernen kleinen Kugeln. Irgendetwas Asiatisches. Es gefiel mir einfach.

Es war schon furchtbar. Immer wenn ich etwas Hübsches zum Anziehen entdeckte, griff ich zu. Ein Nachholbedürfnis? Als Mann hatte ich über solche Attitüden bei Frauen die Nase gerümpft. Wie oft hatte ich mit Maria wegen ihrer plötzlichen Shoppingattacken gestritten. Jetzt überfielen sie mich selbst wie Fieberschübe. Kaufende Frauen waren mir immer ein wenig unheimlich gewesen. Jetzt war ich selbst eine. Ich mochte auch nie, wenn Frauen nach Hause kamen und ihre Handtasche sofort auf einen Tisch stellten. Jetzt machte ich es selbst! Ebenso wenig hatte ich je begriffen, warum Frauen endlos lange auf sich warten ließen, wenn ich für das Weggehen bereits fertig in der Tür stand. Jetzt war ich es selbst, die nicht rechtzeitig fertig wurde.

Zu Hause betrachtete ich vor dem Spiegel meine in Denier-Maße gehüllten Marmorbeine, die kleinen Wundpflästerchen, die ich kurz vor dem Eintreffen bei Tine abreißen wollte (schon wieder hatte ich mich geschnitten), meine rosaroten Riemchenpumps, die blonde Perücke. Ja, das alles war ich selbst!

»Entsetzlich«, sagte der Dränger. »Wie eine Modepuppe schaust du aus!«

»Nein, wunderbar«, rief die Frau in mir, »und du hältst jetzt die Klappe!«

Ein Meer von Frauenaugen richtete sich auf mich, als Tine die Tür zu ihrem Wohn-Ess-Zimmer öffnete. Sie war eine meiner ältesten Freundinnen, eine Journalistin, alleinerziehende Mutter, immer etwas überaktiv, ein Touch nervös, ständig Probleme mit Männern, offen für alles und ähnlich wie ich stets auf der Suche. Neuerdings hatte sie ihre dunklen Haare in einen ziemlich kurzen, strähnigen Look geschnitten. Tine musterte mich mit aufgerissenen Augen von oben bis unten. »Ja, Wahnsinn!«, sagte sie, »Christiane, welcome!«

Mit langsamen Bewegungen betrat ich den Raum, betont schwebend.

Alle saßen um einen großen alten Holztisch. Auf einer Anrichte hatte Tine ein fantastisches Buffet vorbereitet. Überall brannten Kerzen, fast ein paar zu viel.

»Deine Beine sind ja nackt«, kicherte sie mir ins Ohr, als sie mich zu ihren Freundinnen führte.

»Nein, nicht nackt, das sind hautfarbene Strümpfe, nahezu unsichtbar, toll, oder? Das Teil nennt sich ›Skin‹«, flüsterte ich zurück.

»Cool, aber nur zu deiner Info, die anderen tragen alle schwarze Strümpfe, so wie du es auch vorgehabt hattest.«

»Mist, das ist mir jetzt aber oberpeinlich.«

»Kein Problem.«

Vier elegant gekleidete Frauen (Tine nicht mitgezählt) in schwarzen Nylons lächelten mir entgegen. Ja, und tatsächlich: Da war auch ein Mann!

»Wie hat sich denn der hierher verirrt?«, fragte ich Tine.

»Ein Versehen, konnte ihn nicht mehr ausladen. Thomas ist aber harmlos.« Sie erzählte mir, dass sie an diesem Abend eigentlich mit ihm zum Abendessen verabredet gewesen

175

war. Sie hatte ihn gefragt, ob er etwas dagegen hätte, wenn sich die Runde vergrößern würde, mit einigen weiteren Frauen. Freudig hatte er gemeint: »Auf keinen Fall!« Wenn sie ihm abgesagt hätte, wäre er ihr böse gewesen. Das hatte sie durch seine Anwesenheit verhindern wollen.

»Hast du ihn auch über den Dresscode informiert?«, fragte ich Tine.

»Na, was glaubst du, was ein Mann wohl anzieht, wenn er hört ›sexy-elegant‹?«

Ich kam mir vor, wie bei einer Tierbeschau. Als ich mich mit einem kleinen Hüftschwung auf den Biedermeierstuhl setzte, wurde sofort festgestellt: »Du bewegst dich ja wie eine Frau!«

Diejenige aus dem Frauenquartett, die das gerade registriert hatte, musste die Felsenkletterin sein, von der Tine mir erzählt hatte. Sophie war drahtig und die Einzige mit kurz geschnittenen unlackierten Fingernägeln.

»Woran siehst du das?«

»Na, allein wie du dich auf den Stuhl gesetzt hast.«

Dann rissen alle die Gläser in die Luft: »Welcome Christiane!«

Vor lauter Aufregung verschluckte ich mich so sehr, dass ich einen Schluckauf bekam. Mein Fauxpas lockerte die ohnehin ziemlich fröhliche Stimmung noch mehr. Zum Glück konnte niemand die peinliche Erötung in meinem Gesicht sehen (meine Wangen fühlten sich an wie zwei Herdplatten): Wegen meines Bartschattens hatte ich spachtelweise Make-up aufgetragen.

Als Christiane begegnete ich auch den Frauen auf eine ganz neue Weise. Als Mann hatte ich immer gedacht, dass sie so weit entfernt von mir wären, dass ich deswegen unentwegt irgendwelche Signale produzieren müsste. Nun waren sie aber alle in meiner unmittelbaren Nähe. In unmittelbarer Reichweite. Kein Trennstreifen mehr zwischen uns.

Nach den ersten »Wows!« und »Cools!« gab dann sogar Thomas einen Kommentar über mich ab: »Ein bisschen groß für eine Frau, oder?«

Bornierter Typ!, dachte ich und überlegte, ob ich ihn darauf hinweisen sollte, dass genügend Frauen so groß waren wie ich. Dass Frauen per se nicht klein sind. Dass es auch große Frauen mit großen Busen gibt. Dass Frauen auch tiefe Stimmen haben können. Und ja, dass sogar Bartwuchs oder Beinbehaarung auf weiblichen Körpern vorkommt. Aber mit Männern konnte man über solche Dinge nicht diskutieren. Sie hatten stets ein relativierendes Argument bei der Hand, und ich hatte keine Lust auf solche Gespräche (die im Grunde gar keine waren). Ich wollte mein Frausein so ausleben, wie es mir gefiel, und meine Erkenntnisse wollte ich so wahrnehmen (und auch so ausdrücken!), wie sie waren. Mich interessierten sowieso nur die Frauen bei diesem Treffen, deswegen konzentrierte ich mich auf sie.

»Siehst ja klasse aus, Kompliment«, sagte die ziemlich quirlige Dunkelhaarige mir gegenüber am Tisch. Das war Bettie, die Versicherungsmaklerin. Von ihr hatte mir Tine im Vorfeld gesagt, dass sie eine männerverheizende Frau sei. Auf meine Nachfrage, was ich mir darunter vorzustellen habe, sagte sie: »Das sind Frauen, die mit Männern nicht zurechtkommen und trotzdem ständig welche haben.«

»Erzähl«, forderte mich Bettie auf, »wie fühlt es sich denn als Frau so an?«

»Wunderbar, pudelwohl. Auch wenn ich ganz schön was abbekomme …«

»Das hab ich gerade bemerkt«, sagte sie mit einem Seitenblick auf Thomas.

»Es ist schon seltsam«, fuhr ich fort, »auf einmal habe ich ziemlich viel mit Männern zu tun. Dabei wollte ich mich durch das Frausein eher von ihnen entfernen.«

»Aha«, mischte sich Thomas ein. »Aber benötigst du unbedingt Frauenkleider, um dich besser in deine weibliche Seite reinzufinden? Ich brauch keine Nylons, um mich sensibler zu fühlen.«

»Wenn du es genau wissen willst: Durch die Kleidung geschieht enorm viel. Man fühlt sie beispielsweise auf der Haut. Hast du mal Frauenkleidung auf deiner Haut getragen?« Thomas grinste mich speckig an. »Hast du mal erlebt, wie du innerlich reagierst, wenn du diese Kleidung auf der Haut spürst? Wie es ist, wenn dich auf der Straße alle wie eine Frau ansehen? Oder von mir aus wie eine Person, die kein Mann mehr ist? Das setzt sich im Innern fort. Da passiert ziemlich viel in einem, glaub's mir. Das ist mehr als nur Kleidung.«

»Komm, gib's zu, das ist für dich ein Fetisch!«

»Sprücheklopfer, was weißt du schon von Frauen«, fuhr Tine ihn jetzt an.

»Nein, ich will das wissen: Erotisiert dich das Tragen von Frauenkleidung?«, fragte er. Nun zückte er mit wissender Miene sein Smartphone und verwies auf eine Statistik über Cross-Dressing als sexuelle Stimulation.

»Und, was willst du damit sagen?«, fragte Bettie. »Vielleicht solltest du es mal versuchen, diese Form des Cross-Dressings, hm? Oder warum reitest du so darauf herum?«

»Ich kann dir ganz klar sagen, nein es erotisiert mich nicht«, erklärte ich. »Und wenn es so wäre, was für ein Problem hättest du dann damit?« Ich sah den Typen herausfordernd an. Aber hatte ich solche Unterredungen eigentlich nicht mehr führen wollen? Auch egal. Knappe Höflichkeit war in diesem Fall nicht die schlechteste Eigenschaft.

Thomas schwieg, stand auf und trat ans Buffet.

Es entstand eine kurze Gesprächspause. Als er wieder saß, wandte sich Bettie mir erneut zu: »Also, Christiane, wie findest du die Männer?«

»Soll ich ganz offen sein?«, antwortete ich.

»Was sonst!«

Ich erzählte ihnen alles, was ich bislang an Eindrücken gewonnen hatte. Dabei sah ich die anwesende Spezies meines Ursprungsgeschlechts absichtlich nicht an. Mein Männerbild skizzierte ich so negativ, wie es sich mittlerweile in mir herausgebildet hatte. Was würden die Frauen wohl sagen?, überlegte ich, als ich an den Schluss meiner Ausführungen gelangt war. Dass ich unter Halluzinationen litt und sie das völlig anders erlebten?

»Da siehst du mal, womit wir es jeden Tag zu tun haben«, sagte die Felsenkletterin nach einer kleinen Pause. Die anderen nickten.

»Sind aus eurer Sicht die Männer tatsächlich so?«, fragte ich. »Ich dachte, vielleicht reagieren sie nur auf *mich* in dieser Form.«

»Du hast das zwar ziemlich extrem geschildert. Aber da ist viel Wahres dran. Es ist schon schwer mit ihnen«, sagte Sophie. Sie war ebenfalls alleinerziehend und Mutter von drei Jungen von zwei verschiedenen Männern.

Die Väter waren irgendwann verschwunden. »Es ist, als wären die Männer nie erwachsen geworden, als würden sie ständig unter Strom stehen, vielleicht sogar deswegen.«

»Wenn man die Männer als kleine Jungs ansieht, dann hat man es leichter mit ihnen.« Der Kommentar kam von Bettie.

Thomas räusperte sich.

»Ich bin am besten damit gefahren, wenn man sie ernst nimmt«, erklärte Sophie weiter. »Zumindest sollte man so tun als ob. Innerlich denkt man sich natürlich seinen Teil.«

Plötzlich piepste es.

»Sorry, eine SMS«, gab Thomas von sich, stand auf, drehte sich weg von uns und verschickte eine Antwort-SMS. Danach setzte er sich wieder. Er wollte nicht stören, dadurch störte er aber noch viel mehr. Hätte mir Tine nicht seinen Namen verraten, wüsste ich immer noch nicht, wie der Typ heißt. Er hatte sich nicht vorgestellt. »Hi«, hatte er gebrummt, als ich den Raum betreten hatte, und kurz mit einer Hand gewedelt. Er war auch nicht zur Begrüßung aufgestanden. Nicht dass ich penetrant auf guten Manieren bestehen würde, aber es war offensichtlich gewesen, dass alle Frauen aufgestanden waren und mir freundlich die Hand geschüttelt hatten, und er nicht.

Nun wollte ich etwas wissen und fragte in die Runde, auf welche Männertypen die einzelnen Frauen denn stehen würden.

»Stark sollten sie sein, aber sensibel«, sagte Tine sofort.

»Aber die ganz Schwachen machen mich aggressiv!«, schaltete sich jetzt die vierte von Tines Freundinnen ein.

Marion hatte gerade eine Erbschaft gemacht und ihren Job als Rechtsanwältin vorübergehend an den Nagel gehängt. »Ich habe mit soften Männern so einiges erlebt. Meine Güte, die sind eine Plage. Ich wollte immer gescheite Männer haben. Welche, die wissen, was sie wollen und die dabei aber noch alle Tassen im Schrank hatten. Fand ich aber nicht.«

»Von meinem letzten Freund habe ich mich deswegen getrennt«, bemerkte Bettie. »Er war einfach zu lieb. Das hatte mich ziemlich gereizt. Fast wäre mir einmal die Hand ausgerutscht. Das war's dann.«

Weil wir so neugierig waren, erzählte uns Bettie ein paar Anekdoten. Ihr letzter Freund hätte sie immer gefragt, ob sie auch Sex wolle, statt einfach anzufangen. Seine Art zu streicheln sei entweder zu sanft gewesen oder zu fest. Unsicher. Er hätte obendrein in der Küche nie sein Kaffeegeschirr weggeräumt. Nachdem sie gestritten und sich wieder versöhnt hatten, habe er immer lange über seine Probleme sprechen müssen, um sich wieder besser zu fühlen.

»Mann sein, aber auch bemuttert werden wollen, die Kombination ist die Allerschlimmste!«, rief Bettie zornig.

»Manche Männer wollen anscheinend geschlagen werden«, sagte Tine mit schnoddriger Stimme. »Wahrscheinlich wurden sie schon von der Mutter vermöbelt.«

»Mädchen werden daheim nicht so oft geschlagen wie Jungs«, schaltete sich Thomas wieder ein.

»Ach. Woher willst du das wissen, hast du wieder eine Statistik im Smartphone parat?« Sophie sah ihn spöttisch an, dann wandte sie sich mir zu: »Ich stehe auf Männer, die weich sind, aber genau wissen, was sie wollen. Weich und hart zugleich. Ich mag es, wenn Männer eine gewisse Bestimmtheit haben.«

»Also, was jetzt?«, fragte ich, »Sollen sie schwach oder bestimmt sein? Weich oder hart?«

Unser Gespräch, wie toll angeblich fühlende und sensible Männer seien, hatte etwas Verwirrendes. Wollten die Frauen wirklich den Multimann? Den Megakönner, der wie eine Allzweckküchenmaschine für jede Lebenssituation tauglich ist und der letztlich bei aller Sensibilität und Weichheit auch immer den beschützenden Supermann herauskehren kann? Diesen Eindruck hatte ich ja bereits vor meinem Experiment gehabt, und nun kam mir der Verdacht, dass die Frauen an der unausgewogenen Situation zwischen den Geschlechtern beteiligt waren und das Ganze ein Wechselspiel war. Bombardierten wir uns nicht gegenseitig mit Rollenerwartungen?

Meine Eindrücke aus dieser Gesprächsrunde deckten sich mit meinen Erfahrungen als Frau in vielen Teilen. Was mich als Frau interessierte, war Authentizität. Und auch Intelligenz, aber eine emotionale Intelligenz. War ich als Mann je authentisch gewesen?

Wie auch immer, ich sah nun alles von der anderen Seite aus. Das war einer der spannendsten Aspekte in meiner neuen Erfahrung. Hatte sich zunächst bei mir wie bei anderen Frauen instinktiv ein Genervtsein eingestellt, wenn die Männer von der anderen Straßenseite zu mir herüberglotzten, stellte ich nun fest, dass ich mich mit dieser Reaktion selbst belog. Ich reagierte zum großen Teil nur deswegen so, weil irgendetwas in mir dachte, dass man als Frau so reagieren sollte. Ich hatte mich automatisch einem kollektiven Klischeeverhalten angeschlossen. Obwohl ich ein Mann war. Auch Frauen lebten offenbar in einem vorgefertigten Rollenspektrum. Und welche Perspektive ich auch einnahm, ich beobachtete an mir, dass ich mich an die Reaktionsmuster der Frauen nur aufgrund meiner angenommenen Rolle als Christiane anpasste. So hatte ich mir sicherlich auch einmal meine Männerrolle antrainiert. Wie eine Kopiermaschine hatte ich die Außenwelt auf mich übertragen.

Als ich dieses Spiel realisiert hatte, überlegte ich, was ich tief in mir drin tatsächlich empfand. Ich stellte fest, dass ich die Aufmerksamkeit genoss. Mir behagten die Blicke. Wenn ich mich darauf einließ, begegneten mir die Männeraugen gleich ein kleines Stück offener. Und wenn ich zurücklächelte, konnte es passieren, dass mich ein Typ ansah, wie Frauen mich als Frau oft ansahen: Er lächelte mich an. Dann machte mein Herz einen kleinen Jauchzer. Vielleicht sollten Männer einfach mehr dürfen.

Obwohl wir uns kaum kannten, schien in unserer Damenrunde kein Thema tabu zu sein.

»Ich sah früher auch einmal so aus wie du«, sagte Sophie, die neben mir saß. Ich verstand nicht, was sie damit meinte. Das musste sie gemerkt haben, denn sie deutete auf meine Brüste.

»Auch ich hatte früher D-Cups gehabt, aber seitdem ich meine drei Jungs habe, reicht es nur noch zum knappen C.«

»Sag mal, redet ihr Frauen immer so unverblümt miteinander?«, fragte ich.

»Ja. Nicht unbedingt mit jeder, aber unter guten Freundinnen auf jeden Fall. Und die Männer?«

Das musste ich verneinen. Hatte ich mich mit Männern jemals über Penislängen oder Unterwäsche ausgetauscht? Nein! Das macht ein Mann ganz allein mit sich aus.

Im Verlauf des Abends wollten die Frauen immer mehr aus mir herauskitzeln. Unsere Gesprächsthemen wechselten manchmal sprunghaft. Thomas nannte das ein »total chaotisches Gespräch, das nichts bringt«. Die Frauen widersprachen: »Es muss ja nicht immer alles etwas bringen.« Ich schloss mich dieser Meinung an.

Natürlich sprachen wir auch darüber, wie es dazu gekommen war, dass ich mich als Frau anzog. Wie das denn für mich sei. Ob ich mir vorstellen könne, ganz Frau zu sein oder ob ich das sogar anstrebe. Und wenn ja, warum? Was denn die Männer dazu sagen? Meine Frau? Ich sollte auch eine Antwort darauf geben, warum man so wenig interessante Männer finden würde. Zeitweise kam ich mir vor wie bei einem Verhör. Doch es war echte Neugierde, der ich hier begegnete. Ich erzählte, dass ich es so überraschend entspannend fand in Frauenkleidern. Dass ich plötzlich offen reden könnte und frei angesprochen werden würde. Das wollte ich einfach noch weiter ausleben. Besonders intensiv diskutierten wir alle möglichen Beziehungsaspekte.

»Das haut doch nirgendwo mehr hin«, sagte Marion.

»Ich will aber endlich mal wieder einen richtigen Mann haben«, meinte Sophie.

Einen richtigen Mann. Schon wieder. Gab es den überhaupt?

»Und wie geht's dir mit Frauen?«, fragte Bettie.

»Mit Maria bin ich gerade in einer glücklichen Beziehung.«

»Hat deine Frau keine Probleme mit deiner Frauenrolle?«

»Zu Beginn schon. Jetzt weniger. Wir haben uns arrangiert. Es ist ja nur ein Experiment.«

»Respekt vor deiner Frau«, meinte Tine und erinnerte uns daran, das Buffet nicht zu vergessen.

15 Orgasmus Location

Am späteren Abend tauchte unsere Damenrunde in die Welt des menschlichen Orgasmus ein. Was für ein ausgiebiges Gesprächsthema das war. Ich hatte bislang noch nie besonders viel darüber gesprochen. Dabei ist der Orgasmus eines der schönsten Gefühle überhaupt. Ich erinnerte mich an meinen ersten Samenerguss als Junge. Er ereignete sich mitten in der Nacht, zwischen Schulalltag, Ministrantendasein und lernen. Wir kamen darauf, weil Bettie meinte: »Männer können den Sex nicht so tief genießen wie die Frauen, und deswegen gehen sie mehr fremd.«

»Wie bitte?«, sagte ich. »Ich genieße ihn sehr. Und ich bin sicher, fast jeder Mann tut das.«

»Kaum vorstellbar, ihr habt doch nur so einen dürftigen, aufbäumenden Orgasmus: kurz, stark, plumps«, scherzte Tine.

»Da fliegen wir noch in den unendlichen Weiten des Sinnesuniversums herum«, jubelte Bettie. »Meistens wenigstens.«

»Ja, Science-Fiction-Orgasmen haben wir«, bestätigte Marion.

»Während wir durchs Weltall rauschen, checkt ihr Männer schon längst wieder eure mobilen Plastikknochen nach superwichtigen Nachrichten ab«, fügte Sophie hinzu.

Als sie sprachen, beobachteten mich die Frauen neugierig.

»Sag schon«, insistierte Bettie. »Wie ist es für dich als Mann nach dem Sex? Dieser jähe Stillstand, das ist doch der totale Frust, oder?«

»Es stimmt, dass es jäh aufhört«, antwortete ich, »aber es ist ja auch ein Höhepunkt vorangegangen. Ich fühle mich dann normalerweise befriedigt und wohlig.«

»Aber warum schlaft ihr immer gleich ein? Oder macht sofort etwas anderes, wie zusammensacken, wegdrehen, aufstehen oder telefonieren?«, fragte Sophie.

Ja, für Männer ist es nach dem Orgasmus eigentlich aus. Danach fühle ich mich zwar befriedigt, oft aber auch etwas leer. Die Libido ist dann gestillt. Nur in seltensten Fällen will ich bereits nach wenigen Minuten weitermachen.

Ich erzählte, dass ich im Laufe meines Lebens im Bett mehr Bedürfnis nach Zärtlichkeit entwickelt hätte. Vielfach hatte ich eine solche Zuwendung seitens Frauen aber vermisst. Wann war ich je gestreichelt worden? Und wann hätte ich es, trotz meiner Sehnsüchte, je so richtig zugelassen? Beide Partner steuerten immer so rasant auf die Geschlechtsregionen zu, als müssten die Kriegsziele für das anschließende Bombardement ausgemacht werden.

»Auch ein Mann besteht beim Sex nicht nur aus seinem Penis«, sagte ich.

»Hahaha, und eine Frau nicht nur aus ihrer Muschi!«, konterte Tine. »Aber so ein richtig geiler schneller Sex kann manchmal auch toll sein.«

»Stimmt, aber ich dachte, so was mögt ihr nicht so gern?«, fragte Thomas.

»Ich glaube, das Problem habt eher ihr«, entgegnete Sophie. »Mir hat kürzlich ein Typ gesagt, er finde es für die Frau diskriminierend, wenn er einfach mal auf die rasante Tour mit ihr schlafen würde. Ich hab mir nur gedacht: Der Idiot kapiert gar nichts.«

»Sprecht ihr Männer denn über euren Orgasmus?«, fragte Tine nun wieder an mich gewandt. Ich fand es interessant, dass die Frauen ihre Fragen zu Männern offensichtlich lieber mir stellten, als dem anwesenden »echten« Mann.

»Kaum. Nein nie.«

Tine stellte als Dessert einen Kuchen auf den Tisch. Wir schnitten uns aus ihm Stücke heraus. Ich sah, wie er kleiner und kleiner wurde. Bald war nur noch die Hälfte des Kuchens vorhanden. So hatte ich mich ja lange Zeit gefühlt, bevor ich die Rolle der Frau in mir einnahm: wie ein Kuchen, bei dem einige Stücke fehlten. Wie sollte das jetzt weitergehen? Ein Gefühl von Wehmut breitete sich in mir aus. Ich spürte plötzlich, dass ich all dies nicht ewig so treiben lassen konnte. Ich wollte und konnte nicht für immer als Frau leben. Denn dann konnte ich kein Mann mehr sein. Ich liebte mein Mannsein genauso wie mein Frausein. Wie aber konnte ich nur beides mit all meinen neuen Erfahrungen in Einklang bringen?

»Keine Sorge, das wird einfacher sein, als du denkst«, sagte die Frau in mir.

Doch meine Traurigkeit breitete sich aus wie ein See, der übers Ufer getreten war. Ich fühlte mich nun, als hätte ich gar keine Identität mehr. Ich kam aber nicht dazu, weiter darüber nachzudenken, weil mich jetzt Bettie ansah. Als hätte sie meine Gedanken lesen können, fragte sie mich: »Kannst du dir vorstellen, nur noch eine Frau zu sein und mit einem Mann Sex zu haben?«

Aus den Augenwinkeln nahm ich wahr, dass Thomas die Flucht ergriff. Er trat auf den Balkon hinaus.

»Das Frausein kann ich mir gut vorstellen. Aber Sex mit einem Mann? Ich habe zwar versucht, mich da hineinzufühlen, bin mir aber ziemlich sicher, dass ich nur auf Frauen stehe. Nein, ich bin heterosexuell. Und zurzeit vielleicht etwas lesbisch.«

»Du hast dich da eingefühlt? In was? Und wie?«

»Zum Beispiel, wie eine Frau penetriert zu werden. Oder wie es ist, als Frau einen Orgasmus zu haben. Ich glaube, dass wir ganz ähnliche, wenn nicht sogar identische Gefühle beim Orgasmus haben, ihr Frauen und wir Männer.«

»Soso, du glaubst allen Ernstes, wie eine Frau fühlen zu können?«

»Nein, aber durch meine Erlebnisse habe ich den Verdacht, dass wir letztlich gar nicht so anders sind. Die vermeintlichen geschlechtlichen Unterschiede sind nicht so groß, wie wir denken. Sie werden an ein paar anatomischen Dingen festgemacht. Und an einem riesigen Schwall von Klischees. Ich werde mich als Mann niemals wie eine Frau fühlen können. Aber eine Annäherung, die findet bei mir gerade statt.«

Natürlich haben Frauen Brüste und Männer einen Penis. Frauen haben auch keine solche Ejakulation wie Männer. Vielleicht ist ihr Orgasmus länger und der des Mannes kürzer. Doch vielleicht ist er trotz kosmischer Weiten ähnlicher als angenommen. Das wollte ich jetzt wissen. »Vielleicht haben wir die gleichen Orgasmen, was meint ihr?«, fragte ich in die Runde.

Meine These entfachte eine rege Diskussion. So konzentriert und gründlich, wie ich mir das bei Anatomiekursen im Medizinstudium vorstellte. Zuerst sezierten wir die Problemstellung mit Worten, dann aber auch mit Händen. Wir standen auf, drehten und beugten uns, wir zeigten und befühlten die verschiedenen Körperregionen, dort, wo eben bei jeder von uns die Orgasmen begannen, sich ausbreiteten und endeten. Ungläubig schaute Thomas von der Balkontür aus zu uns herein. Kurz danach verschwand er, ohne ein Wort zu sagen. Ich zweifelte daran, dass Tine sich noch ein weiteres Mal mit ihm verabreden würde.

»Er beginnt mit einem Kitzeln genau hier«, sagte Sophie, »und endet schon mal unter den Achseln, an dieser Stelle, aber dann auch wieder ganz woanders.«

»Genau«, rief Bettie, »allerdings bis in die Achseln hat es bei mir noch nie gereicht, eher Richtung Hals.«

»Ich empfinde oft einen inneren Druck, damit beginnt es«, meinte nun Tine, »hier etwa, dann strömt es, und zwar überall im Körper.«

Marion sagte: »Und ich habe ein Kitzelgefühl, und wenn das übermächtig wird, dann ist überall Feuer.«

Und mein Kommentar: »Dann sind wir uns ja einig. Bei mir fühlt es sich ähnlich an.«

Unterm Strich waren alle der Ansicht, der weibliche Orgasmus sei ein Feuer im Becken, das sich über den gesamten Körper ausbreiten würde. Das Gefühl sei jedes Mal unterschiedlich. Mal stark, mal weniger stark. Manchmal könne es sogar fast bis ans Schmerzhafte gehen. Je nachdem, wie der Sex war, das Gesamtbefinden, die Beziehung zum Partner, ob man masturbierte. Auch die Tagesstimmung sei entscheidend.

»Manchmal ist mein Orgasmus auch nur ein sehr leises, zartes Empfinden, das ich nur innerlich spüre. Ich will dann ganz still sein.« Marion blickte versonnen drein. »Ich will dann nur ruhig daliegen und fühlen.«

»Noch eine Frage an euch.« Ich schaute in die Runde. »Wo, an welcher Körperstelle fühlt ein Mann seinen Orgasmus?« Nun war ich gespannt.

»Na, das Hauptgefühl ist doch wohl oben an der Spitze«, sagte Sophie.

»Was heißt das, an welcher Spitze? Vom Penis etwa?«

»Ja, die Eichel, das ist doch der sensibelste Bereich beim Mann. Oder nicht?«

Ich war perplex. Wollten sie mich vielleicht auf den Arm nehmen? Dachten sie wirklich, der Höhepunkt fand bei uns Männern nur in zwei bis drei Kubikzentimetern Körperfläche statt?

»Ihr glaubt, ein Mann empfindet nur ganz oben im Penis einen Orgasmus?«

Bei der Vorstellung, dass meine Eichel beim Sex ganz isolierte orgastische Gefühlsexplosionen entwickeln würde, musste ich lachen. Dann könnte ich ja etwas anderes machen, während meine Eichel Orgasmus fühlt. Natürlich empfindet man dort viel. Vor allen Dingen, wenn plötzlich eine Granatenladung Sperma hindurchschießt. Dann ist das auch im Gesamtschwanz ein sehr intensives Gefühl. Es hat etwas Zerplatzendes. Aber der Orgasmus selbst ist beim Mann längst nicht nur auf die Location der Eichel begrenzt.

»Hin und wieder hatte ich den Eindruck, Männer fühlen den Orgasmus im Kopf«, sagte Marion zögerlich.

»Oder eben im ganzen Penis«, behauptete Bettie.

»Nein, auch nicht im Penis«, rief ich, »und ebenso wenig im Kopf. Habt ihr mit euren Männern noch nie darüber gesprochen?«

»Eigentlich kaum.« Tine nickte. »Weil das für mich so klar war.«

»So wie ihr Frauen euren Orgasmus nicht nur in der Klitoris habt, so breitet er sich auch bei uns Männern im Unterleib aus und fließt weiter, sogar ins Gesicht und in die Haarwurzeln hinein. Wenn er gut ist, wird er richtig ekstatisch. Dann kann er auch etwas länger dauern. Ein kleinerer Orgasmus findet eher begrenzt im Unterleib statt. Aber nie nur im Penis oder in der Eichel. Da passiert schon noch einiges und auch über eine ganze Weile hinweg. So ist beim Mann auch die Phase, wenn sich der Orgasmus aufbaut, sehr wichtig.«

»Wie bei uns«, rief Bettie.

»Ja, diese Phase gehört absolut dazu. Da bahnt sich viel an. Ein Brennen. Das kann man hinauszögern, wenn man will. Dieses Aufschieben kann sehr schön sein. Schließlich wird es zu einem inneren Lodern, das schließlich überhandnimmt. Wie eine Welle. Und diese Welle macht mich immer völlig hilflos. Plötzlich werde ich durch sie bestimmt, wann ich mich ihr ergeben muss. Dann bin ich nur noch die Welle, die sich in einer pulsierenden Explosion auflöst. Ich spüre sie im gesamten Körper, in jeder Pore. In diesem Moment der Ekstase ist auch das ganze

Mannsein und Frausein weg. Das ist der Schmelzpunkt, dann bin ich nur noch verschwommen, im Strudel, egal mit was, mit dem Leben, mit der Partnerin, mit meinen eigenen Widersprüchen, mit allem.«

»Es stört schon, wenn über Männer und Frauen immer geredet wird, als bräuchte man für sie unterschiedliche Begriffe«, sagte Tine zu später Stunde, und sie sprach mir damit aus der Seele. Unsere Orgasmusdebatte hatten wir längst beendet, wir waren auf alle möglichen Themen gekommen.

»Aber denk an die Gleichberechtigung. Dafür brauchen wir doch spezielle Worte, die unterscheiden können! Wie sollen wir sonst die Geschlechter beschreiben, wie über Ungerechtigkeit nachdenken?«, fragte Marion.

»Beispielsweise, indem wir uns einfach Menschen nennen«, überlegte ich.

Bettie meinte: »Das wäre Anarchie.«

»Sich gegenseitig Mensch zu nennen? Nicht mehr Herr oder Frau Huber, sondern: ›Wie ist ihr werter Name, Mensch? Ich heiße Huber.‹ Ah, Mensch Huber.«

Wir mussten lachen.

»Ja, vielleicht wären wir dann tatsächlich viel näher beieinander. Vielleicht würde es aber auch in ein Hauen und Stechen ausufern.«

»Ich will aber schon Käse von Wurst unterscheiden können«, kicherte Sophie.

»Eben. Männer und Frauen, das bezeichnet doch wohl den größten Unterschied überhaupt, oder?« Tine blickte fragend in die Runde.

Wir alle verabschiedeten uns in nachdenklicher Stimmung voneinander und beschlossen, uns nun regelmäßig zu treffen. Im Taxi klang etwas in mir nach wie ein Geräusch, das ich noch nie gehört hatte. Ich befand mich in einem inneren Aufruhr. Der war zwar ein freudiger, aber auch ein sorgenvoller. Warum waren die Frauen erst so offen zu mir, seit ich als Frau durch die Welt zog? Warum die Männer so verschlossen? Was hatten die Männer an sich, das sie von mir abschreckte und in Habachtstellung gehen ließ?

Und über Sex spricht man auch heute noch nicht wirklich zwischen Männern und Frauen, dachte ich weiter. Nur sehr reduziert. Sexuelle Befreiung hin oder her. Vieles von dem, was sich einst befreit hatte, ist ziemlich rückläufig geworden. Sex ist die schönste Sache der Welt. Sie ist aber auch immer noch die verklemmteste. Die Angst vor unserer Sexualität ist eine der Hauptursachen für unsere unterdrückten Gefühle. Wenn ich mein eigenes Leben betrachtete, wunderte es mich nicht, wie Männer drauf sind. Ich hatte zwar eine recht harmlose und behütete Kindheit, das Thema Sexualität wurde aber weitestgehend ausgeklammert. Meinen ersten Orgasmus hatte ich früher, als ich das Wort dazu kannte. Und weil es keine Kultur gab, darüber zu sprechen, tauschte ich mich auch mit den Geliebten in meinem Leben nur sehr begrenzt darüber aus. Viel zu viel wurde für viel zu selbstverständlich gehalten. Das Thema war einfach mit großer Unsicherheit behaftet. Es war meistens nur ein verbales Tasten, das ganz schnell wieder aufhörte: »Ist das schön hier, an der Stelle, wenn ich dich hier berühre?«

»Magst du es, wenn ich dich so anfasse, oder eher nicht?«

Und bevor man ausreichend Vertrauen entwickeln konnte, um sich wirklich zu öffnen, waren viele Beziehungen meist schon wieder vorbei.

Mein Frausein förderte dicke Brocken alter Ohnmachtsgefühle zutage, die ich als heranwachsender Junge in mir getragen hatte. Immer wieder sah ich dieser eigenen Sprachlosigkeit ins Auge. Vielleicht sind in einem Menschen alle Erfahrungen und Gefühle andauernd latent vorhanden. Sie sind nur nicht mehr sichtbar, weil wir sie einsperren und Türen verriegeln, um das Dasein in seiner Gefühllosigkeit vermeintlich besser meistern zu können. Doch wenn ein entsprechendes neues Erlebnis diese Türen wieder aufschloss (so wie mein Frausein-Experiment), dann waren die Empfindungen wieder präsent, ganz frisch, als wären sie gerade erst erlebt worden.

Wollen so viele Menschen nichts Neues mehr erleben, weil sie Furcht davor haben, dass alte Gefühle wieder wach werden? Gibt es deswegen diese allumfassende Stagnation und dieses Peinlichkeitsgefühl, wenn man etwas tut, was außerhalb der Norm liegt?

Genau an diesem Punkt, dort, wo sich die angeblichen Grenzen der Frauen und der Männer innerhalb eines wundervollen Ereignisses aufheben, sind leider die größten Tabus entstanden. All dieses Getue um sexuelle Begierden (und all die Grenzen zwischen uns) verschwindet im Moment der sexuellen Vereinigung. Aber als Kind hörte ich nur, was man durfte und was man nicht durfte. All dieses Moralisieren, dieses sinustonartige Stimmengewirr, das mich mein Leben lang umgeben hatte, es hatte dazu geführt, dass mein Verhältnis zu Frauen und zu mir selbst als Mann wie ein beständiger Heuschnupfen war:

Innerhalb meiner Frauenrolle sah ich nun deutlicher denn je, dass der freie Umgang miteinander unsere einzige Möglichkeit war. Es war erleichternd, plötzlich so viel zu dürfen, weil ich ja nicht mehr »nur« als Mann galt. Je mehr ich in meine Rolle hineinwuchs, desto mehr verschwand plötzlich auch dieses Sprachlose, das die Sexualität in meiner Männerwelt zugedeckt hatte. Neue, frische Worte kamen plötzlich ganz von allein.

Mein Sex war mir als Nur-Mann oft als eindimensional vorgekommen. Nach all den Jahren des Flirtens und Sich-Liebens war vieles so gleich geworden. Je mehr ich mich aber auf dieses Frausein einließ, desto mehr empfand ich den sexuellen Vorgang nicht mehr so begrenzt. Mit Maria entwickelte sich unsere Erotik auf eine wunderschöne Weise weiter. Es war befreiend, nicht mehr ausschließlich als rollenverhafteter Mann (der hat ja auch im Sex tausend falsche Gesichter) agieren zu müssen. Nun durfte ich mich beim Sex auch weiblich verhalten, weil ich es mir selbst gestattete, all das tun, was ich früher als kleiner Junge abzulehnen begonnen hatte, um ein wirklich guter Junge und später einmal ein richtiger Mann zu werden.

Diese Rückeroberung war wie eine lodernde Lebensenergie, die mich hemmungslos machte und öffnete. Durch sie war ich nicht mehr sicher oder unsicher, nicht mehr hilflos oder unter Kontrolle. Ich war weder Mann noch Frau. Die Gegensätze waren aufgehoben.

16 Der Mann ist eine Art Frau

Nach einigen Monaten, die mein Experiment nun schon andauerte, beschloss ich, mich mit Spezialisten zu beraten. Ärzte zum Beispiel. Würden sie meine Überlegungen bestätigen oder mich eher für verrückt erklären?

Zuerst konsultierte ich meinen Internisten, der zugleich Urologe war. Er stellte etwas Interessantes fest, nachdem er ein Blutbild von mir hatte machen lassen: Die Auswertung ergab, dass mein Testosteronspiegel im Vergleich zu früheren Analysen stark gesunken war.

»Ist das ein Resultat meiner Hineinsteigerung ins Frausein?«, wollte ich wissen.

»Schwer zu sagen«, antwortete der Arzt. »Unmöglich ist das nicht. Fragen Sie mal einen Frauenarzt, Endokrinologen, einen Hormonforscher oder einen, der sich mit Sexualmedizin auskennt.«

So marschierte ich erst einmal zu einem Sexualforscher. Der ältere Professor war obendrein ein renommierter Experte für Transsexualität. Von ihm wollte ich in Erfahrung bringen, was es aus wissenschaftlicher Sicht bedeutet, wenn ein Mann lieber eine Frau sein will oder umgekehrt. Zum besseren Verständnis erläuterte er mir den Unterschied zwischen Transsexuellen und Transvestiten: »Ein Transvestit bezieht aus dem durch Verkleidung vollzogenen Geschlechterwechsel einen narzisstischen und oft erotischen Kick. Er kehrt aber immer wieder in sein ursprüngliches Geschlecht zurück. Der Transsexuelle fühlt sich dagegen, als wäre er im falschen Körper geboren. Er sehnt sich danach, das andere Geschlecht zu sein und darin zu verschwinden.«

Ich selbst empfand mich allerdings weder als Transvestit noch als transsexuell. Ich wollte eigentlich nur ein freier Mensch sein, nicht mehr.

»Sie sitzen mir in Frauenkleidern gegenüber. Wären Sie lieber eine Frau?«, fragte mich der Professor.

»Nicht unbedingt, aber zurzeit macht mir das Frausein, so wie ich es lebe, entschieden mehr Spaß. Ich empfinde es als Freiheit.«

Wir sprachen über mein Verhältnis zu meinem Mannsein und der Männerrolle in der Gesellschaft. Er stimmte mir zu, dass die Geschlechtergrenze eine fließende sei und dass darin die Ursache für so viele Missverständnisse liegen würde. Aber er warnte mich auch: »Weil Sie es nun schon seit einigen Monaten machen, ist das, was Sie da tun, ein Tanz auf dem Vulkan. Sie weichen Ihre Identität auf diese Weise immer mehr auf. Sie nähern sich dadurch dem Epizentrum der Geschlechtergrenze. Wissen Sie, unter den Menschen gibt es Milliarden unterschiedlicher Typen, keiner ist gleich. Mehr kann die Wissenschaft nicht über das Ganze sagen. Die Frage ist eher: Geht es Ihnen gut, so wie Sie leben?«

»Ich fühle mich pudelwohl«, erwiderte ich.

»Dann freuen Sie sich. Die meisten Probleme entstehen dadurch, dass Menschen nicht so sein wollen, wie sie sind. Oder von ihrer Umwelt nicht so akzeptiert werden, wie sie sich sehen.«

Sind also neben den Hormonen vielleicht viel mehr die Imagebilder das beherrschende Faktum im Umgang der Geschlechter miteinander?

Nach dieser Begegnung war ich gespannt, was mir der Endokrinologe erzählen würde. Bewusst hatte ich mir einen ausgesucht, der auch Gynäkologe und Reproduktionsmediziner war. Bei der Kombination seiner Expertisen erhoffte ich mir besonders viel Aufschluss. Zudem wollte ich mir von ihm anhand meines eigenen Körpers zeigen lassen, was männlich und was weiblich an einem Menschen ist.

Ich betrat seine Praxis mit einem mulmigen Gefühl in der Magengrube. Wieder einmal rannte ich gegen eine gute Bekannte an: meine innere Peinlichkeitswand. Das Tabu, das ich überschritt, war ein besonderes. Eine Frauenarztpraxis war sicherlich einer der weiblichsten Orte, die es überhaupt gab. Konnte man es missverstehen, was ich da tat?

Erstaunlicherweise wurde ich am Empfang ganz unspektakulär behandelt.

»Ihr Name? Ihr Geburtsdatum? Bitte füllen Sie das Anmeldeformular aus«, sagte die Arzthelferin freundlich.

Nur kurz saß ich im Warteraum, dann wurde ich in das Arztzimmer geführt. Dort sah ich, dass der Gynäkologe offenbar auch Völkerkundler war. Neben den Urkunden von seiner zweiten Profession zeugten Gegenstände aus Asien davon, dass er viel in der Welt herumgekommen war. Sympathisch fand ich, dass er sich (nachdem er mich fast mit einem angedeuteten Handkuss begrüßt hatte) hinter einen schweren Holzschreibtisch setzte, auf dem in einer chinesischen Vase ein hübscher Strauß Blumen steckte. Und noch besser gefiel mir, dass vor ihm keine Computertastatur lag, in die er (wie so viele Ärzte) hektisch irgendwelche Daten von mir eingab.

»Gut sehen Sie aus«, sagte der Frauenarzt. Er war vielleicht Mitte fünfzig, groß, schlank, braun gebrannt, mit etwas wilden Gesichtszügen. »Haben Sie Beschwerden? Ich müsste jetzt eigentlich eine Anamnese bei Ihnen durchführen. Aber machen Sie sich keine Sorgen. Lassen Sie uns erst einmal in Ruhe miteinander reden.«

Ich war furchtbar verlegen. Er kannte mein Anliegen bereits. Ich hatte ihn am Telefon kurz aufgeklärt. Nun erzählte ich ihm von meinen Erfahrungen als Frau und meinen Überlegungen zu den Geschlechtern. Ich sagte, dass ich bereits mit einem Urologen und einem Sexualforscher gesprochen hätte. Letztlich würde ich mir aber von seiner Expertise die größten Aufschlüsse erhoffen. »Mir kommt das Frausein so vertraut vor«, fuhr ich fort, »zeitweise weiß ich nicht, ob es überhaupt einen Unterschied zwischen Mann und Frau gibt. Was ist Ihre Meinung dazu?«

Er hatte mir aufmerksam zugehört und sich zwischendurch Notizen gemacht. Jetzt erklärte er mir, wie ein Mann, wie eine Frau entsteht, dass die geschlechtliche Entscheidung von dem XX/XY-System der Chromosomen abhängt. XY sei das Geschlechtschromosom, das einen Mann ausmacht, XX die Variante für die Frau.

»Seit ein paar Monaten habe ich den Verdacht, dass ich möglicherweise eine Art Frau bin, die nur Mann heißt, und dass vielleicht alle Männer so sind«, sagte ich. »Ich bin aber nicht transsexuell, ich bin gern ein Mann. Nur: Warum sollte ich mich so wohl mit dem Frausein fühlen, wenn es nicht auch ein Teil meines Wesens wäre?«

Der Arzt musste lachen: »Wenn wir das Ganze unwissenschaftlich betrachten, würde ich Ihnen sogar nahezu recht geben. Schauen Sie, wenn man die beiden Chromosomen nimmt, die ja unsere Erbanlagen enthalten, könnte man davon ausgehen, dass beim männlichen Chromosom etwas fehlt.« Der Gynäkologe malte mir auf einem weißen Blatt Papier etwas auf. »Beim Y fehlt nämlich ein Zacken, sonst wäre es ein X. Insofern könnten Sie sagen, dass Sie eine unvollständige Frau sind. Ihr Beispiel mit der Torte, das Sie mir am Telefon genannt hatten, passt. Aber das meine ich jetzt mit einem Augenzwinkern.« Er schmunzelte. »Vielleicht malen Sie mit Ihrem Experiment auf imaginäre Weise tatsächlich den fehlenden Zacken Frau bei sich dazu. Diese Betrachtung müssen Sie aber sinnbildlich verstehen und nicht wissenschaftlich.«

»Dann habe ich doch recht«, überlegte ich verdutzt. »Na ja, fast jedenfalls. Heißt das, dass Männer genetisch unvollständige Frauen sind?«

»Poetisch könnte man es vielleicht so ausdrücken. Es gibt sogar Wissenschaftler, die der Meinung sind, dass Männer die in der Natur am häufigsten auftauchenden genetischen Defekte sind. Manche von ihnen behaupten auch, dass die Weiblichkeit eigentlich die Urnatur des Menschen ist. Auch in der Wissenschaft weisen einige Forschungsergebnisse darauf hin. Dennoch sind Männer und Frauen gleichwertige Menschen.«

Es entspann sich ein langes Gespräch. Am Anfang, das gab schließlich auch der Gynäkologe zu, sei vermutlich die Frau gewesen, da wären wir alle weiblich gewesen. Was in der Bibel über die Entstehung des Menschen stünde, sei demnach falsch. Gott habe nicht eine Rippe aus Adam genommen, um Eva zu schaffen, sondern es müsste, würde man dieses Beispiel überhaupt heranziehen, genau umgekehrt sein. Er müsste die Rippe Eva entnommen haben, um Adam entstehen zu lassen. Viele Religionen hätten ihre menschlichen Ursprungsmythen jedoch so hingetrimmt, dass der Status des Mannes erhoben und der der Frau herabgesetzt wurde.

»Man muss einfach sehen, dass die Natur sich im Zweifelsfall immer für die Frauen entscheiden würde«, fuhr er fort. »Sicher, schon bei der Befruchtung zeigt sich, ob die Kombination XX oder XY zustande kommt. Das entscheidet aber noch längst nicht, ob der werdende Mensch dann später tatsächlich ein Mann oder eine Frau ist beziehungsweise so aussieht.«

»Wie ist das zu verstehen?«, hakte ich nach.

»Bereits durch minimalste Fehler in den Enzymen kann beispielsweise aus einem genetisch angelegten Mann ein Mensch werden, der eine Frau ist oder umgekehrt«, sagte der Endokrinologe. »Dies hat aber nicht unbedingt etwas mit Transsexualität zu tun. Das ist ein normaler, in der Natur verankerter Vorgang. Durch andere ›Fehler‹ können auch intersexuelle Menschen entstehen, also solche, bei denen das Geschlecht nicht eindeutig bestimmbar ist, weil sie Geschlechtsteile beider Geschlechter besitzen.«

Was wir als »Fehler« betrachten, wird von der Natur offenbar nicht so gesehen. Die Biologie, dachte ich, war vielfältiger, als ich angenommen hatte. Und das ganz ohne Moral.

Nun erzählte ich dem Hormonarzt, dass mein Testosteronspiegel während meines Frauseins gesunken sei (das hatte eine Blutuntersuchung bei meinem Internisten kürzlich ergeben). Er bestätigte meine Vermutung: »Der Mensch kann allein durch sein Verhalten die Produktion seiner Hormone beeinflussen.«

Dies war eine wissenschaftlich erwiesene Erkenntnis. Dann müssten doch, so überlegte ich, sämtliche Studien, die die Unterschiede der Geschlechter ins Auge fassen, gleichzeitig berücksichtigen, welche soziale und mentale Entwicklung die untersuchten Menschen durchlaufen haben und wie sich die auf das Leben in ihrer Rolle als Mann oder Frau ausgewirkt hat. Ohne diesen Zusammenhang wären sämtliche Erkenntnisse wertlos.

»Sie sehen doch selbst, wie sehr Sie mit Ihrer Frauenrolle Ihren Körper und Ihren Geist beeinflussen«, fuhr der Arzt fort. »Ihr Experiment wirkt auf Sie stärker als Sie denken, und eben sogar auf Ihre körperliche Entwicklung. Sicher überlegen Sie neuerdings, vielleicht wirklich eine Frau sein zu wollen, stimmt's?«

»Ja. Dieser Gedanke spukte mir tatsächlich schon durch den Kopf.«

»Das hat unter anderen mit Ihren Hormonen zu tun. Sie sollten mal messen lassen, ob Ihr Östrogenspiegel nach oben gegangen ist. Und: Stellen Sie Veränderungen in Ihren Gewohnheiten fest, sind Sie beispielsweise lässiger geworden, entspannter, emotionaler, unordentlicher, lassen Sie eher mal fünf grade sein?«

»Ja, absolut.«

»Es gibt Verhaltensweisen, die im weitesten Sinn den Hormonen Östrogen und Testosteron zuzuordnen sind. Ihre Beobachtungen wären typisch für einen gesunkenen Testosteron- und einen gestiegenen Östrogenspiegel. Doch Vorsicht: Das heißt nicht im Geringsten, dass solche Eigenschaften den Charakter der Weiblichkeit kennzeichnen. Unter Frauen gibt es eine ähnliche Charaktervielfalt wie unter Männern. Ein Verhalten wird nicht ausschließlich durch Hormone beeinflusst, sondern durch zahlreiche Faktoren. Bei Ihnen kann diese gemessene Testosteronveränderung aber durchaus kausal mit ihrer Langzeiterfahrung zu tun haben, als Frau zu leben.«

Diese Feststellungen empfand ich als Bestätigung für meine Überlegungen. Die Aussage, Männer seien anders als Frauen, mochte einerseits stimmen, andererseits aber wieder nicht. Sie ist wohl hauptsächlich eine abgrenzende (diskriminierende) Beurteilung. Denn so wie es aussah, besaßen Frauen und Männer die Fähigkeit, abweichende Verhaltens- oder Wesensarten durch andere auszugleichen. Und somit konnten sie die gleichen Leistungen erbringen.

Nun schaute der Arzt auf seine Uhr, dann sah er prüfend in meine Augen und erhob sich. »Frau Seidel, darf ich Sie nun in mein Behandlungszimmer bitten?«

Ich stand auf, mit Magengrimmen. Eine Assistentin wurde herbeigerufen, als ich ins Behandlungszimmer hinüberging. Sie zog eine weiße Papierbahn über die Liegefläche des Behandlungsstuhls. Darüber schwebte eine beachtliche Anzahl von Scheinwerfern und Gegenständen, die ich nicht zuordnen konnte. Ich dachte: Der Arzt wird mir gleich sagen, dass ich mich daraufsetzen soll. Jetzt kannst du das fahrende Schiff noch vom Kurs abbringen. Es fiel mir aber keine geeignete Ausrede mehr ein.

»Bitte entkleiden Sie sich hinter dem Paravent«, sagte die Assistentin. Sie behandelte mich wie eine Frau. Gleichzeitig hielt sie dem Arzt ein paar Plastikhandschuhe zum Hineinschlüpfen hin.

»Soll ich alles ausziehen?«, fragte ich.

»Ja natürlich, die Ultraschallgeräte können durch Ihre Wäsche nicht hindurchsehen«, erklärte der Mediziner. »Wir machen mit Ihnen jetzt andeutungsweise genau das, was wir bei einer gynäkologischen Untersuchung vornehmen. Das wollen Sie doch kennenlernen, oder?«

Ich nickte.

Es dauerte eine Weile, bis ich alle Hüllen von mir geschält hatte und fast nackt, mit BH, Slip und Perücke vor dem Arzt stand.

Zuerst wollte er meine Brüste befühlen.

»Das ist der erste Schritt in einer gynäkologischen Untersuchung«, erklärte er.

Natürlich wollte ich auf meiner eigenen Haut spüren, wie das ist, von einem Frauenarzt an der Brust betastet zu werden, also nahm ich die Silikonbrüste ab und sagte: »Zeigen Sie mir bitte, wo bei mir, wenn ich eine Frau wäre, welche Drüsen sitzen würden.«

»Interessant«, bemerkte er, als ich ihm meine BH-Vorrichtung mit den schweren Brüsten reichte, er sie in den Händen wog und sie an seine staunende Assistentin weitergab. »Die sind sehr groß. Wenn ich Ihnen das sagen darf, aber so große Brüste im Vergleich zu Ihrer schlanken Figur haben nur sehr wenige Frauen. Was ist das, F?«

»85 Doppel D«, sagte ich.

»Sie kennen sich ja schon ganz schön gut aus. Tolle Maße eigentlich, aber damit surfen Sie etwas an der Realität vorbei.«

»Mir ist wichtiger, wie ich mich selbst fühle. Wenn vorne nichts herumschwingt, ich nichts spüren würde, käme ich mir schnell wieder wie ein Mann vor. Auch habe ich mich für diese Größe entschieden, weil ich sie einfach mag.«

»Wie Sie meinen. So wollen Sie sich als Frau eben gern sehen. Schaut ja auch super aus. So. Nun stellen Sie sich bitte gerade hin. Heben Sie Ihre Arme seitwärts, ja genau, dann weit nach oben und wieder zurück. Noch einmal bitte.«

Gleichzeitig setzte er sich auf einen hohen Hocker und schob sich immer näher an mich heran. Er erläuterte mir, dass man auf diese Weise bei Frauen manchmal sehen kann, ob ein verdächtiger Knoten in der Brust sitzt. Dann würde man während der Armbewegung eine kleine Verziehung oder Delle erkennen können.

Nun betastete der Arzt mit beiden Händen jeweils eine meiner Männerbrüste. Er wies auf Stellen hin, wo Drüsen sitzen, und beschrieb mir, was für ein Gewebe er ertasten würde, wäre ich eine Frau.

»Spüren Sie das hier?«, fragte er mich, während er einen Finger etwas links neben einer Brustwarze kreisen ließ.

»Ja, was ist das, ein Knoten?«

»Nein. Bei Frauen ist sie um ein Vielfaches größer. Es ist eine Brustdrüse, die sowohl Frauen als auch Männer haben. Sie dürfte bei Ihnen etwas vergrößert sein. Vielleicht, weil Sie stark stimulieren, kann das sein?«

»Wie bitte?«

»Na, versuchen Sie, sich an Ihrer Brustwarze zu erregen?«
Ich musste lachen: »Nichts stimuliere ich. Aber vielleicht hat das was mit meinen eng anliegenden Kunstbrüsten zu tun?«

»Möglich. Wissen Sie übrigens, dass Männer auch Milch produzieren können?«

»Ist das ein Scherz?«

»Alles eine Frage der Hormone. Männer können sogar Brustkrebs haben. Es gibt auch bei ihnen das gefährliche Mammakarzinom. Eigentlich sollten sich Männer ab und zu einer Vorsorgeuntersuchung ihrer Brüste unterziehen. So, bei Ihnen dürfte alles in Ordnung sein.«

Ich musste erst einmal tief durchatmen.

»Legen Sie sich jetzt auf diesen Stuhl«, forderte mich nun der Gynäkologe auf, seiner Assistentin sagte er: »Haben wir alles richtig eingestellt?« Gleichzeitig drehte er an den Ablageflächen für die Unterschenkel herum. Die Assistentin half mir, als ich mich durch die Schwenkarme hindurchbugsierte. Dieser Stuhl war eigentlich gar kein Stuhl, sondern vielmehr eine Art geschickt ausgeklügeltes Liegegestell. Man hockt sich auf eine ziemlich schmale Fläche, muss gleichzeitig die Beine nach oben heben und die Unterschenkel auf die lederbezogenen Haltearme legen. Dabei wird man leicht zurückgekippt.

Als ich mich in dieser Position befand, strahlte von oben ein riesiger Lichtkreis auf meinen Unterleib. Ich hatte mich noch nie so entblößt gefühlt wie in diesem Moment. Ob man sich als Frau an diese Prozedur gewöhnen kann?, überlegte ich. Weiter konnte ich nicht denken. Ich lag nur da und wartete ab, was jetzt auf mich zukommen würde.

Die Arme des Arztes näherten sich meinem Unterleib. Sonst sah ich fast nichts. Ein Scheinwerfer blendete mich. Ein Ultraschallbildschirm wurde in mein Sichtfeld geschoben. Große, vorsichtige Hände begannen meinen Unterbauch zu befühlen.

»Wir Gynäkologen tasten in diesem Stadium der Untersuchung den Unterbauch ab«, sagte er.

Ich atmete aus. So schlimm wie angenommen war es doch nicht.

»Spüren Sie das hier?«, fragte der Arzt und drückte vorsichtig auf eine Stelle. »Genau da wären bei Ihnen die Eierstöcke, wenn Sie eine Frau wären.«

Die Assistentin träufelte Gleitgel auf mein Schambein und der Mediziner fuhr sofort mit einer Ultraschallsonde auf meiner Haut herum.

»Man sieht sofort, Sie sind ein Mann«, konstatierte er.

Auf dem Bildschirm zeigte er mir, wo man was bei einer Frau erkennen würde.

»Wussten Sie, dass sich die männlichen Hoden aus demselben Körperbereich des Embryos entwickeln wie die Eierstöcke?« Ich wusste es nicht. »In der Embryonalphase heißen die Hoden und Eierstöcke Gonaden«, erklärte der Arzt weiter. »Sie differenzieren sich erst später. Es sind unterschiedliche, aber vom Ursprung her ähnliche Körperteile. Sie sind verwandt miteinander. Und von der Sorte gibt es noch mehr bei Mann und Frau, vereinfacht ausgedrückt.«

Nun sah ich, wie er nach einem monströs aussehenden Instrument aus Metall griff. Ein Spekulum! Für einen Moment verlor ich fast die Fassung.

Der Frauenarzt blickte mich eindringlich an und meinte: »Keine Angst. Ich wollte Ihnen nur das Gefühl vermitteln, wie es ist, so dazuliegen, und wie es ist, wenn dieses Instrument näherkommt. Das erleben Frauen regelmäßig. Da haben Sie etwas, wo sich Mann und Frau stark voneinander unterscheiden.«

Dann gingen wir weitere anatomische Fragen durch. »Bei beiden Geschlechtern entsteht der Orgasmus im Beckenboden«, bestätigte der Arzt und zeigte mir die genaue Körperregion. »Sowohl Männer als auch Frauen spüren bei einem beginnenden Orgasmus ein Zusammenziehen im Unterleib. Es wird von der Beckenbodenmuskulatur und der Urethra, der Harnröhre, erzeugt. Bei Frauen ist das genauso. Selbst der für den Orgasmus wichtige Muskel hat sowohl bei Männern wie bei Frauen den identischen Namen: Es ist der *Musculus bulbospongiosus*, ein quergestreifter Muskel im Bereich der Geschlechtsorgane.«

Ich erfuhr weiter, dass die sexuelle Stimulation bei Mann und Frau nur bei grober Betrachtung über unterschiedliche Körperteile funktioniert. »Der Penis als ein aus dem Körper herausragendes Geschlechtsorgan wirkt natürlich völlig anders, als die auf den ersten Blick klein erscheinende Klitoris.« Mit einer Fingergeste bedeutete mir der Frauenarzt, wie lang eine Klitoris wirklich ist: ungefähr elf Zentimeter! »Davon schaut allerdings nur ein kleiner Punkt aus dem Körper heraus. Der Rest verläuft nach innen hinein. Und der Ursprung von Penis und Klitoris ist, wieder entwicklungsgeschichtlich gesehen, ganz ähnlich.«

Plötzlich wirkten Mann und Frau auch aus optischer Hinsicht gar nicht mehr so extrem unterschiedlich auf mich.

Der Arzt erzählte weiter: »Die Spitze des Penis hat große Ähnlichkeiten mit der Klitoris. Bei Geschlechtsoperationen vom Mann zur Frau wird deshalb aus der Eichel die Klitoris geformt. Sie ist dann normalerweise genauso empfindsam und erregbar. Und wie ich schon sagte, auch Brüste haben die Männer in ihren Erbanlagen. Bei Einnahme von Hormonen wachsen sie sofort. Und das mit der Milch stimmt wirklich.«

Seine früheren Reisen und Forschungen als Völkerkundewissenschaftler hätten ihn einst in den brasilianischen Dschungel geführt. Dort sei er einem Eingeborenen begegnet, dessen Frau bei der Geburt des Babys verstorben war. Der Mann hatte sich in seinem Leid so sehr in die mütterliche Rolle hineingesteigert, dass er sogar ohne äußere Hormonzufuhr Muttermilch zu produzieren begann und damit teilweise das Baby nährte.

Unter dem Strich, so schien mir, blieb letztlich ein ausschlaggebender Unterschied zwischen beiden Geschlechtern übrig: Frauen können Kinder gebären, Männer nicht. Das ist natürlich eine erhebliche Diskrepanz. Männer meinen, einen ebenbürtigen Anteil an der Zeugung eines Kindes zu haben, weil sie ihr Sperma beisteuern. Doch dafür braucht es in Anbetracht der Trillionen von Spermien, die ein Mann in seinem Leben erzeugt, keine große Anzahl seiner Spezies. Frauen dagegen bedarf es vieler. Schließlich kann eine Frau meist nur ein Kind auf einmal in ihrem Bauch heranwachsen lassen und gebären. Insofern kommt der Frau an der Zeugung von Kindern und der Erhaltung der Menschheit eine entschieden größere Rolle zu. Frauen haben die Fähigkeit, Leben zu schenken.

Angesichts dieser Tatsache erstaunte es mich, mit welchem Understatement die Frauen ihre Rolle leben, während die Männer ein riesiges Aufhebens um die ihre machen. Die Heranbildung eines ungeborenen Kindes bewerkstelligen die Frauen allein. Was für einen Mann ein genussvoller Akt von ein paar Sekunden ist, bedeutet für eine Frau neun Monate Schwangerschaft, oftmals verbunden mit körperlichen und bisweilen auch psychischen Belastungen. Eigentlich sollte man den Mann als das schwache Geschlecht bezeichnen und die Frau als das starke. Vielleicht war das Gebaren der Männer, das mir als Frau immer so in die Augen stach, eine Art Verteidigungskrieg, ein Versuch, auch ausreichend wichtig und bedeutend zu erscheinen.

17 Freundschaft ist kein Loblied

Die Männer um mich herum hatten es immer schwieriger mit mir. Toleranz war nicht ihre Stärke. Selbst das schweigsame Dulden und die angebliche Aufgeschlossenheit mir gegenüber trugen sie wie eine schwer zu meisternde Disziplin aus. Hinter ihrer Zurückhaltung wuchs die Kritik. Die Zahl meiner männlichen Freunde reduzierte sich massiv, und selbst die wenigen unter ihnen, die immer noch wohlwollend und positiv auf mich als Frau reagierten, fingen nun an, den einen oder anderen blöden Spruch loszulassen. Mein Selbstversuch dauerte ihnen zu lange. Lediglich zwei, drei Männer blieben, mit denen ich tiefere Gespräche führen konnte. Darunter Amber. Ursprünglich war er nicht das, was man als »besten Freund« bezeichnet. Wir hatten uns nur hie und da getroffen. Allerdings änderte sich das im Verlauf meiner Christiane-Zeit, bedingt durch sein Interesse an meiner neuen Leidenschaft, dem Auskundschaften der Weiblichkeit.

Bei den Frauenfreundschaften sah es besser aus, aber auch nicht uneingeschränkt. Es gab darunter die eine oder andere Frau, die es absolut nicht gern sah, wenn ich Röcke trug.

»Ich gehe mit dir aus, aber nur, wenn du ein Mann bist«, sagte mir eine Freundin.

»Bin ich denn kein Mann mehr, wenn ich einen Rock trage?«, fragte ich nach.

»Aber das ist doch albern.«

Dann hörte ich nichts mehr von ihr, obwohl ich sie zuvor häufig zu Spaziergängen und Cafébesuchen getroffen hatte.

Die (einstigen) männlichen Freunde reagierten ähnlich: »Aber das nächste Mal treffe ich dich hoffentlich wieder als Mann! Ohne dieses ganze Theater.«

»Nein.«

»Wie bitte?«

»Du verstehst einfach nicht, was mich beschäftigt. Außerdem habe ich den Eindruck, dass du dich nicht wirklich dafür interessierst.«

Ein anderer Freund gab offen zu: »Bleib mir mit so was vom Leib! Das ist nicht mein Ding. Melde dich wieder, wenn du von dem Trip runter bist.«

Es waren immer die gleichen Dialoge. Irgendwann reagierte ich auf ihre stereotypen Äußerungen und Fragen ungeduldig, auch scharf. Ich hatte es satt, dass man mir diktieren wollte, wie ich herumzulaufen und zu leben hatte, nur damit sie sich mit mir trafen. Das führte dazu, dass mein innerer Widerstand wuchs, und sicherlich war das auch einer der Gründe, warum ich mein Frausein immer mehr ausbaute. Aus Rebellion gegen dieses »und wie lange machst du das noch?« Nach dem Motto: »Wann verhältst du dich endlich wieder gescheit?«

Im Herbst hatte ich nur noch wenige Freunde. Zumindest war das mein Eindruck. Von sich aus meldeten sich immer weniger. Oft wenn ich anrief, hieß es: »O mein Gott, wie geht's dir? Gut hoffentlich? Du, sorry, bei mir ist gerade Land unter! Da ist der Wahnsinn los!« Dann veränderte die Person am anderen Ende der Leitung ihre Stimme, klang auf einmal warm und verständnisvoll: »Eigentlich hätte ich dich längst anrufen wollen, aber nun bist du mir zuvorgekommen. Gibt es was?«

Wie ich diese Redewendungen, diese Floskeln zu hassen begann. Dabei hatte ich gedacht, ich hätte Freunde. Ich hatte geglaubt, Freunde seien Menschen, denen man vertrauen kann, die Anteil an meinem Leben nehmen (und ich an ihrem). Doch die Vorstellung, einen Freund zu haben, der Frauenkleider anzog, konnten viele vor ihrem inneren, geschlechtlichen Führungszeugnis wohl nicht rechtfertigen. Am schwierigsten war es für sie, dass ich ihnen kein klares, kein rastertaugliches Motiv für mein Verhalten nannte. Hätte ich ihnen einen Grund für mein Experiment angegeben, hätte sich das bestimmt gut gemacht. Ich wollte aber nicht, dass plötzlich alles, was ich tat, nur deswegen für in Ordnung befunden wurde, weil sie es in die übliche Schublade schieben konnten: Der Christian macht wieder ein neues Projekt!

Nein, mich nervte dieses Abchecken. Als wäre ich ein Kompass, den man immer wieder genau inspizierte, um zu überprüfen, ob seine Ausrichtung noch stimmte.

Der Verlust von Freunden verunsicherte mich, machte mir Angst. War das so einfach? Man wendete sich einfach von jemandem ab, mit dem man zehn, zwanzig Jahre lang ganz nah war? Einfach so, egal wie tief die Verbindung war? Nur weil ich mich weiblich kleidete?

War ich bei meinen Freundschaften Illusionen aufgesessen?

Von einem Freund, mit dem ich mich seit Jahren über politische Ereignisse ausgetauscht hatte, wollte ich während eines Restaurantbesuchs wissen, wie er mein neues Kleid fände, zugleich wünschte ich mir, er hätte nachgefragt, ob sich mein Weiblichkeitsverständnis in den vergangenen Monaten gewandelt hätte. Schließlich kam ich selbst darauf zu sprechen.

»Weiblichkeit? Das ist nicht mein Thema«, sagte er. »Meinst du nicht, dass du auf einen Irrweg geraten bist? Du hast Egoprobleme. Nicht mit mir. Rede mit den Frauen drüber. Oder mit den Schwulen.«

Ziemlich abrupt beendete ich unser Gespräch. Obwohl wir uns die Rechnung normalerweise teilten, bezahlte er automatisch alles. Nur in dieser Hinsicht hatte er sich auf die neue Situation mit mir eingelassen: Einer Frau zahlt man die Rechnung. Doch vermutlich hatte er das nicht einmal bemerkt.

Wieder ein anderer Freund (ich hatte ihn als »ein bester Freund« bezeichnet), zeigte ebenso wenig Verständnis, obwohl er Philosophie studiert hatte und mit Vorliebe über Erleuchtung und Empathie sprach.

»Machst du das eigentlich absichtlich?«, fragte ich ihn einmal. »Immer wenn ich anfange, von meinem Frausein zu erzählen, wechselst du das Thema?«

»Du bist mitten in einer Midlife-Crisis.« Bei seinen Worten lachte er auf diese typisch gnädige Weise. »Hast du's noch nicht gemerkt? Aber mach dir mal keine Sorgen, das halt ich schon aus.« In seiner betont gönnerhaften Stimme schwang dennoch ein Hauch von Unduldsamkeit mit. Gleichzeitig haute er mir auf die Schultern, als wäre ich Arnold Schwarzenegger.

Als wir später durch die Straßen gingen, fiel mir auf, dass er den Abstand zu mir nie auf weniger als einen Meter verringerte. Dabei schaute er in die Gegend, als hätte er mit mir nichts zu tun. Als wir dann Passanten begegneten, brach es aus ihm heraus. Plötzlich begann er, vor allen Leuten Witze über mich zu machen.

»Da, schauen Sie hin, sehen Sie diese Dame, äh, diese Mau, äh, Frann, oder was auch immer sie ist«, rief er und zeigte mit dem Finger auf mich. »Nicht schlecht, oder?« Dabei schlenkerte er seine Beine so ungelenk herum, dass er mit einem seiner Schuhe versehentlich meinen Fußknöchel streifte und meine Feinstrümpfe zerriss.

Er musste meine Wut bemerkt haben, dass ich mich brüskiert fühlte, doch er sagte: »Komm, sei nicht so sensibel, verstehst du keinen Spaß?« Nicht ein Wort der Entschuldigung, sondern wieder nur ein Schlag auf meine nicht vorhandene Schwarzenegger-Schulter.

Augenblicklich verabschiedete ich mich von ihm. Still ging ich nach Hause, keinen einzigen Gedanken wollte ich denken. Ich war traurig. Dass sich aufgrund meiner Frauenrolle in meinen Beziehungen zu den Menschen, die ich mochte, so viel verändern würde, hatte ich nicht erwartet. Das Loblied auf die Freundschaft, jedenfalls der alten Freundschaften, war für mich ausgesungen.

Meine gesamte Vorstellungswelt war plötzlich umgekippt. Freunde waren keine Freunde mehr. Besonders die meisten besten Freunde enttäuschten mich sehr. Doch nicht nur das: Von den jungen Menschen hatte ich gedacht, sie wären toleranter als die Alten. Von den unzähligen lässig

wirkenden Menschen, die es heute gab (die in diesen gepflegt verwahrlosten Look Gekleideten) erwartete ich, sie
würden mich eher akzeptieren, als diejenigen, die so aus-
sahen, als wären sie mit Moral ausgestopft. Dieses Image
strahlten sie schließlich aus. Doch oft (ja sehr oft sogar)
überraschte mich das Gegenteil. Besonders in der Masse
der besonders »locker« durch die Straßen schlurfenden
Menschen begegnete ich den verletzendsten Ressentiments und Abweisungen. Fast immer Männer. Und gene-
rell erlebte ich ältere Menschen als viel toleranter und
interessierter als junge. Umso älter sie wurden, desto offener wurden auch die Männer wieder. Und viele, die Berufe
ausübten, bei denen man eigentlich Aufgeschlossenheit
voraussetzen würde (wie Therapeuten oder Schauspieler),
entpuppten sich auffällig oft als extrem engstirnig und ab-
weisend. Wollten sie irgendeinen Wissenstempel in sich
beschützen? Jedenfalls zeigten sie mir allzu oft mit ir-
gendeinem intellektuellen Spruch die kalte Schulter. Und
das nahm mich immer mehr mit. An was sollte ich mich
denn nun noch halten?

Nicht nur ich spürte die Auswirkungen meines Experiments immer deutlicher. An einem der Abende, als ich
mich wieder zurechtmachte, um auszugehen, klopfte Maria
an die Tür zum Badezimmer: »Darf ich dir beim Anziehen
helfen?«, fragte sie.
    Ich entdeckte ein kleines Funkeln in ihren Augen –
und wunderte mich. Normalerweise mochte sie es nicht
so gerne, meine Verwandlung mitzuerleben. Sie stand lieber vor vollendeten Tatsachen, sodass sie genau wusste:
Das ist jetzt Christian. Oder: Das ist Christiane. In die-

sem Fall war ich aber schon geschminkt und fast fertig angezogen, die Transformation war also nahezu abgeschlossen.

»Gern. Kannst du mir hinten den Reißverschluss hochziehen«, bat ich. »Das Kleid ist etwas eng. Gefällt es dir?«

Ich hielt die Luft an und kniff alle einziehbaren Körperstellen ein. So bekamen wir gemeinsam den Reißverschluss nach oben.

»Unglaublich, das Kleid ist wunderschön! Darf ich es auch mal anziehen?«

Wollte sie mich auf den Arm nehmen?

Dann setzte sich Maria auf einen Hocker und sah mich mit ernsten Augen an: »Ich muss dir etwas sagen. Ich will meine Freunde nicht mehr treffen. Sie gehen mir furchtbar auf die Nerven.«

»Was ist denn geschehen?«

»Sie reden nur noch über dich. Sie sind der Ansicht, du bist völlig neben der Spur und stehst vor einer Geschlechtsumwandlung. Ständig muss ich mir Sätze anhören wie: ›Du Arme, wie geht es dir denn? Wenn du was brauchst, komm zu uns! Es ist ja furchtbar, dass du solch einen Mann hast!‹«

Ich war entsetzt. Ich kannte Marias Freunde. In meiner Gegenwart verhielten sie sich völlig normal, gaben mir gegenüber zu verstehen: Wie interessant! So faszinierend, was du machst!

»Du übertreibst«, sagte ich zu Maria. »Meinst du nicht, sie suchen nur ein Gesprächsthema?«

»Nein! Mach dir keine Illusionen über die Frauen. Sie sind keine Idealmenschen. Sie sind wie die Männer, nur andersherum. Klar, sie können Kinder zur Welt bringen. Aber heilig sind sie nicht. Du glorifizierst sie ein wenig.«

Was ich da hörte, machte mir Sorgen. Hatte ich, ohne es zu bemerken, eine Lawine ins Rollen gebracht? War hier etwas entstanden, was ewig an uns haften würde?

In dem Moment klingelte es an der Wohnungstür. Ko Young-Jae, mein koreanischer Taekwondo-Meister, mit dem ich seit Jahren eine lose Freundschaft pflegte, war auf die Sekunde pünktlich.

»Hier, die passen gut zu deinem Kleid!«, Maria hielt mir schnell ein paar Ohrringe hin, bevor ich zur Tür eilte. »Und nächstes Mal nimmst du mich mit, okay?«

»Meinst du das im Ernst?«, fragte ich verblüfft.

»Ja, mich würde interessieren, wie das ist.«

Seit vielen Jahren trainierte ich Taekwondo, und in der Zeit meines Christiane-Experiments gehörte das Taekwondotraining zu den wenigen Momenten, in denen ich als Mann auftrat. Irgendwie musste ich fit bleiben, und ich wäre mir seltsam vorgekommen, hätte ich es gewagt, mit angeschnallten Brüsten Kampfkicks zu üben. Den Vater meines Meisters, den weisen Koreaner Ko Eui-Min (der selbst ein legendärer Meister ist), hatte ich um Erlaubnis gebeten, zumindest mit roten Fingernägeln trainieren zu dürfen (es ist so ein Wahnsinn, sie ständig abzuschmirgeln und wieder anlackieren zu müssen). Meine Angst war anfangs groß, dass er mir wegen meines Ansinnens vielleicht die Leviten lesen würde. Er war bekannt dafür, dass er ehrlich seine Meinung sagte. Doch Meister

Ko lächelte nur amüsiert: »Bessere Farbe, dann kannst du kommen«, sagte er in seiner üblichen kurz angebundenen Weise.

Seinem Sohn Ko Young-Jae hatte ich bei einer meiner Trainingsstunden von meinem Experiment erzählt. Als ich ihm berichtet hatte, wie schwer es für mich war, jemanden zu finden, der abends mit mir als Frau ausging, hatte er mich spontan zum Abendessen eingeladen.

Meister Ko sah erstklassig aus, als er mich zu Hause abholte. Blauer Anzug, geputzte Schuhe, bügelstrahlendes Hemd. Ich war begeistert, hatte den jungen Meister bisher immer nur von Mann zu Mann erlebt. Jetzt aber sah ich ihn aus der etwas verschobenen Perspektive meiner Frauenrolle. Ko Young-Jae lachte, war locker, und das Türaufhalten an der Haustür und bei seinem Wagen waren für ihn selbstverständliche Nebensächlichkeiten. Er war einfach ein Mensch, der in sich ruhte und einen mit seiner Liebe zum Leben ansteckte. So fühlte ich mich wohl, beschützt, sicher. Ich konnte relaxen. War er etwa diese Kombination aus dem starken und dem empfindsamen Mann, von der mir so viele Frauen vorgeschwärmt hatten?

Ko Young-Jae führte mich in ein thailändisches Restaurant. Nachdem wir bestellt hatten, erkundigte er sich nach den tieferen Gründen für mein Tragen von Frauenkleidern. Es war angenehm, dass er mit dieser inflationären Frage nicht gleich im Auto herausgeplatzt war. Ich erzählte von meinen Erlebnissen und dass ich immer weniger wüsste, woran ich mit den Menschen war, weil ich ihr Verhalten mir gegenüber immer weniger einschätzen konnte.

Ko Young-Jae berichtete mir von dem Verhältnis zwischen Frauen und Männern in Korea. Dort würden die Männer einerseits viel mehr in konservativen Geschlechterrollen leben, andererseits achteten sie die Frauen aber sehr, da sie die Mütter ihrer Kinder seien. Und die Frauen erfüllten dort viel mehr als in Deutschland Aufgaben, die ausschließlich als weibliche Aufgaben angesehen werden. »Früher waren die Frauen in Korea sehr hoch geschätzt«, erklärte Ko Young-Jae, »doch seit der Industrialisierung hatte sich ihr Status verändert. Eine Mutter gilt heute viel weniger als früher, ganz ähnlich wie hier.«

Der Meister war neben Amber einer der wenigen Männer, mit denen sich anlässlich meines Selbstversuchs ein tieferes Gespräch entsponnen hatte. Am Ende des Abends sagte Ko Young-Jae, dass er mich während des Taekwondotrainings beobachtet hätte: »Seit du mit Christiane experimentierst, bist du viel geduldiger und ruhiger geworden. Komm wieder öfter zum Training, das ist ein guter Ausgleich für dich.«

Trotz der enttäuschenden Erfahrungen, die ich während meines Experiments mit Freunden und Bekannten machte, fühlte ich mich grundsätzlich wohl in meiner Haut. Je länger das Experiment fortschritt, desto mehr hatte ich den Eindruck, dass die Grenzen zwischen Männern und Frauen eher fließend waren. Es fiel mir schwer, mir vorzustellen, irgendwann, wenn mein Versuch vorbei war, wieder in einem Menschenteil leben zu müssen, der nur Mann heißt. Das hatte etwas Abgebrochenes und Isoliertes an sich. Zwischen Männern und Frauen existierten keine Stacheldrahtverhaue, Mauern oder Todesstreifen, jedenfalls keine natürlichen, sondern nur kulturell konstruierte. Wir berühren uns unentwegt gegenseitig.

Das Frausein war für mich wie eine Rückkehr in mein wirkliches, in mein inneres Zuhause als Mensch. Letzteres hatte ich irgendwann in meiner Jugend verlassen, um Mann zu werden. Jetzt wollte ich nur noch Mensch sein. Ohne auch nur den geringsten Kompromiss und ohne die kleinste Differenzierung. Weder Mann noch Frau, sondern voll und ganz.

Einer der entscheidenden Hinweise, der mich zu dieser Überlegung brachte, war dieses Gefühl der Entspannung, das ich in meiner Frauenrolle empfand. Immer wieder fiel mir das auf. Es war plötzlich alles so leicht. Und ganz. Komplett. Plötzlich war da etwas in mir, was mir vorher gefehlt hatte. Das war mir zuvor aber nie klar gewesen. Ich hatte es allein in Form dieser ewig züngelnden Sehnsucht gespürt, von der ich bei Jean-Paul Sartre einmal gelesen hatte: »Der sensible Mensch leidet nicht aus diesem oder jenem Grunde, sondern ganz allein, weil nichts auf dieser Welt seine Sehnsucht stillen kann.«

Das fehlende Tortenstück war die Ursache für meine Sehnsucht gewesen. Nicht irgendeine Insel, auf der ich vielleicht einmal glücklich werden konnte. Es war meine innere Frau, die sehnsüchtig nach mir rief. Meine verdrängte Weiblichkeit. Nie während meiner Verwandlungsprozesse hatte ich das Gefühl gehabt, eine wirklich tief verwurzelte Geschlechtergrenze überschreiten zu müssen. Die empfundene Grenze war viel mehr ein fiktives

Rollenspiel, das sich tief in mich gegraben hatte. Jedenfalls fühlte ich mich einfach plötzlich wie eine Frau. Oder weiblich. Dieses Empfinden hielt auch noch lange an, selbst wenn ich wieder Mann war. Das Einzige, was es immer zu überwinden gab, war diese mir inzwischen sehr bekannte Hürde aus Scham und Widerstand, die aber im Lauf der Zeit, und indem meine Erfahrungen für mich zur Normalität wurden, immer kleiner wurde.

Hierbei fiel mir auf, wie absurd das Phänomen der Normalität eigentlich war. Sie speiste sich aus der Gewohnheit und definierte sich rein subjektiv. Ihre Grenzen verschoben sich x-beliebig mit der Häufigkeit, der Qualität und der Intensität des Erlebten. Egal, was ich machte – wenn ich es oft machte, wurde es normal. Normalität bekam dadurch etwas Irrelevantes für mich.

Auch die Normalität ist, ähnlich wie die Peinlichkeit, möglicherweise gar kein klar umrissener, kein wirklich existierender Zustand. Sie ist etwas Virtuelles, das sich abhängig von ziemlich banalen Einflussfaktoren (Quantität, Gewohnheit, Bekanntheit …) laufend neu in unseren Köpfen (ein-)bildet.

Außerdem neigt die Normalität zum Starrsein. Die Normalität ist das eigentliche Extrem. Hält man einmal etwas für normal, verfestigt sich sofort die Auffassung, dass das jetzt der alleinige Maßstab der Dinge ist. Man tendiert aus dieser Haltung leichter dazu, Menschen zu kritisieren, die nicht innerhalb dieses selbst festgelegten (oder von der Gesellschaft auferlegten) Normalitätsradius leben. Das hat fast etwas Totalitäres. Es fehlt der Normalität an Lebendigkeit. Weil sie alles ausgrenzt, was nicht zu ihr gehört. Somit wäre sie die Quelle der Diskriminierung.

18 Belästigungen können Steine zerkratzen – und Seelen noch viel mehr

Der Abend dämmerte bereits. Wieder einmal hatte ich einem Einkaufsbummel nicht widerstehen können. In einem Schaufenster hatte es ein paar Teile gegeben, die mir nicht aus dem Sinn gegangen waren. Ein beigefarbener Rock und eine weiße Bluse mit verschwommenen blauen Punkten hatten mich ganz kirre gemacht. Ich musste beides haben. Unbedingt. Und weil ich mich schon auf dem Nachhauseweg an ihnen erfreuen wollte, behielt ich die beiden Stücke gleich an.

Als ich voller Wonne durch die Straßen ging, kam mir ein Mann entgegen, der nicht ausweichen wollte. So versuchte ich eben, auszuweichen. Er bewegte sich aber immer wieder in meine Wegrichtung, fixierte mich dabei mit abschätzigen Blicken, grunzte zwischendurch, schrammte schließlich an mir vorbei und stieß mich an. Mich überraschte mittlerweile nichts mehr.

Mein Heimweg führte mich durch einen kleinen Park, in dem ich häufig herumspazierte. Die lehmigen Wege waren zwar noch regennass von der Dusche, die heute Nachmittag heruntergegangen war, aber ich liebte diesen Ort einfach. Meine Schritte verlangsamten sich fast automatisch, wenn ich diese kleine Idylle mitten in der Stadt betrat. Schade, dass es schon so dunkel war. Ein Bach floss hier entlang. Und all diese kleinen Wiesen mit ihren Büschen, sie strahlten so viel Frieden und Ruhe aus – da bog plötzlich ein Mann um die Ecke. Er lief im Eiltempo auf mich zu. Ich konnte in der Dämmerung nicht richtig erkennen, was er wollte. Vielleicht brauchte er Hilfe. Etwas an den Bewegungen des Mannes kam mir bekannt vor, doch es war zu dunkel, um Genaueres auszumachen. Als er mich fast erreicht hatte, stieß er ein grunzendes Gurgeln aus. Es war derselbe Mann, der mich vorhin auf dem Gehsteig angestoßen hatte!

»Holla, Striptease!«, sagte er mit keuchender Stimme und riss zur Begrüßung den Reißverschluss seiner Hose auf.

Die Stöckelschuhe machten es mir schwer, schneller zu laufen. Ein stechender Schmerz durchzuckte mich. Der Mann hatte mir von hinten seine Hand zwischen meine Beine geschlagen. Wegen meiner hochhackigen Schuhe, dem rutschigen Untergrund und der Dunkelheit fühlte ich mich völlig verunsichert. Ich war wie gelähmt. Was passierte hier? Sollte ich um Hilfe rufen? Gerade eben hatte ich hinter der Wiese ein Pärchen gesehen. Hatten die nicht zu mir herübergeschaut? Sie mussten doch etwas gesehen haben. Jetzt entdeckte ich die beiden aber nicht mehr. Sie waren wie vom Erdboden verschluckt. Vielleicht lag es auch nur an der Dunkelheit. Inzwischen konnte man kaum noch die Umrisse der Bäume sehen.

Ich merkte, dass ich mit dem, was über mich hereingebrochen war, überfordert war. Ich kam mit dem Denken nicht mehr hinterher. Gleich würde er womöglich noch einmal nach mir greifen. Ich musste sehen, dass ich mich so schnell wie möglich davonmachte. Doch schon zerrte er an meiner neuen Bluse. Ein Knopf sprang ab.

»Du gehst zu schnell, Süße! Stehen bleiben – oder ich schieße!« Der Mann lachte unsäglich.

Vor Schreck blieb ich tatsächlich stehen, ich konnte in der Finsternis nicht sicher sein, ob er nicht doch eine Pistole auf mich gerichtet hatte.

»Hey, schau mal!« Mit diesen Worten riss er mich zu sich herum. Fast im gleichen Moment schlug er mir mit der flachen Hand ins Gesicht. Ich versuchte, ihm eine zurückzupfeffern, doch er sprang so rasch zurück, dass ich ins Leere schlug. Dabei blieb ich mit einem Schuh im Dreck stecken, und als ich mein Bein anhob, war der Absatz abgebrochen. Ich lief Gefahr, auf dem feuchten Untergrund mein Gleichgewicht zu verlieren. Keinesfalls durfte ich dieses Risiko eingehen und zu Boden gehen. So unterließ ich erst einmal allzu ausladende Kampfbewegungen und hoffte, dass ich die Situation anders entschärfen konnte. Ich fühlte mich weiterhin einfach nicht sicher genug, um mich aktiv auf diesen Angriff einlassen zu können.

Der Typ wirkte auf mich, als wüsste er genau, was er vorhatte. Hektisch nestelte ich mit einer Hand an meinem Schuh, doch ich bekam ihn nicht von meinem Fuß. Mit der anderen Hand versuchte ich, mir den Angreifer vom Leib zu halten, wobei ich mich trotz Taekwondo seltsam bewegungsunfähig fühlte, fast wie von Sinnen, irgendwie ohnmächtig. All dies geschah innerhalb von wenigen Sekunden. Ich war so überrascht, dass ich gar nicht bemerkt hatte, wie er mich vom Weg abdrängte.

Jetzt erkannte ich schemenhaft einige hohe Büsche um mich herum.

»Komm her, du Schlampe!«, zischte er. »Schau mal, was ich hier für dich habe!«

Jetzt sah ich seinen heraushängenden Penis. Wie eine alte Wurst erschien mir sein Geschlechtsteil. Ziemlich krumm zur Seite verbogen. Und zur Hälfte erigiert. Immer mehr nahm mich die schiere Panik in ihren Schwitzkasten. Ich spürte diesen seltsam metallischen Geschmack im Mund, der sich bei einem furchtbaren Schrecken ausbreitet.

»Spinnen Sie?«, rief ich. »Verschwinden Sie, lassen Sie mich in Ruhe!«

Da schlug er mir nochmals ins Gesicht. Ich registrierte, dass etwas mit meiner Stimme geschehen war. Sie versagte. Verschiedene Töne blieben weg. Das Wissen, nicht mehr zu hundert Prozent zu funktionieren, lähmte mich noch mehr. Er lachte darüber, und das gab mir den Rest.

Etwas in mir war umgekippt. Ich fühlte mich wie damals, als ich von meinen Mitschülern verprügelt worden war: wehrlos, hoffnungslos, erstarrt.

Der Angreifer stieß mich hinter einen Busch. Ich verlor das Gleichgewicht, was ich zu verhindern versucht hatte. Ich fiel zu Boden, und er stürzte sich wie ein Baumstamm auf mich. Dieser Überfall, von dem ich anfangs dachte, dass es nur eine üble Pöbelei war, ereignete sich so wahnsinnig schnell, so plötzlich – damit hatte ich nicht gerechnet. Meine Gliedmaßen wollten sich nicht so bewegen, wie ich ihnen befahl. Und das, obwohl ich ja gut trainiert war. Sie waren schwer geworden. Als würde Blei an ihnen hängen. Ich fühlte mich wie ein Insekt, auf das eine riesige Klappe geschlagen wurde. Ich konnte nichts sagen, nicht rufen, und sogar das Atmen fiel mir schwer. Mit seinem ganzen Gewicht und seinem stinkenden Atem lag der Mann auf mir. Er zerfetzte nun endgültig meine Bluse. Fast nackt lag ich unter ihm. Er haute sein Knie zwischen meine Beine und stöhnte dabei, als würde er es genießen. »Du bist ja gar keine Frau!«, keuchte er, als er an mir herumkniff. »Transe, Zwitter, rattenscharf, umso besser.«

Endlich erwachte mein Selbsterhaltungstrieb. Während der Mann hektisch und grob zwischen seinen und meinen Beinen herumnestelte, atmete ich tief durch und versuchte, mich zu konzentrieren. Eigenartigerweise fühlte ich mich im Liegen sicherer. Ich stand nicht auf (zum Teil abgebrochenen) Absätzen, sondern spürte die Erde unter mir. Mit einer einzigen Bewegung, gleichsam einer Explosion meines Körpers, stieß ich den Vergewaltiger von mir herunter. Dabei schlug ich ihm mit der Faust ins Gesicht. Trotz der uns umgebenden Schwärze konnte ich sehen, wie sich sein Gesicht verblüfft verzog, eine einzige Fratze. Dass ich mich wehrte, schien ihn zu überraschen. Das Blitzen in seinen Augen signalisierte mir aber, dass ihn all dies nur noch mehr anspornte.

Diesen Effekt hatte ich bereits öfter bemerkt, seit ich als Frau herumlief: Wies ich einen Mann brüsk ab, so wollte er erst recht beweisen, dass er an mich herankam. War ich beim Abweisen jedoch zu freundlich, wurde es als Einladung aufgefasst. Das richtige Maß zu treffen, um einen Mann loszuwerden, stellte sich als ein schwieriger Balanceakt heraus. Nur zu leicht konnte man als zu unhöflich erscheinen. Manche Männer machten sich zwar mit verbitterter Miene aus dem Staub, doch einige reagierten, als wäre ich ihnen nicht auf den Schlips, sondern auf ihr inneres Gaspedal getreten. Vor allen Dingen, wenn sie alkoholisiert waren, so wie dieses Exemplar, das ich weggestoßen hatte und das gerade dabei war, sich wieder auf mich zu schmeißen.

Das war meine Gelegenheit: In Windeseile stützte ich mich auf den nasskalten Erdboden und brachte mich in eine Position, die ich schon oft geübt hatte. Ich drehte den großen Zeh und das Bein nach innen. Dabei zog ich das Knie ganz schnell zu meinem Kinn und rammte ihm meine Ferse mitsamt vorhandenem Absatz in den Solarplexus. Der Mann sackte zusammen und blieb regungslos liegen.

Ich sprang auf und widerstand dem Drang, auf den Typen einzutreten. Den Dreck an meinen Händen schleuderte ich dorthin, wo ich seinen Kopf wähnte. Dann riss ich mir die Riemchenschuhe von den Füßen und lief barfuß, immer vermeintliche Geräusche im Nacken, über die Wiese davon. Nur einmal drehte ich mich um und sah, wie er sich langsam zu regen begann.

Maria traute ihren Augen nicht, als sie sah, wie zerfleddert ich unsere Wohnung betrat. Ich erzählte ihr, was gerade passiert war.

»Das Schlimme ist, dass es so plötzlich geschehen ist«, sagte ich. »Gott sei Dank konnte ich diesen Typen im letzten Moment noch abschütteln.«

»Und kannst du jetzt nachfühlen, wie es für Frauen sein muss, wenn sie ihrem Vergewaltiger nicht mehr entkommen können?«

Ich nickte, merkte, dass ich immer noch vollkommen außer Atem war und unentwegt keuchte. Dann dachte ich: Nein, wie es wirklich für eine Frau ist, weiß ich nicht.

Meine Frau bereitete einen Fisch zu, währenddessen duschte ich endlos lange. Beim Essen unterhielten wir uns über ihre eigenen Erfahrungen, wie Männer sie belästigt hatten. Auch erzählte sie mir von mehreren Vergewaltigungsserien in ihrer Heimatstadt Kiew, damals zur Glasnostzeit, als das Land eine Zeit lang keine funktionierende Polizei und Regierung hatte.

»Kaum war niemand mehr da, der unsere Gesetze kontrollierte, gingen die Männer auf die Frauen los«, sagte sie. Es sei an der Tagesordnung gewesen, dass marodierende Männerbanden sogar bei Tageslicht in Restaurants einfielen, sich ein paar Mädchen griffen und sie draußen, in Hinterhöfen, vergewaltigten. Aufgehört habe dieser Zustand erst, als eine neue Regierung eine Miliz einführte, die angeblich die Erlaubnis hatte, Vergewaltiger per Standgericht zu erschießen.

»Würdest du als Mann in Frauenkleidern in meine Heimat reisen«, fuhr Maria fort, »dann würden dich die Männer auf der Straße womöglich totprügeln.«

Tatsächlich waren in einigen Ostblockländern wie der Ukraine und Russland gerade erst die Homosexuellengesetze verschärft worden. Es kann lebensgefährlich sein, in diesen Ländern als »andersartiger« Mensch auf der Straße erkannt zu werden.

Auch in multikulturellen Ländern wie Indien, in dem unzählige Religionen zusammenleben, herrscht ein mörderischer Krieg zwischen den Geschlechtern. Das haben die Ereignisse um die jüngsten, oft tödlichen Vergewaltigungen von Frauen aufgezeigt. Selbst in Frankreich, dem Land des Savoir-vivre, das mit Gesellschaftskritikern wie Charles Fourier, Gustave Flaubert, Jean-Paul Sartre oder Simone de Beauvoir vielleicht sogar den Ursprung der sexuellen Revolution in den Sechzigerjahren begründet hatte, werden Homosexuelle immer noch geächtet und auf der Straße verprügelt. Tausende gingen 2013 auf die Straßen, um gegen die erlassenen Gleichstellungsgesetze für Homosexuelle zu demonstrieren.

Dazu kommen die Probleme von transsexuellen Menschen, in öffentlichen Debatten spielen sie kaum eine Rolle. Die tagtäglich praktizierte Ächtung von Transsexuellen ist weder ein Medienthema noch ist sie der Bevölkerung bewusst. Ich hatte mittlerweile Menschen kennengelernt, die zahlreiche Geschichten zu erzählen wussten (Laura beispielsweise), wie sie selbst oder mit ihnen befreundete Transsexuelle auf den Straßen angepöbelt, geschlagen und beleidigt wurden. In manchen Fällen auch von Polizisten.

»Aber unabhängig von Homosexuellen und Transsexuellen, wie siehst du hier in Deutschland das Verhältnis der Geschlechter untereinander?«, fragte Maria, während sie einen Schluck Weißwein trank.

»Warum sollte ich Homosexuelle und Transsexuelle oder wen auch immer ausnehmen? Wie ein stecken gebliebener Zug aus vergangenen Zeiten«, antwortete ich.

Der prüfende Blick eines Politikers auf die Brüste einer Journalistin, sein Kommentar über ihre Oberweite und die dadurch ausgelöste Debatte über Sexismus und sexuelle Belästigungen traf den Nerv dieser Zeit. Vor allen Dingen durch die Art, wie schnell diese Debatte wieder beendet war. In diesen Zusammenhang der Übergriffe von Männern gegenüber Frauen gehörte auch die Prügelei eines Polizisten in einer Wache in München: Selbst gegenüber einem wehrlosen Mädchen konnte ein geschulter männlicher Beamter seine aufgestaute Aggression nicht kontrollieren. Und zu allem Überdruss trat daraufhin die fast nur männlich besetzte Chefetage des Münchner Polizeipräsidiums und sogar das nicht weniger männlich dominierte Innenministerium von einem Fettnäpfchen ins nächste, als versucht wurde, die Tat des Polizisten sogar zu rechtfertigen. All dies waren nur kleine Beispiele eines Zustands auch in unserem Land, während sich bei uns alle über die Vergewaltigungen in Indien aufregten, wieder einmal so, als würde bei uns die Friede-Freude-Eierkuchen-Freiheit herrschen.

Während Maria das Geschirr wegräumte, merkte ich, wie sich neben den sehr angenehmen und bereichernden Erfahrungen des Frauseins nun ein tiefes inneres Unwohlsein in mir breitmachte. Durch das Erlebnis im Park erschien mir meine Welt plötzlich nicht mehr sicher. Nicht mehr so frei, wie ich sie ursprünglich empfunden hatte. Zumal dann nicht, wenn ich bei Männern derartige Ressentiments (oder Begierden) weckte, dass es sogar zu körperlichen Attacken gegen mich kam.

Erst jetzt kam mir in den Sinn, dass ich eigentlich zur Polizei hätte gehen müssen, um den Überfall anzuzeigen. Ich sprach mit Maria darüber. Dabei zog sich alles in mir zusammen. Es drehte sich um das Intimste, um meine Sexualität, um all das zwischen meinen Beinen, um die Zone, in der ich eindeutig ein Mann war. Mir graute es bei der Vorstellung, männlichen Beamten erzählen zu müssen, dass ich als Mann in Frauenkleidern beinahe vergewaltigt worden wäre. Nicht einmal das Gesicht des Täters hätte ich genau beschreiben können. Bei der Polizei hätte ich mir sicherlich Fragen anhören müssen, warum ich in Frauenkleidern durch einen Park gelaufen war. Vielleicht würden die Beamten auch glauben, dass ich ihnen einen Bären aufband.

Später verzog ich mich erneut ins Bad. Wieder wollte ich duschen und den Schmutz von mir waschen, der nicht mehr da war, und diesen widerlichen Atem von dem Typen aus meiner Nase verscheuchen.

Kurz darauf öffnete sich die Badezimmertür. Maria kam herein. Sie legte ihren Bademantel ab und stieg zu mir unter die Dusche. Hier unter dem warmen Wasser war das Umarmen viel schöner. Das Körperspüren. Das Mit-der-schaumigen-Seife-auf-der-Haut-Streicheln. Das Küssen. Das ist wunderschön, dachte ich, nackt sind wir längst nicht mehr so viel Mann und Frau, wie wir es angezogen sind.

»Ich möchte, dass du die nächsten Tage keine Frau mehr bist. Zumindest nicht in meiner Anwesenheit! Das ist ein Befehl«, flüsterte Maria.

»Aber ich bin doch sowieso keine Frau!«

»Du weißt schon, was ich meine. Mach eine Pause, bitte. Für uns.«

Ich merkte, es war ihr ernst. Durch ihr mittlerweile großes Verständnis für meinen Selbstversuch, hatte ich übersehen, was das alles für Marias Innenleben bedeutete. Meiner Frau ging es nicht gut. Die ständigen Fragen der Freundinnen belasteten sie, und der Überfall auf mich war wohl der Tropfen, der das Fass zum Überlaufen gebracht hatte.

Und auch ich selbst bemerkte, dass ich an eine Grenze gekommen war. Durch meine äußere Verwandlung war auch in mir etwas anders geworden. So wie man es mir vorausgesagt hatte. Teile meiner Männeridentität waren in den vergangenen neun oder zehn Monaten von mir wie Eisschollen abgebrochen. Vielleicht hatte Maria recht mit dem, was sie sagte, und unsere Beziehung war tatsächlich in Gefahr.

Genau betrachtet empfand ich mich inzwischen weder als den Mann, der ich mal war, noch als eine Frau. Eigentlich befand ich mich in einem geschlechtlichen Zwischenraum. Es war angenehm, nichts mehr sein zu müssen. Doch wollte ich, dass mich Maria nicht mehr als Mann empfand? Ich nahm ihre Hand und sagte: »Okay, dann lege ich eine Frauenpause ein, ich hatte es dir ja versprochen, das zu tun, sollte unsere Beziehung darunter leiden, sollte ich dir damit wehtun.«

Maria lächelte. »Ich finde deinen Selbstversuch interessant. Ganz sicher. Aber wir dürfen dabei nicht das Gefühl füreinander verlieren.«

Ohnehin wusste ich nicht, wie lange ich mit Christiane überhaupt noch weitermachen wollte. Oder konnte? Vielleicht war es bereits vorbei. Momentan fühlte ich mich jedenfalls völlig erschöpft.

19 Die Männer-Minus-Quote

Ein wuchtiger Schmerz durchschoss meinen Körper. Es war, als wäre ich von einem Blitz getroffen worden. Alles um mich herum war pechschwarz. Schweißperlen. Sie rannen meinen Körper herunter. Es zitterte in mir, als wäre ich ein Stück Bühne, das nach einer Trampelei nachbebt. Der Schmerz zog sich. Er dehnte sich. Er wurde angenehmer. Ein nachlassender Schmerz ist ein schöner Schmerz, dachte ich.

Irgendwie fühlte ich auf einmal kein Bett mehr unter mir. Schwebte ich etwa? Ich tastete neben mich. Maria? Meine Hände konnten sie nicht erreichen.

»Maria!«, schrie ich.

Kleine Stummel waren sie geworden, meine Hände. Degeneriert in sich selbst. Verkrüppeltes Fleisch- und Knochenzeugs, auf jeden Fall keine Männerhände, wirklich nicht. Und Maria war schon so weit, weit weg. Nicht einmal meinen Arm spürte ich noch. Auch mein Atem war nicht mehr da. Wo bekam ich die Luft nur her? Der Atem stand still. Ich musste nichts dazu tun. Ich konnte nicht. War ganz bewegungslos. Ausgeliefert. Keine Fenster. War das mein Schlafzimmer, war ich überhaupt daheim?

Geschlechtslos und allein empfand ich mich. Abgenabelt von allem, was mich einst gehalten hatte. Ohne Identität. Das Einzige, was ich konnte, war fühlen. Als wäre ich das Gefühl schlechthin.

Irgendwelche Feuchtigkeitsperlen tropften erst in die eine Richtung. Dann in die andere. Immer nach unten. Ein warmer Luftzug, der immer stärker wurde. Ich flog durch ein schwarzes Universum. Ein wahnsinniges Rauschgeräusch. Wurzellos. Steuerlos. Maria weg. Keine Geschlechtsteile mehr, da war einfach nichts, dort unten, nur noch ein fühlendes Knäuel Fleisch. Ich flog immer höher und immer rascher. Die Gewissheit, bei dieser Geschwindigkeit nirgendwo gegen etwas zu knallen, war wunderbar. Ich war eine dritte Person. Dann vibrierte es tief in mir. Dort unten, wo ich nichts mehr war, wo ich aber sicher war.

Jetzt empfand ich überall dieses Vibrieren. Ein süßliches, ein süchtig machendes Gefühl. Es muss sich entladen, zur Explosion kommen. Ich wollte es treiben, forcieren, wollte noch höher hinaus, dorthin, wo es kitzlig in mir zog. Doch plötzlich war alles Schöne weg. Ich wurde schwerer und schwerer. Wie ein Sack stürzte ich herunter. Völlig hilflos, ohne jede Begrenzung von Zeit und Raum.

Meine Identität hatte ich vollkommen verloren. Das war ein grauenhaftes Gefühl – und zugleich der höchste Genuss. Ich war der Zeiger in einer Stoppuhr, deren Batterie gerade am Verenden war. Er zuckte hin und her. Und als er stehen blieb, war ich glücklich. Ich war keine Frau mehr und auch kein Mann. Meine Seele hatte keine Dokumente mehr.

Was war ich dann? Nein, so konnte ich nicht leben! Nicht in dieser Welt. Identität war doch mein Lebensausweis. Die geschlechtliche zuallererst. Wenn ich nur unter ihnen wäre, unter den Menschen, wenigstens als dieser Sack Fleisch, glänzend, rötlich-blau. Aber sie würden mich nicht sehen. Es war da plötzlich die schreckliche Gewissheit, tatsächlich nichts mehr zu sein. Konturlos. Bedeutungslos.

Maria, wollte ich schreien, ich will dich nicht verlieren!

Doch meine Stimme gehorchte mir nicht mehr.

Ich riss meine Augen auf. War ich wach oder nicht? Was war eigentlich los? Maria hielt mich fest in ihrem Arm, wog mich hin und her. Sie hielt meinen Kopf an den ihren gedrückt und streichelte meine Haare.

»Um Gottes willen«, sagte sie. »Was ist denn? Du hast geschrien!«

Die Bettseite, auf der ich lag, war klitschnass.

»Ich hatte einen Traum«, keuchte ich. »Ich war weit weg. Ich hatte Angst, dich zu verlieren. Ich hatte mich völlig aufgelöst.«

Am nächsten Tag lief ich wieder als Mann durch meine Stadt. Mein Traum schwang in mir nach, ich brauchte keine Frauenkleider mehr, wollte erst einmal auch keine mehr tragen. Ich fühlte mich verschmolzen mit der Luft, die mich atmete. Mein Körper war wie ein geschlechtsfreies Luftkostüm.

Drei Männertage hatte ich Maria versprochen. So lange, bis sie wieder verreisen würde. Nach mehreren Monaten stand ihre nächste Geschäftsreise an, verbunden mit einem

Ausflug zu ihrer Familie. Darüber hinaus wollte ich ihr so viel Zeit geben, wie sie wünschte.

»Du bist so entspannt«, sagte Maria. »Was ist mir dir?«

Ich wusste auch nicht, was mit mir war. Nichts, glaubte ich. Ich war so, wie ich war.

Morgens holte ich die Brötchen beim Bäcker nicht mehr im Rock. Ich puderte mir vorher auch das Gesicht nicht ab. Ich stieg in meine Jeans, ging unrasiert hinaus. Auf den Straßen kehrte für mich Ruhe ein. Nichts Eigenartiges widerfuhr mir mehr. Durch die mir über den Weg laufenden Freunde schien ein Aufatmen zu gehen.

»Schön, dass du wieder normal bist und alles vorbei ist.« Sie grinsten mich an.

»Nichts ist vorbei«, entgegnete ich ihnen, »ich bin mittendrin.«

»Na endlich bist du durch!«, sagte einer.

»Wodurch, was meinst du?«

»Durch deine Neurose oder dein Problem oder wie immer man das nennen sollte. Vielleicht Metrosexualität?«

Metrosexualität. Schon wieder so ein Pseudowort. Es gibt vor, eine ähnliche Bedeutung zu haben wie Heterosexualität oder Homosexualität, wodurch zum Ausdruck gebracht wird, auf welche Weise ein Mensch seine Sexualität auslebt. Aber der Begriff »Metrosexualität« hatte nichts damit zu tun, auch nicht mit dem, um was es mir gerade ging. Um das Aufbrechen des betonartig erstarrten Männerbilds. Pseudokategorien wie »Metrosexualität« untermauerten in meinen Augen nur ein Nischenverhalten abseits der bestehenden Männlichkeitsklischees. Ja nicht sollten diese gefährdet werden, daher: Schnell eine neue Schublade beschriften. Das war doch nichts weiter als ein modischer Spuk. Bei den Männern ging es mir um einen völlig anderen Prozess. Um einen Aufbruch. Und gleichzeitig um eine Rückkehr. Zur Weiblichkeit, egal, was auch immer ein jeder unter Weiblichkeit individuell verstehen mochte (ohne dabei auch nur einen Millimeter Männlichkeit aufzugeben). Dieses tabuisierte Wort reicht völlig aus. Gerade in der persönlichen und unterschiedlichen Form, Weiblichkeit zu verstehen und zu leben, könnte ein Schlüssel liegen, der das einheitlich gültige Männlichkeitsklischee auflösen und differenzieren könnte.

Am zweiten Abend meiner frauenlosen Zeit trank ich mit Tobias, einem Bekannten, in einer Bar ein Glas Wein. Er war einer von den Männern, die ich durch häufige Begegnungen an solchen Orten kennengelernt hatte. Im Lauf der Jahre hatte sich eine freundschaftliche Bekanntschaft entwickelt.

Weil wir beide nicht gerade gesprächig waren, ließ ich meine Augen herumwandern. Ein paar Frauen verließen die Bar, neue traten ein. Darunter eine, die sehr lebendig aussah. Das freute mich, und sofort breitete sich ein nostalgisches Gefühl in mir aus. Als ihr Blick meine Augen streifte, lächelte ich sie an. So wie ich es als Frau manchmal getan hatte. Kurz war ich darüber erstaunt. Durfte ich als Mann die Frauen denn so offen ansehen? Die Frau schaute sofort weg. Aha. Ich war ja wieder ein Mann. Doch dann betrachtete sie mich noch einmal, prüfend. Hatte sich in meinem Gesicht etwas verändert? Und plötzlich lächelte auch sie. Mehr wollte ich gar nicht. Das reichte völlig aus.

Nun kam sie zu mir, in Begleitung einer Freundin. »Bist du Christiane?«, fragte sie, eine brünette Schönheit in einem gemusterten Kleid.

»Ja«, sagte ich. »Haben wir uns schon einmal gesehen?«

»In der Bäckerei. Ich heiße Tatjana und bin eine Freundin von Bettie. Die aus eurer Frauenrunde. Sie hat mir Fotos gezeigt. Gehst du jetzt nicht mehr als Frau?«

»Doch, aber jetzt gerade nicht.«

»Vielleicht treffen wir uns mal! Und meinst du, ich könnte mal an dieser Runde teilnehmen?«

»Klar, in ein paar Tagen ist wieder eine. Sprich dich einfach mit Bettie ab.«

Die beiden Frauen gingen wieder ihrer Wege, und ich wandte mich Tobias zu, dem Bekannten an meinen Tisch.

»Damenrunde, was ist denn das?«, fragte er.

»Ein paar Frauen, die sich ab und zu treffen, sich einen schönen Abend machen und über Männer und Frauen reden. Oder über neue Nagellackfarben.«

»Dann läuft dein Experiment also noch? Ich wollte dich gerade fragen, was das Ergebnis von all dem war«, sagte Tobias.

Dieses Wort »Ergebnis« mochte ich gar nicht. »Ja, es läuft immer noch, sogar in dieser Minute. Der Selbstversuch ist noch längst nicht zu Ende.«

»Okay, anders gefragt: Hast du die Frauen dadurch besser kennengelernt?«

»Ich glaube, ich kann sie inzwischen besser verstehen.«

»Und? Bist du jetzt für die Frauenquote?«

Das Thema war für mich ein weiteres Reizwort.

»Ja, ich bin für die Frauenquote«, antwortete ich. »Aber nur, weil es vermutlich keine andere Möglichkeit gibt.

Immerhin treibt sie einen Keil in geschlossene Männer-reihen.«

Vor meinem Selbstversuch war ich gegen derart aufgesetzte Regularien gewesen. Doch jetzt hatte sich meine Meinung radikal geändert.

»Ich habe allerdings die Befürchtung«, fuhr ich fort, »dass die Frauenquote nicht dazu beitragen wird, dass die Männer sich bewegen. Man wird versuchen, die Frauen so anzupassen, dass sie in das Berufsbild der Männer passen. Dass kann sich wiederum sogar negativ auswirken. Oft habe ich Frauen gesehen, die, als sie in höhere Positionen aufstiegen, auf einmal in Hosen und mit kurzen Haaren herumliefen und rauere Manieren an den Tag legten, um sich gegen die Männer durchzusetzen. Natürlich bleibt es den Frauen völlig frei überlassen, ob sie männlichere Verhaltensweisen leben, härter und taffer sein wollen. Es gibt bestimmt einige, die weniger in weiblichen Klischees verfangen sein wollen. Dagegen ist nichts zu sagen. Doch wenn Frauen gegen ihren eigenen Willen ihr wunderbares Schillern aufgeben müssen, ihre lebendige Offenheit, nur weil sie sonst in der Männerwelt nicht überleben können, dann empfinde ich das nicht als einen gelungenen Befreiungsakt.«

»Und was sollte man deiner Meinung nach tun?« Tobias hatte mir konzentriert zugehört.

»Man muss das Problem viel schärfer anpacken. Es muss endlich Schluss damit sein, dass man Frauen irgendwo hineinquetscht und sagt: ›Jetzt haben wir für sie einen ausreichenden Spalt Freiheit geschaffen.‹ Sie sollten selbst entscheiden können, was sie wollen. Dafür sollten die Männer den Frauen allerdings von sich aus Platz machen.

Sie halten den Frauen die Türen auf, helfen ihnen in die Mäntel und kaufen ihnen Schmuck. Aber eine gleichwertige Teilhabe lassen sie nicht zu. Deswegen bin ich eigentlich eher für eine Männer-Minus-Quote.«

»Das musst du mir erklären.«

»Sie beinhaltet eine Zurückstufung der Rechte von Männern im Job, und zwar auf den Umfang ihres gesellschaftlichen Anteils. Demnach hätten Männer nicht mehr Anrecht als auf zirka 50 Prozent aller Jobs, wenn 50 Prozent ihr gesellschaftlicher Anteil ist. Die anderen 50 Prozent stehen den Frauen zu. Sicherlich würden einige Frauen ausfallen, sei es wegen Schwangerschaften oder aus anderen Gründen. Diese Entscheidung sollte aber den Frauen überlassen sein. Sie sollten bestimmen, welchen Teil ihrer Job-Quote sie jedes Jahr den Männern zurückgeben. Das könnte über eine im Umfeld eines passenden Ministeriums angesiedelte, aber parteiunabhängige Frauenorganisation geregelt werden, die die Interessen der Frauen im Auge hat. Auf diese Weise würden die Frauen nicht in bestimmte Jobs und männliche Verhaltensweisen gepresst werden. Man würde sie auch nicht hämisch ›Quoten-Frau‹ nennen, und man würde sie nicht ähnlich unernst nehmen, wie es oft Betriebsratsmitglieder erleben. Die arbeitenden Frauen wären dann vor den Männerressentiments sicherer. Und die Männer könnten sich endlich entspannen. Durch eine solche Regelung würde Druck vom Mannsein genommen werden. Die Männer könnten sich von ihrem Arbeits- und Erfolgsimage lösen. Sie sollten sich ohnehin viel mehr ihrer eigenen Entwicklung widmen. Lernen, wie man sich benimmt. Eine Sensibilität dafür entwickeln, was Grenzüberschreitungen in privaten und intimen Bereichen sind. Sie sollten in Therapien gehen, um ihr erstarrtes Mannsein aufzuarbeiten. Sie sollten etwas dafür tun, dass ihre Sexualität freier und lebendiger wird, sich von dem Geheimen und aus seiner Verzwungenheit löst, und dass sich ihr Umgang mit Frauen auflockert.«

»Das muss ich erst einmal verdauen«, entgegnete Tobias.

Sollte er. Ich ließ derweil meinen Blick schweifen und schaute mir die Frauen in der Bar an. Als Mann. Mir fehlte etwas während der wenigen Tage meiner Frauenpause. Es war dieses Zusammengehörigkeits-, das Verbundenheitsgefühl, das ich unter Frauen häufig gespürt hatte. Vielleicht lag es daran, dass ich keine echte Frau war. Das konnte ich nicht richtig einschätzen. Sicherlich bekriegen sich die Frauen auch. Aber unter ihnen gab es aus meiner Sicht ein ganz besonderes gegenseitiges Sich-Unterstützen, wenn sie in Not waren, das ich von Männern nicht kannte. Und nun saß ich mit Tobias in einer Bar und versuchte, ihn mit Argumenten zu überzeugen. Wieder ging es um ein Messen, um rhetorische Fähigkeiten und Wissen.

Dieses notorische Suchen nach triftigen Gründen und Thesen, dieses ununterbrochene sich gegenseitige Übertrumpfen der Männer, es hat wirklich etwas manisch Neurotisches. Aus dem Bauch heraus würde ich sagen, es hat etwas von einem kommunikativen Klo. Es ist ein gemeinsames Wortpinkeln.

Jedenfalls: Als Mann unter Männern fühlte ich mich allein. Es war ein seltsamer Kult, sich zusammen fremd zu fühlen. Wir Typen leben zwar im selben Rudel. Aber

immer züchtig auf Abstand. Gebissen werden, zurück-
beißen. Mein Verlangen, wieder in meine Frauenrolle zu
schlüpfen, war also schon nach kürzester Zeit zurückge-
kehrt. Aber das konnte ich Maria nicht antun. Wenigstens den einen Tag, den sie noch da war, würde ich noch
ohne meine Frauenkleider aushalten. Aber was, wenn
sie nach ihrer Rückkehr eine längere Pause wünschte?
Was, wenn sie von mir forderte, ganz mit der Frau in mir
Schluss zu machen? Und was, wenn ich diesen Punkt nie
erreichte?

20 Die Ausgrenzung der Weiblichkeit

Gut, dass unsere nächste Damenrunde anstand, denn schon wieder gab es einen Turm von Fragen. Es ging mir um das Sich-nicht-so-leicht-öffnen-und-einlassen-Können der Männer. Ein geradezu monströses Problem!

Gastgeberin war dieses Mal Bettie. »Heraus mit der Sprache: Warum gehen Männer so viel fremd? Fremdgehen ist ja auch so eine Technik, um sich nicht einzulassen«, eröffnete sie die Runde.

»Frauen unterschätzen die Dimension des männlichen Fremdgehens völlig«, sagte ich. »Ganz ehrlich, jeder Mann will es am liebsten mit jeder treiben. Das gehört für ihn zum Leben dazu. Die Frauen sind niemals so wahllos. Aber man sollte nicht vergessen, auch Frauen gehen fremd.«

»Ja, euch wird es schnell zu eng, ihr mögt keinen Liebesclinch«, bestätigte Tine.

»Oder ihr werdet von eurem Jagdinstinkt getrieben«, meinte Sophie, als sie ihr Glas Rotwein abstellte.

»Nein«, sagte ich. »Sind Männer in ihren Beziehungen glücklich, dann tritt das Fremdflirten in den Hintergrund. All diese abstrusen Theorien vom Jagdinstinkt im Mann lenken nur von den eigentlichen Ursachen des männlichen

Fremdgehens ab. Nämlich von seiner Schwierigkeit, sich zu öffnen.«

»Aber ich finde, wenn du schon so direkt bist, dann solltest du mal wirklich Klartext sprechen«, forderte mich Tatjana auf, die brünette, mannlose Alleinerzieherin, die ich an jenem Abend mit Tobias in der Bar getroffen hatte und die eine Freundin von Bettie war.

Kurz überlegte ich, was mich das kosten könnte, doch dann verwarf ich diesen Gedanken als männlich und legte los: »Frauen denken immer, wir seien Gentlemen, wenn wir sie mit Charme umgarnen. Wenn sie nur wüssten … Ich weiß aus meiner Erfahrung als Mann, und von vielen Gesprächen mit Freunden: Von zwanzig Männern in einem Straßencafé, ziehen 90 Prozent eine vorbeigehende Frau gar nicht erst aus. Sie sehen sie übergangslos nackt. Egal, wie attraktiv sie ist. Es ist oft eine bewusste Aktivität, wieder zur Kleidung zurückzukommen, nachdem sich unsere Augen bereits durch sie hindurchgebrannt haben. Schließlich muss Mann noch einige andere Dinge mit der Frau machen, bevor es zum Äußersten kommt. Verführungskünste zelebrieren, und eben Charme versprühen. Für ihn ist das nichts anderes, als künstlich Zeit vergehen zu lassen.

Männeraugen zappen bei jeder Frau alle Möglichkeiten durch, die sich ihnen bieten könnten. Beine-Busen-Lippen sind lediglich kleine Inseln, auf denen sich ihre Augen ausruhen während ihrer Fantasiereise. Am Ende mündet sie immer in der gleichen Fragestellung: Bett gut – schlecht? Dabei ist es egal, ob der Mann Kinder hat oder glücklich verheiratet ist.

Die restlichen 10 Prozent beurteilen Frauen möglicherweise als eine ästhetische Gesamtanregung, ein paar Fetischisten heften ihre Augen wie Saugnäpfe an Fußknöchel, an Seidenstrümpfe oder an Sekretärinnenbrillen. Und ein paar Asexuelle wird es womöglich auch geben. Sie nehmen alles wahr, nur nicht das, was sie anturnen könnte. Sie machen mich immer ganz ratlos. Ich glaube ihnen nicht.«

»Und dieses Bild von dir selbst willst du mit deinem Experiment zertrümmern, mit der Frau in dir?«, fragte Tine leise.

»Genau«, bekräftigte ich sie. »Die Frau, als die ich mich zu fühlen begonnen habe, will gern, dass der Mann, in dem sie lebt, ein ehrlicher Mensch ist. Dass er nicht ständig diesem Mannsein hinterherhechelt. Sie empfindet es als Stärke, wenn ein Mann wahrhaftig sein kann. Doch als Mann weiß ich, dass Männer einfach nicht wirklich ehrlich sind. Da gibt es so eine Grundunehrlichkeit, die das Männlichsein prägt. Sie sind große Meister darin, den Frauen Ehrlichkeit vorzuspielen. Auch ich war da nicht besser als andere Männer.«

Bettie, Tina, Marion, Sophie – die Frauen, die inzwischen meine Freundinnen geworden waren – regten sich nicht. Auch Tatjana war vollkommen ruhig.

»Fast jedes Mal, nachdem ich fremdgegangen war«, erzählte ich weiter, »war mir klar, das hättest du aber auch bleiben lassen können. Vorher war es mir wie das Dringendste erschienen. Es gab nichts anderes, ich musste das machen. Sogar Gefühle des Verliebtseins stellten sich ein, selbst wenn ich die Frau nur ein paar Stunden kannte. Andere Männer erzählten mir Ähnliches. Aber schon bald war der Spuk vorbei. Schlagartig. Jedes Mal ärgerte ich mich furchtbar über mich selbst und meinte, etwas Falsches getan zu haben. Hatte ich das alles nicht vorher wissen können? Es war doch stets der gleiche Ablauf. Der Seitensprung ist für manche Männer sicherlich ein wichtiger Teil in ihrer Welt der Heimlichkeiten. Das gelungene Fremdgehen hat oft den Charakter einer Auszeichnung. Von manchen Männern wird es wie eine Initiation zum richtigen Mannsein betrieben, nach dem Motto: ›Nun hast du dich bewiesen. Nun kannst du in unserer Welt bestehen. Jetzt bist du einer von uns.‹ Man gab dadurch kund, nicht am Rockzipfel einer Frau zu hängen. Es dreht sich dabei also ganz besonders um Macht. Über eine Frau. Über mehrere oder viele Frauen. Über alle wohl. Über die Weiblichkeit schlechthin. Das Fremdgehen zählt zu den wenigen intimen Dingen, über die wir Männer uns hin und wieder austauschen. Als Freundschaftsklebstoff, der ›Das behältst du aber für dich‹ heißt.«

Während ich sprach, war noch eine weitere Frau zu uns gestoßen. Sie sah sehr gut aus, wirkte aber etwas ernst. Tine hatte sie kurz als Astrid vorgestellt, und fast kam es mir so vor, als wäre sie bei meinen Worten blass geworden. Sie war die Einzige in der Runde, die in einer festen Beziehung steckte. »Seit zehn Jahren«, hatte mir Tine im Vorfeld erzählt. »Sie ist manchmal etwas burschikos. Aber du wirst mit ihr zurechtkommen.« Astrid war so gekleidet, wie sich Frauen kleiden, die nicht unbedingt den gängigen Frauenklischees folgen wollen. Bequemschuhe, Beulhosen. Die Haare sahen selbst geschnitten aus, aber vermutlich war dieser Look extrem teuer. Ihren Stil empfand ich als vermännlicht und angepasst. Kurz gesagt: Sie sah nicht wirklich typisch weiblich aus.

»Jetzt hat aber der Mann in dir gesprochen«, sagte die Neue prompt. Ihre Stimme klang seltsam tonlos.

»Wie soll ich es denn sonst erzählen, eine Tonlage höher?«, fragte ich. »Ich bin ein Mann, wenngleich ich auch als Frau hier sitze.«

»Ach, soll ich jetzt lachen?« Aha, mit einer solchen Frau sollte ich also zurechtkommen.

»Dann gibt es also gar keine Hoffnung?«, fragte Sophie und ignorierte den bösen Kommentar von Astrid. Sophie schien traurig zu sein. Das konnte man nicht nur an ihrer Stimme hören, sondern auch in ihren Augen sehen. Ich wusste von ihr, dass sie sich nach einem Lebenspartner sehnte, mit dem sie viel unternehmen konnte. »Wir träumen doch so gern von der großen Liebe«, fuhr sie fort. »Ich will in den Urlaub reisen, aber nicht allein. Aber auch nicht mit so einem Zugvogel. Ich will zu zweit sein.«

Marion und Tine begannen, lustlos im Essen zu stochern. Hatte ich mich vergaloppiert?

»Bitte entschuldigt, wenn ich zu weit gegangen bin«, murmelte ich vor mich hin.

»Jedenfalls wissen wir jetzt, dass wir mit unserer Ahnung nicht falsch lagen«, bemerkte Tine.

»Gibt es eine Chance, etwas daran zu ändern?«

Ich überlegte, dann sagte ich: »Wenn ich von mir selbst ausgehe, also als Mann, so würde ich mich freuen, wenn mir Frauen häufiger die Hand reichen würden. Aber so einfach ist das alles nicht. Ich glaube, dass die meisten Männer sich selbst nicht wirklich mögen. Wenn ich tief in mich selbst hineinsehe und dabei meine Lust am Frausein betrachte, so empfinde ich es als schmerzhaft, mich als Mann von den Frauen derart getrennt zu fühlen. Als wäre ich etwas anderes. Als könne ich nicht mitmachen. Das war genau das, was ich so erstaunlich fand, seit ich in meine Frauenrolle schlüpfte. Die Lust am Flirten, Fremdgehen, all das, was ich hier geschildert habe, war plötzlich verflogen. Auch das Masturbieren und dieser gesamte sexuelle Druck, den man als Mann oft empfindet, all das war mit einem Mal viel, viel entspannter.

Vielleicht sollten die Frauen wirklich mehr auf die Männer zugehen. Die Männer werden sich nie von allein bewegen. Sie werden immer ihr Spiel spielen. Macht doch einfach einen Strich und behandelt uns so, als würdet ihr nichts über uns wissen. Behandelt uns, wie ihr Frauen behandelt. Oder Menschen. Behandelt uns nicht wie Männer! Ändert eure Projektion auf uns. Seht uns nicht als starke Typen, die zugleich auch schwach sein sollen, die brillieren und den Frauen das Paradies zu Füßen legen sollen. Das überfordert uns total. Dann muss der Druck auch raus. Ich glaube, dass das Fremdgehen ein Ventil ist, um Druck abzulassen, ein Symptom dafür, dass etwas Grundsätzliches mit unseren Beziehungen nicht stimmt. Allein diese Erwartungen, die an uns gerichtet werden. Schon von frühester Kindheit an werden wir angehalten, richtige Männer zu werden. Das ist doch utopisch, und unmenschlich.«

Ich erzählte ihnen davon, dass mir erst durch mein Experiment schmerzhaft bewusst geworden war, dass ich Zeit meines Lebens die Weiblichkeit weggestoßen hätte. Indem ich die Bedeutung meines Mannseins überbetonte. Indem ich mich anders als die Frauen empfunden und im selben Atemzug sofort alle möglichen Bewertungen zugelassen hatte. Die Weiblichkeit war mir so oft in Form von Gefühlen begegnet. Und immer dann, wenn die unangenehm wurden, hatte ich sie abgelehnt, indem ich mir sagte: »Ich bin doch ein Mann.«

Da mich keine meiner Freundinnen unterbrach, fuhr ich fort: »Das wirklich heiße Eisen ist diesbezüglich das Innenleben der Männer. Sie sind gezwungen, immer wieder ihre innere Weiblichkeit wahrzunehmen, weil die einfach da ist. Was in ihnen ist, können sie nicht einfach wegoperieren oder ablehnen. Da sie ihre Weiblichkeit aber nicht zeigen, geschweige denn leben dürfen, weil sie sonst keine Männer mehr wären, müssen sie diese Weiblichkeit verdrängen, verleugnen, ausgrenzen. Erst durch diese Ausgrenzung entsteht ein Mann, ist jemand ein Mann; und so vergleicht man sich auch unter Männern. Natürlich geschieht dies in allen möglichen subtilen Facetten. Auch softe Männer grenzen Weiblichkeit aus, indem sie weibliche Stärke nicht zulassen. Das ist es, was Frauen manchmal vielleicht so zur Weißglut treibt. Es gibt so viele Variationen. Weiblichkeit hat nichts mit Klischees wie schwach, sensibel oder weich sein zu tun, sondern mit dem gesamten Spektrum der vollen und unkalkulierbaren Lebendigkeit. Die Ausgrenzung dieser Lebensqualität, nur um ein Rollenbild intakt zu halten, grenzt – finde ich – an Totalitarismus im puren Sinne.

Das, was ihnen aufgrund der Ausgrenzung fehlt, projizieren die Männer im wörtlichsten Sinne nach außen, um sich in einer narzisstischen Kompensation zu suhlen: neben den unsäglichen Schönheits- und Modelwettbewerben sehen sich die Männer bis hin zur Sucht Pornofilme an, gehen zu Prostituierten und betreiben alle möglichen perversen Spiele. Immer werden die Frauen darin zu Objekten gemacht. Während der Zeit, in welcher sich die Erfolge der ›sexuellen Revolution‹ der Sechziger- und Siebzigerjahre wieder reduziert hatten (nachdem die AIDS-Welle bekannt wurde, also seit Ende der Achtzigerjahre bis jetzt) ist der weltweite Umsatz der Pornoindustrie von 5 Millionen auf 60 Milliarden Dollar gestiegen. Über 80 Prozent der Konsumenten sind Männer.

Ein weiteres Werkzeug, um verweigerte Weiblichkeit zu kompensieren, ist der Hang zu kriegerischen Auseinandersetzungen. Wir sehen ihn besonders in Ländern, wo eine rigide Moral vorherrscht (zum Beispiel USA) oder wo die Frauen stark unterdrückt werden (die bekannten religiösen Staaten). Weitere Kompensationsdrogen sind der Alkohol, der überbordende Wettbewerbsehrgeiz, die Sucht nach immer wieder neuem und weiterem finanziellem Erfolg, die Tortur am eigenen Körper, damit der möglichst muskulös wird und sich von einem Frauenkörper unterscheidet, das Fahren immer bulligerer Autos (obwohl der Platz immer weniger wird) oder das ständige Rechthaben (kultiviert in sozialen Netzwerken), was insgesamt in das beschriebene Bild der Manie mündet. Doch auch mit all diesen Tricks und Augenwischereien werden die Männer ihre Empfindsamkeit, ihre Schwäche, ihre Ratlosigkeit, ihre Gefühle nicht los. Sie sind einfach da, nur leider weiblich belegt. Gefühle lehnen sehr viele Männer daher komplett ab. Mit Worten täuschen sie vielleicht vor, zu fühlen und offen zu sein. In Wirklichkeit reden sie nur davon. Und winden sich heraus, oft rhetorisch sehr geschickt. Bei mir war es meine Sehnsucht gewesen, die mich aufmerksam werden ließ. Ich hatte sie als die Stimme meiner inneren Frau zu hören begonnen. Sie forderte von mir immer wieder und mit Nachdruck ein, meine Weiblichkeit anzuerkennen und zurückzuerobern.«

Später erzählte ich von einem Erlebnis, das ich vor einiger Zeit mit einem Bekannten in einem Restaurant gehabt hatte, einem Manager in gehobener Position. Sein Anzug war entsprechend teuer, und sein Smartphone hatte einen goldenen Rand. Er hatte mich unbedingt treffen wollen, weil er Rat brauchte. Er schwärmte von seinen drei Kindern. Doch als er redseliger wurde, fragte ich ihn, ob das alles sei, was er mir zu sagen hätte.

»Nein!«, brach es aus ihm heraus. Er hätte diesen Sexdrang und wisse nicht, wem er davon erzählen könne. Er müsse so viel masturbieren. Seine Frau trüge nämlich nur noch Trainingshosen und zerrissene Jeans.

»Aber du vögelst doch nicht die Kleider deiner Frau, oder?«, fragte ich.

Er blieb dabei: Er könne einfach nicht, wenn sie im Schlabberlook herumliefe. Er hätte ein paar Affären gehabt. Eine der Frauen sei schwanger geworden, sie hätte das Kind dann abtreiben lassen. Jetzt wolle sie immer mit ihm essen gehen.

»Puh«, stöhnte Astrid, »der eine kennt solche Männer, ein anderer andere.«

Tine gab mir Unterstützung: »Christiane, bitte erzähl weiter.«

»Der Mann stand also unter Druck«, fuhr ich fort. »Er hatte Angst, weil er seine Geilheit nirgendwo richtig ausleben konnte. Auch nicht mit seiner Frau. So geht es sicherlich nicht nur ihm. Am Ende des Abends schwärmte er von einem Edelpuff und fragte, ob ich mitkommen würde.

Ich sagte ihm, dass das der falsche Weg wäre. Es gab etwas, das mir an diesem Gespräch zu viel war. Ich kannte seine Frau. Dass ich von ihrem Ehemann mehr als sie wusste, bereitete mir Magenschmerzen. Unmöglich hätte ich ihm dazu raten können, in diesen Puff zu gehen.«

»Und du meinst nun, alle Männer sind so?«, sagte Astrid.

»Sicherlich gibt es von Mann zu Mann Unterschiede«, erwiderte ich leicht genervt.

Erich Fromm, der Psychoanalytiker, hatte einmal gesagt: »Die Polarität der Geschlechter ist im Verschwinden begriffen und damit verschwindet auch die erotische Liebe, die auf dieser Polarität beruht. Wenn für den Sex anscheinend keine Liebe mehr nötig ist, sinkt naturgemäß auch die Hemmschwelle für Seitensprünge.«

Das heißt nicht, dass ein Mann sofort mit einer Frau ins Bett springt, wenn ihm danach ist. Er wägt schon ab, wie viel ihm seine Beziehung wert ist. Der eigentliche Verrat ist aber vielmehr ein anderer. Man geht vor sich selbst fremd.

Mir war etwas mulmig zumute, als ich nach dieser Damenrunde nach Hause fuhr. Ich hatte so viel erzählt an dem Abend, so offen Frauen gegenüber vom Mannsein berichtet wie vielleicht noch nie zuvor. Als wir uns voneinander verabschiedeten, lachten wir nicht so freudig wie sonst.

Auf dem Weg durch die Stadt überlegte ich: Hätte ich mehr differenzieren sollen, was ich sagte? Doch nur ein Hauch einer Differenzierung meiner Haltung würde unweigerlich dazu führen, dass sich sofort alle Männer als löbliche Ausnahme fühlen würden. Oder wäre es vielleicht besser, wenn wir uns gegenseitig unsere Illusionen ließen?

Zu Hause erzählte ich Maria von meinem Frauenabend. Dass wir über das Fremdgehen der Männer gesprochen hatten.

»Eigentlich gehst du ständig fremd«, sagte sie scherzhaft. »Mit deiner inneren Frau. Und manchmal bin ich deswegen sogar ein wenig eifersüchtig.«

»Bist du in deinem Leben fremdgegangen?«, fragte ich sie.

»Und du?«

»Ja.«

»Viel?«

»Ja.«

»Auch in unserer Beziehung?«

»Nein. Und bist du fremdgegangen?«

»Nein, nie, ich kann das nicht. Aber sag, warum warst du nicht treu?«

»Frag lieber, wann ich das tat.«

»Also, wann bist du fremdgegangen?«

»Meist dann, wenn die Beziehungen in die zweite Phase traten.«

»Was meinst du damit?«

»Zuerst gibt es die Honeymoonphase. Da ist so viel Feuer da, dass es für zwei ausreicht. Dann kommt die zweite Phase, die von so vielen Gewohnheiten beherrscht wird. Oft ist die Beziehung dann schon ziemlich den Bach runtergegangen.«

»Und in welcher Phase sind wir?«, fragte Maria und sah mich an, als würde sie auf eine Hiobsbotschaft warten.

Ich sah sie erstaunt an. Ich hatte mich längst abgeschminkt. Meine Augen waren einzig von etwas Mascara verschmiert. Die Frauenkleidung hatte ich von mir gestreift, und ich steckte in meinem Bademantel. Wir saßen uns auf dem Sofa gegenüber, so wie wir es so oft taten, spät nachts mit einem Drink in der Hand. Unsere nackten Füße berührten sich.

»Ich weiß gar nicht, ob ich mit dir überhaupt schon 5 Prozent der ersten Phase durchlebt habe«, sagte ich. »Außerdem liegt es doch an uns. Wir können die erste Phase unendlich weit ausdehnen.«

Maria strahlte: »Mir geht es auch so.«

Wir nahmen uns in den Arm.

»Vielen Dank, dass ich mit dir so sein darf wie ich bin«, sagte ich. »Ich weiß, ich bin nicht der Einfachste. Es ist so schön, dich zu lieben und so geliebt zu werden.«

21 Seelenblankgerieben

Feiern war angesagt. Christiane war ein Jahr alt geworden. Der Winter war vorbeigegangen, und draußen war schon ein leichter Frühjahrsduft wahrzunehmen. Ich erinnerte mich an meine ersten Versuche. Als ich im Kaufhaus die Nylonstrümpfe entdeckt, als alles ganz langsam und zaghaft angefangen hatte. An diesem Abend wollte ich als Frau so richtig Gas geben. Die Nacht erobern. Einen Besuch im tanzfreudigsten Laden der Stadt wollte ich zum Höhepunkt machen. Voller Vorfreude hatte ich mich dafür besonders scharf angezogen. Hautfarbene Nylons, meinen geliebten schwarzen Lederrock, silberne Riemchenschuhe mit Absätzen, die mich zum Himmel katapultierten. Ich wollte nicht aufgerissen, sicher aber angeschaut werden. Diese Aufmerksamkeit zu bekommen und annehmen zu dürfen, das war auch so ein kleines zurückgeschobenes Tortenstück.

Amber und ich hatten zusammen gegessen, dann waren wir durch Bars gezogen, und nun standen wir vor einer Tanzbar, in der man so richtig abrocken konnte. Schon der Türsteher war die richtige Einstimmung. Er sah so warmherzig aus wie ein gereinigter Buddha. Und man durfte ihn küssen! Jede! Und trotzdem rieb das seinen Dreitagebart nicht ab. Sondern eher mein Make-up!

»Huch, wie groß du bist!«, quietschte eine junge Frau, als sie an mir vorbeidrängte, hinaus an die frische Luft.

»Stimmt alles punktgenau, übrigens jede Größe an dir«, meinte der Türsteher und zwinkerte mir zu.

Amber und ich schoben uns durch die schweren Samtvorhänge hindurch und hinein in den riesigen und tosenden Saal. Der ganze Raum war verspiegelt. Und rot. Die Ausmaße des Tanzclubs waren partout nicht festzustellen. Ein Kaleidoskop von strahlenden Gesichtern. Nicht diese abcheckende Diskothekencoolness. Nicht diese kleinen Grüppchen von Brusthaartypen, die mit angewinkelten Beinen herumstanden. Hier wurde gebebt und getanzt.

An der Bar bestellte sich Amber einen Gin Tonic, ich favorisierte Wodka Lemon.

»Du brauchst einen anderen Duft«, raunte mir Amber ins Ohr.

Völlig verunsichert fragte ich, ob ich denn übel rieche: »Mundgeruch?«

»Nein, du riechst nach Mann!«

»Mist, stimmt, ich habe mein Parfum vergessen.«

Vorsichtig versuchte ich, mich zu orientieren. Ich musste meinen Geruchssinn hochfahren und drehte meine Nase unauffällig in Richtung Achsel. Es war für mich das erste Mal, dass ich als Frau in einer Diskothek unterwegs war und wie ein Mann zu riechen schien. Ich roch aber nichts.

Dafür spürte ich, wie die Musik durch mich hindurchfloss. Ich bewegte mich vom Kopf bis zur Sohle meiner

High Heels im Rhythmus der Musik. Wellenförmig war mein Tanzen als Frau. Mein Männertanzen mochte ich sonst auch ganz gern. Da empfand ich meine Bewegungen allerdings als etwas eckiger. Wieder erfuhr ich, dass ich in meiner Frauenrolle automatisch andere Tanzbewegungen machte. Dennoch war es mit den High Heels auf dem Tanzboden auch eine etwas wackelige Angelegenheit. Ein seltsames Offroad-Gefühl.

In diesem Club schien das Leben seine Gesetze grundsätzlich fahren zu lassen. Fast willenlos trieb ich als menschliche Flaschenpost herum im Meer der Tanzenden. In allen Ecken wurde geschmust, umarmt und alles Mögliche getan. Nein, auch direkt vor mir, sogar ich selbst knuddelte plötzlich herum! Eine junge Frau hing an mir, sie hatte endlos lange braune Haare. Eng presste sie sich an mich und flüsterte: »Ich liebe Trans!«

Sie umarmte und küsste mich, als würde es ihr letztes Mal sein. Ich spürte ihr Tanzen, es war weich, zerfließend. Meine Augen klappten zu. Für ein paar Momente dachte ich, dass wir ein Körper waren. Als ich die Augen wieder aufmachte, fand ich mich hinter der Bar wieder. Mir gegenüber am Tresen entdeckte ich Amber. Neben mir schüttelten muskulöse Barkeeper die Cocktailshaker. Sie lächelten mich an. Ich genoss es.

Amber grinste und rief mir zu: »Noch einen Gin Tonic, Christiane, du machst dich gut als Bardame!«

Wie war ich bloß hier hingekommen? Einfach nur so tanzend, driftend? Ein Typ bestellte einen Drink bei mir. Er legte ein dickes Trinkgeld dazu, als ich ihm sein Bier reichte. Als ich auf den Barkeeper verwies, bei dem er zu zahlen hätte, ließ er meine Hand nicht mehr los.

»Du bist so schön«, strahlte er und zog mich immer mehr zu sich heran. »Komm, trink mit mir!«

Ich zwängte mich vor den Tresen. Ich wollte es einmal darauf ankommen lassen. Was würde geschehen, wenn ich die Nummer ein wenig mitspielte? Wie ein Kissen kam ich mir vor, da der Typ an mir herumkuschelte. Ich wich zwar aus, aber er schob nach. Nach ein paar Minuten hatte er fast jede Stelle meines Körpers berührt – und wir befanden uns am Ende des Tresens. Ich musste mich aus der Umklammerung lösen.

Da, eine lachende Frau. Sie reichte mir ein Getränk. Einfach so.

»Ich studiere Landwirtschaftsmanagement«, rief sie. »Und was machst du?«

»Ich studiere das Leben und bin schon völlig darin ertrunken.«

Wir alberten herum und tanzten.

»Wie lange gehst du schon als Frau?«, brüllte sie in mein Ohr.

Sie spielten gerade »Living On My Own« von Freddy Mercury.

»Ziemlich genau ein Jahr!«, schrie ich zurück und hörte zu, wie sie das Lied mitsang.

»Living On My Own!« Den Refrain riefen wir gemeinsam.

»Und, wie isses? Sicher super, besser als Mannsein, oder?«

»Ja, stimmt, wieso denkst du, dass Mannsein nicht super ist?«

»Ich hab zwei Kinder«, brüllte sie. »Zwillinge. Als ich im sechsten Monat schwanger war, ging mein Typ auf Weltreise.«

260

Während wir redeten, zog mich ein Mann zu sich heran. Sie lachte mir nach, warf die Arme in die Luft und begann einen ekstatischen Tanz. Mein neuer Partner wirbelte mich so lustig herum, dass ich wie eine Feder durch die Gegend flog.

Wie schön das Leben ist, dachte ich.

Fast verlor ich bei diesem Wirbel meine innere Orientierung.

Auf der Toilette traf ich sie wieder, die Frau mit den Zwillingen. Wir standen vor dem Spiegel und zogen uns unsere Lippen nach. Aus einer herumstehenden Parfumflasche spritzte ich mir einen Nachtduft ins Haar.

»Und wo sind deine Kinder jetzt?«, fragte ich.

»Na, bei meinem Typen. Der ist irgendwann wieder aufgetaucht. Als er Geld brauchte.«

»Ach, und mit dem hast du dich dann wieder verstanden?«

»Na ja … Ich hab's den Kindern zuliebe gemacht. Wir führen eine Nutzbeziehung.«

»Hat er dich nicht mehr verlassen?«

»Er hatte keine Kohle mehr.«

Sie half mir, meine Haare mit ein paar Handgriffen zu einem hübschen Knoten zu binden.

»Weißt du, ich hab seit Langem keine Männer mehr gehabt.« Sie lächelte. »Ich steh jetzt auf Frauen. Du könntest da noch in meine Kollektion passen.«

Ich wollte aber in keine Kollektion passen.

Wenig später nippten Amber und ich an unseren Drinks. Die Barfrau, die uns bediente, war in eine Art Negligé gekleidet. Sie schlängelte sich mit ausgestrecktem Arm auf uns zu. Eine Visitenkarte klemmte zwischen ihren Fingern. »Direktor« stand neben dem aufgedruckten Namen, vor dem noch ein »Dr.« prangte. Neben einer hingekritzelten Handynummer las ich die Worte: »Privat! Geheimnummer! Muss dich unbedingt treffen.«

»Sie ist von dem Typen dort hinten«, sagte die Bedienung. Sie deutete zu einem Pärchen in der VIP-Lounge. Ich hatte es schon vorher wahrgenommen. Langsam wurde mir das alles zu viel. Der »Dr. Direktor« erhob sich und beugte sich über die VIP-Brüstung zu mir hinüber.

»Amber, schau mal, was jetzt gleich passiert«, zischte ich.

Der Mann beugte sich noch weiter herüber, streckte sein Glas zu mir aus – und fiel in seinem Anzug vornüber auf den Boden, der mit Glassplittern übersät war. Einige Männer halfen ihm sofort auf die Beine.

Auf einmal spürte ich ein Stupsen, eine vertraute Umklammerung. Es war die Dunkelhaarige von vorhin. Sie rief mir ins Ohr: »Ich heiße Julie, meine Freundinnen und ich beschützen dich jetzt, okay?«

Kaum dass ich mich versah, tanzte ich in einem Kreis junger Frauen. Sie lachten und schirmten mich ab. Dann tanzten sie immer enger um mich herum. Männer kamen da nicht mehr durch.

»Du hast so tolle Brüste«, raunte mir Julie zu, »darf ich sie mal befühlen?«

Verlegenheit breitete sich in mir aus. Doch Julie ließ mir keine Zeit.

»Komm, ich lass dich auch«, sagte sie, und schon nahm sie meine Hand und legte sie an ihren Busen. Auch ihre Freundinnen durften meine schunkelnde Oberweite betasten. Alles vorsichtig, alles dezent. Sie umzingelten mich so geschickt, dass um uns herum niemand die kleine Busensafari bemerkte.

»Du bist doch verheiratet, geh zu deiner Frau!«, rief die Dunkelhaarige dem Direktor zu. Das schien ihn aber nicht zu kümmern. Im Gegensatz zu seiner Frau. Schweigend und zusammengesunken saß sie auf ihrem Plüschkissen. Ihr Gesicht war blass.

»Ruf mich an«, rief mir der Ehemann mit schwerer Stimme zu und machte dabei eine eindeutige Schleckbewegung mit der Zunge. »Wir müssen uns unbedingt sehen. Ich will dich …«

Mehr verstand ich nicht. Mehr wollte ich auch nicht verstehen.

Irgendwann standen Amber und ich draußen. Seelenblankgerieben. Der Türsteher heimste ein Abschiedsküsschen ein. Als ich in meiner kleinen Handtasche nach meinem Handy suchte, fühlte ich so etwas wie ein Kartenspiel in meiner Hand. Nein, es war ein Haufen Visitenkarten! Nur Männernamen und Botschaften wie: »So süß, muss dich kennenlernen!«

»Call me!«

»Dringend anrufen, habe was für dich!«

»Ich glaub's nicht, Christiane«, bemerkte Amber grimmig. »Ich werd jetzt auch eine Frau!« Immer noch hatte er keine Freundin.

Tief durchatmend sah ich zum Himmel hinauf. Plötzlich war sie vorbei, die wunderschöne Nacht im Club. Mit Amber. Mit Julie. Mit der Mutter von Zwillingen. Ich verabschiedete mich von meinem Freund. Beide wohnten wir nicht mehr weit weg, nur in entgegengesetzten Richtungen.

Während ich eine Straße kreuzte, fiel mir ihr Mittelstreifen auf. Die Linie zog mich an wie ein Magnet. Ich schwamm in diesem endlosen Glück, von dem man nach einer durchtanzten Nacht denkt, es würde ein Leben lang andauern. Um das alles zu verlängern, lief ich diagonal über die Straße.

Ein wenig schwankend erreichte ich den Mittelstreifen. Eine durchgezogene Linie. Das war eine ideale Teststrecke, um das Grenzüberschreiten schrittweise zu üben. Plötzlich packte mich eine kleine, zarte Hand. Es war die Hand von Susi, der Seilhüpferin. Susis Stimme traf mich mitten ins Herz. »Tu, was du willst, komm wir gehen Mittelstreifen-Laufen!«, rief sie.

»Gehe nicht, fliege!«, rief Laura, meine wunderbare Friseurin.

»Die Brust betritt immer zuerst den Raum!«, erklärte Edeltraud Breitenberger, die Lehrerin aus dem High-Heels-Seminar »Gehen auf hohem Niveau«.

»Achtung Autos!«, schrie Amber. Plötzlich sah ich den Verkehr um mich herum. Die Lichtkegel rasten immer greller auf mich zu, die gellenden Hupen und Stimmen zersprengten beinahe meine Trommelfelle.

Amber hatte mich im letzten Moment gerettet, mich über die Straße geführt und bis zur Haustür begleitet. Nun befand ich mich in meiner Wohnung. Ich schaltete Musik ein und goss mir einen Wodka ins Glas. Danach riss ich die Fenstertür auf, trat auf die kleine Dachterrasse hinaus. Ich sah zum Himmel hinauf. Keine Sterne. Ich betrachtete meine Hand. Sie war leer. Die kleine Frauenhand war weg.

22 Mein erster Flug

Jetzt war es so weit. Ich musste raus aus meiner Stadt. Konnte ich aber als Mann in Frauenkleidern unbehelligt ein Flugzeug besteigen? Vielleicht würde man mir am Flughafen darüber Aufschluss geben können, überlegte ich. Am besten, ich stellte mich selbst vor Ort vor.

Für die Begegnung mit den Beamten hatte ich Christiane in ein dezentes Outfit (Jeans, aber hauteng!) gesteckt und nur das nötigste Make-up aufgelegt. Nachdem das schwarze Videoauge der Flughafenwache mich erfasst und ausgespäht hatte, öffnete sich die gepanzerte Tür. Hinter dem Tresen stand ein stämmiger Polizist.

Er fragte: »Grüß Gott, womit kann ich Ihnen helfen?« Nicht die Spur einer außergewöhnlichen Regung zeigte sich in seinem Gesicht.

»Ich wollte mich nur erkundigen, ob es Probleme gibt, wenn ich so fliege!«

»Wieso, was meinen Sie? Was für Probleme befürchten Sie denn?«

Ich deutete mit einer scheuen Bewegung auf meine Oberweite, denn ich konnte ihm meine Silikoneinlagen schließlich nicht auf den Tisch legen. Dabei sah ich den

Beamten so an, wie ich mir einen verlegenen Damenblick vorstellte.

»Ich verstehe Sie nicht ganz. Da muss ich unsere Beamtin holen! Frederike, hast du einen Moment Zeit? Hier ist eine Dame, die ganz spezielle Probleme hat. Frauensache, glaube ich.«

Als ich die Polizistin sah, musste ich mir ein Lächeln verkneifen. Sofort fühlte ich mich mit ihr verschwistert. Sie hatte eine sehr schöne, eine sehr weibliche Figur. Doch ihre Uniform war wohl dem Fundus für Männerkleidung entnommen: Die Beamtin sah darin ziemlich zusammengestopft aus und wirkte auf ihre Weise fast als Mann verkleidet, so wie ich vielleicht als Frau.

»Jetzt sagen Sie aber nicht, dass ich Sie zum Check-in eskortieren soll! Immer wieder kommen Frauen zu mir, die Angst haben, alleine durch den Flughafen zu gehen.« Die Polizistin lächelte mich an.

Ich wusste nicht, was ich entgegnen sollte. Also machte ich wieder eine Geste in Richtung meines Busens und sah sie so charmant und weltgewandt wie möglich an: »Nein, ich habe ein anderes Problem. Ich fliege damit zum ersten Mal. Könnte es Schwierigkeiten bei den Sicherheitskontrollen geben? Sie verstehen schon.«

Ich zeigte ihr meinen Pass mit meinem Bild als Mann, in dem auch mein Männername stand. Doch es schien ihr nichts Unnormales durch den Kopf zu gehen. Nachdem sie mich eine Weile verdutzt angestarrt hatte, als wäre sie sich nicht sicher, was ich wollte, deutete sie auf ihre eigenen Kurven und sagte: »Ja, glauben Sie, ich hab damit Probleme?« Dann hatte sie eine Idee: »Ah, jetzt verstehe ich, was Sie meinen! Ein Tipp unter Frauen: Sie

266

müssen das Abtasten einfach über sich ergehen lassen. Ziehen Sie die Schultern etwas nach vorn. Das hilft, dann fallen die Kurven nicht so sehr auf!«

Das war für mich der Startschuss! Zu Hause beschlossen Maria und ich, dass ich meinen ersten Flug alleine machen und sie dann ein paar Tage später nachkommen würde. Schon lange wollten wir ein paar Tage Urlaub machen. Nizza und die italienische Riviera waren unsere Wahl. Wir kannten die Gegend gut. Und ich fand es spannend, wie dort die Menschen auf mich reagieren würden. Die italienischen Machos, die Franzosen mit ihrer Savoir-vivre-Kultur. Dort sollte endlich unser gemeinsamer Frauenabend stattfinden.

Am Tag meiner Abreise hatte ich noch einige entscheidende Termine zu absolvieren: Einen bei Timmi für die Nägel (die Frauen aus der Runde hatten mir gesagt, meine Nagelfarbe wäre für Frankreich voll daneben), einen für die Pediküre (wegen der neuen orangefarbenen Sling-Peep-Toes, da brauchte ich den exakten Fußnagelfarbton dazu) sowie einen bei Laura (ich brauchte Tricks, um mit meiner blonde Mähne dem Meereswind trotzen zu können).

Als ich den Flughafen am späten Mittag betrat, suchte ich sofort die nächstliegende Sitzgruppe auf. Ich war seit Langem mal wieder richtig aufgeregt. Ich musste erst einmal alles auf mich wirken lassen. Überall herumrasende Männer. Ein wenig Durchschnaufen und die Lage peilen konnten nicht schaden, bevor ich mich durch das Gewusel in den Kontrollbereich begab.

Nach einer kleinen Pause kaufte ich mir in einem Presseladen eine Ausgabe von *Emma*. Alice Schwarzers Blatt sollte meine Leselektüre über den Wolken sein. Mal sehen, was die Feministinnen so schrieben.

Die Männer um mich herum wirkten, als hätten sie ihr Leben nicht mehr vor sich, sondern hinter sich gelassen. Irgendwo in ihren Büros hatten sie ihr Leben vergessen. In einer Schublade mit der Aufschrift »Erfolg«. Hin und wieder sah ich auch die eine oder andere Frau, hyperbetriebsam, genau wie ihre männlichen Kollegen.

Meine Damentasche und mein Kosmetikköfferchen schob ich betont langsam in den Gepäcktunnel, um der allgemeinen Hektik etwas entgegenzusetzen. Niemand nahm mich wahr. Vielleicht hätten die Männer und Frauen auch keine Regung von sich gegeben, wenn ich mich nackt ausgezogen hätte und im Handstand durch die Kontrolle gegangen wäre. Es musste doch den meisten schnell klar geworden sein, dass die Ein-Meter-neunzig-Blondine auf High Heels und in einem knapp geschnittenen Kleid eigentlich ein Mann war, oder?

Nun stand ich vor der Sicherheitsschleuse. Unruhig äugte ich zu dem Abtastpersonal hinüber. Hoffentlich würden mich nicht die streng aussehenden Herren zu sich winken. Ah, die dickliche Security-Kontrolleurin winkte mich zu sich: »Hallo, die Dame, haben Sie Flüssigkeiten in Ihrer Handtasche?«

Ich schien die Feuertaufe bestanden zu haben.

»Nein, außer Schminktuben nichts.«

Die Security-Frau wies mich ohne mit der Wimper zu zucken an, meine Schminktuben auszupacken. Nervös wie ich war, ließ ich einen Teil des Inhalts aus meiner schwarzen Lederhandtasche zu Boden fallen. Sofort bückten sich zwei hinter mir stehende Männer und reichten sie mir. Mittlerweile war ich es ja gewöhnt, dass mir als Frau von den Männern vieles abgenommen wurde.

Die Security-Angestellte drehte in aller Ruhe jeden Verschluss auf, um in die kleinen Behältnisse hineinzusehen und daran zu riechen. Das Prozedere machte mich unruhig. Ich hatte das Gefühl, beobachtet zu werden.

»Ich habe es eilig! Mein Flug nach Nizza wird in zwanzig Minuten aufgerufen!«, sagte ich deshalb.

»Immer mit der Ruhe, Fräulein, wir tun nur das, was wir müssen.«

Nun wurde ich vorsichtig abgetastet. Wie es mir die Polizeibeamtin empfohlen hatte, zog ich währenddessen die Schultern auf genau die kurvenvermeidende Weise nach vorn. Als Mann war mir mit dem Magnetsensor manchmal so rücksichtslos über den Körper gestrichen worden, dass die Knöpfe meiner Kleidung klapperten oder sogar rissen. Die Beamtin jedoch scannte meinen Körper äußerst sorgsam und hielt das Gerät in einem genau bedachten Abstand. Als ich die Arme zur Seite streckte und alle meine rasierten Achseln sehen konnten, vermochte ich fast körperlich zu spüren, wie die Blicke der mich Beobachtenden mich gleich Schlingpflanzen zu umfassen suchten.

Doch dann war es endlich geschafft, eigentlich war es gar nicht so schlimm gewesen.

»Entschuldigung, darf ich Sie stören? Mein Name ist Yasmina.«

Ich legte *die Emma* zur Seite. Rechts neben mir im Flugzeug saß eine schöne Frau mit dem dunklen Teint der Araberinnen. Sie war bei der Zwischenlandung in Zürich zugestiegen. Sie hatte gestrahlt, als ich ihr geholfen hatte, ihre schwere Tasche in die Gepäckfächer über den Sitzen zu heben. Auch jetzt lächelte sie mich an. Ich sah, wie hinter ihr im Fenster des Flugzeugs die untergehende Sonne schimmerte. Ihr grelles Orange tauchte die sommerverschneiten Alpengipfel in ein magisches Licht. Die Farbe passte zu Yasminas Kleid, das aus orangefarbener Wolle gestrickt war. Ich schätzte sie Anfang dreißig. Sie war eine sehr schlanke Frau. Fast zu dünn, aber von jener Physiognomie, bei der man sofort wusste, dass sie keine Folge einer Diät war. Deswegen sah sie auch so apart aus.

»Sie stören gar nicht«, erwiderte ich. »Ich heiße übrigens Christiane.«

»Wissen Sie vielleicht, wie das Wetter in Nizza ist, ich habe gehört, dass es regnen soll? Wenn ich die Gletscher unter uns betrachte, dann friert es mich.«

Mit einem Blick auf ihr knappes Kleid und ihre nackten Beine erwiderte ich: »Kein Wunder, Sie sind ja auch nicht gerade warm angezogen. Deswegen habe ich Strümpfe an.«

Wir hatten zwar Frühjahr, aber auch in Nizza würde es um diese Jahreszeit abends noch frisch sein. Ich wollte mir wirklich keine Erkältung einfangen. Yasminas Augen ruhten auf meinen schwarzen Nylons.

»Wenn ich ins Flugzeug steige«, erzählte sie in einem fließenden Englisch, »denke ich immer, ich fliege nach Hause, nach Kairo. Ich ziehe mich beim Reisen chronisch zu kalt an. Neuerdings wohne ich allerdings in Nizza. Und darf ich Sie noch etwas fragen?«

»Nur zu!«

»Fühlen Sie sich wohl als Frau?«

»Ziemlich sogar, und Sie?«

»Nicht so sehr.«

»Warum nicht?«

Sie zögerte ein wenig, dann meinte sie: »Eigentlich will ich nichts anderes sein als eine Frau, nur es ist nicht so einfach mit den Männern.«

Nun ging das schon wieder los, dachte ich. Gab es denn keine Frau, die so pauschal von den Männern schwärmte wie ich von den Frauen? Ich hätte mich gern überzeugen lassen, dass mein eigener negativer Eindruck vom »starken Geschlecht« so nicht stimmte.

Yasmina schaute zum Fenster hinaus, dann entspann sich ein faszinierendes Gespräch zwischen uns, in dem wir uns auch anfingen zu duzen.

Yasmina hatte seit ein paar Jahren einen Freund. Sie war in ihn verliebt, doch sie wusste nicht, ob er auch in sie verliebt war. Er sagte es zwar, doch er verhielt sich nicht so. Aber sie empfand Tiefes für ihn. Damit fühlte sie sich aber alleingelassen. Ihr Freund traf sich mit ihr immer nur ein paar Stunden. Sie schliefen miteinander, danach ging er sofort wieder. Er müsse leider Termine wahrnehmen.

Äußerte sie den Wunsch, dass sie mehr von ihm wolle, tauchte er für längere Zeit unter. Noch nie hatte er sie in ein Restaurant eingeladen. Als sie einmal am Zürichsee einen Spaziergang machte, sah sie zufällig, wie er am Wasser stand, neben ihm eine andere Frau und zwei spielende Kinder. Das hätte sie sehr verletzt. Vielleicht war er verheiratet, vielleicht hatte er Familie? Am Ende betrog er sie und seine Frau nach Strich und Faden? Seit Jahren?

»Ich gebe dir einen Rat«, sagte ich, »brich den Kontakt sofort ab und mach dich unerreichbar. Es ist doch eindeutig, was du da erzählst.«

»Meinst du, ich mache mit den Männern etwas falsch? Bei fast allen Beziehungen war es immer dasselbe.«

Ich sah einen Tränenschimmer in ihren Augen und legte kurz meine Hand auf ihren Arm. Sie schwieg bis kurz vor der Landung in Nizza.

»Darf ich dich noch etwas fragen?« Wir drückten uns gerade beide ans Guckloch des Flugzeuges. Unten sahen wir das Meer. Und die Dächer der Häuser von Nizza schimmerten zu uns hoch.

»Aber natürlich, Yasmina!«

»Wie ist es für dich, in High Heels zu gehen?«

»Wunderschön, wie fliegen. Ich könnte auf der Stelle das Flugzeug verlassen und über die Wolken gehen. Die Absätze sind meine Flugdüsen.« Ich lächelte sie an.

»Ich habe das noch nie gemacht«, sagte sie. »Als ich ein Mädchen war, hatte es mir meine Familie verboten. Meine Eltern sind Muslime und sehr gläubig. Erst seit wenigen Jahren trage ich solche Kleider wie ich jetzt eines anhabe. Aber ich will auch solche Schuhe haben wie du. Kannst du mich begleiten? Ich traue mich nur mit einer Freundin in ein Geschäft. Und danach musst du mir das Gehen auf diesen Schuhen beibringen.«

Bei der Einreise mussten wir im Flughafen von Nizza an unzähligen verspiegelten Fenstern vorbeilaufen. Dahinter saßen Beamte, die sich jeden Passagier genau ansahen.

Aktuell waren sie besonders achtsam, weil es Drohungen islamistischer Terroristen gegeben hatte. Obwohl ich so normal wie möglich die langen Gänge entlangtrippelte, winkte mich ein französischer Beamter heraus. Mit den Worten »Bonjour Madame, s'il vous plait …« schickte er mich zu einer Kollegin.

»Haben Sie etwas zu verzollen?«, fragte sie mich auf Französisch.

Als ich das verneinte, lächelte sie mich an und wünschte mir einen schönen Aufenthalt in Frankreich.

Noch am selben Nachmittag trafen sich Yasmina und ich zum High-Heels-Kauf. Zielsicher führte sie mich in ein ganz bestimmtes Geschäft.

»Schon so oft stand ich vor diesem Laden und wagte mich nicht hinein«, vertraute sie mir an.

Nach fast zwei Stunden hatte sie sich für zwei Paare entschieden. Ein knallrotes mit Schnürriemen und schwarze Pumps.

»Komm!«, rief sie fröhlich, als wir das Schuhgeschäft verließen. Schnurstracks steuerte sie auf die Promenade des Anglais zu, die berühmte Strandpromenade der Küstenstadt. Yasmina führte mich zu einer Stelle zwischen zwei Kiosken. Hier kamen kaum Menschen vorbei, und hier übten wir, die Meeresbrandung im Ohr, das Gehen auf High Heels. Nach einer Weile wusste ich nicht genau, was ich ihr noch beibringen konnte. Sie ging eigentlich ganz manierlich, und ich war ja auch nicht die professionellste Frau auf hohem Absatz. Doch dann erinnerte ich mich an meinen Kurs »Gehen auf hohem Niveau« und zeigte ihr, wie man die Füße voreinander aufsetzt, als würde man auf einer unsichtbaren Linie wandeln.

»Du musst deinen Po noch mehr schwingen lassen«, meinte Yasmina, nachdem ich einige Demonstrationsübungen absolviert hatte.

»Du aber auch! Also trainieren wir jetzt mal konzentriert das Powackeln.«

Wir alberten immer mehr herum.

»Die Knie dürfen sich beim Schreiten nicht so schräg nach außen bewegen. Sonst sieht es aus wie bei Fußballspielern«, korrigierte ich weiter.

»*Bravo, bravo, cèst phantastique!*«, applaudierte eine Spaziergängerin, die stehen geblieben war, um uns zuzuschauen. Nach einer Weile waren wir vier Frauen, die das High-Heels-Gehen und das Hüftschwingen praktizierten. Am Ende bestand unsere kleine Gruppe aus zehn Teilnehmerinnen. Wir staksten so exaltiert wie möglich in Reih und Glied hintereinander her, als wären wir ein Straßentheaterensemble. Mittlerweile gab es auch einige Schaulustige, darunter tatsächlich einige Männer. Sie lachten und klatschten mit den Händen. Einer band sich mit Schuhsenkeln kleine eckige Pflastersteine unter seine Absätze und versuchte, mit uns das fliegende Gehen zu üben. Seine Frau hielt ihn an der Hand und gab ihm ununterbrochen Anweisungen, und das im Befehlston.

Ich gab ihr zu verstehen: »Auch Männer haben eine Seele. Reden Sie mit Ihrem Mann so, als würden Sie zu einer Frau sprechen.«

Der Mann hatte mich gehört und zwinkerte mir zu. »Keine schlechte Idee«, sagte er.

Umwabert von der lauwarmen Luft hatte ich alle meine Sorgen über meine geschlechtliche Identität vergessen.

»Wie lange bist du schon eine Frau?«, fragte mich Yasmina plötzlich.

»Vielleicht schon immer?«, sagte ich nach einer kleinen Pause.

Später am Abend fuhr ich mit einem Mietwagen die Küstenautobahn entlang, Richtung Italien. Immer wieder sah ich aufs Meer, das unter dem Sternenhimmel funkelte. Ich dachte daran, wie fließend die Grenzen zwischen Mann und Frau waren. Die Geschlechter kamen mir vor wie ein sich ununterbrochen vermischender Strudel in einem fließenden Wellenstrom. Alles verschwamm in ihm, alles wurde aufgewühlt. Man konnte sich diesem Spiel eigentlich nur hingeben.

23 Wegschwimmende Felle

Ja, Maria hatte es ernst gemeint. Sie wollte mit mir als Frau ausgehen. Und das sollte jetzt in diesem Urlaub passieren.

»Wie zwei Freundinnen!«

Lange hatten wir darüber gesprochen, dass ich Christiane noch nicht aufgeben könnte. Maria hatte sich daran gewöhnt. Aber mehr nicht. Und ich selbst war mir weiterhin nicht klar, wo das alles hinführen sollte.

»Ich mag es nicht, wenn man sich an etwas gewöhnt«, sagte sie. »Gewohnheit ist etwas Totes. Deswegen will ich es mit dir leben. Das heißt aber nicht, dass ich alles mitmachen werde.«

Für unseren kleinen Urlaub hatte ich eine Ferienwohnung an der ligurischen Küste gemietet. Hier verbrachten wir ein entspannendes Wochenende. Als Erstes fragte sie mich, was sie denn anziehen solle anlässlich unseres Freundinnendates.

»Brezel dich möglichst auf«, meinte ich.

»Ja, gern.« Sie war damit einverstanden.

In Sanremo wollten wir erst essen gehen, danach die daneben liegende Diskothek aufmischen.

Wieder einmal saß ich vor meinem Schminkberg. So nannte ich den Riesenhaufen an Kosmetikprodukten, der sich im Lauf meines Frauseins angehäuft hatte. Ich hatte furchtbares Lampenfieber, während ich mir überlegte, was ich mir für den Abend mit meiner Frau anziehen wollte. Wie ein Erstklässler fühlte ich mich, der zum ersten Mal mit einer erfahreneren Klassenkameradin weggehen durfte. Würde ich alles richtig machen? Würde Maria mich so ertragen? Würden wir uns furchtbar in die Haare kriegen?

Mit meiner Frau auszugehen, war eine absolute Premiere. Ich wollte mich deswegen besonders schön zurechtmachen. Mein Gott, so viele Frauen befanden sich plötzlich in mir und um mich herum! Meine innere Frau, ich Frau, meine Frau, andere Frauen.

Am Kleiderbügel hing ein silbergraues Kleid, das ich am Nachmittag in einer Boutique erstanden hatte. Es gefiel mir, weil es elegant war und somit passend für das Restaurant, aber gleichzeitig auch für die Disco taugte. Es war eng anliegend. Ein weich fließender Stoff, der so sanft die Hände umschmeichelte, dass man sie gar nicht mehr wegnehmen wollte.

Aus dem Schminkberg griff ich zu einer dunklen Lidschattenfarbe. Ich malte mir Smokey-Eyes und knallig rote Lippen. Während ich noch langwierig an mir herumtüftelte, war Maria bereits fertig. Ich hatte die Badezimmertür verschlossen, weil ich sie überraschen wollte.

»Hey, wie lange brauchst du denn noch?«, rief sie von draußen.

Sofort begannen meine Hände beim Tuschen der Wimpern zu zittern. Das Mascara kleckste. Ich musste alles wieder abschminken.

»Bitte dränge mich nicht«, bat ich. »Ich bin auch nach einem Jahr noch nicht so routiniert wie du!«

Maria war immer perfekt geschminkt, ohne dass sie dafür stundenlang vor dem Spiegel stand. Als ich endlich fertig war, riss ich die Tür auf und stellte mich in Pose.

»Unglaublich!« Maria war begeistert. »Was für ein sensationelles Kleid!«

»Aber auch du siehst toll aus.«

Maria trug eine hautfarbene Bluse und einen noch hautfarbeneren Rock. Ihre Beine waren nackt. Dafür beneidete ich sie umgehend. Bei mir ging es kaum ohne Nylons (wegen dieses ununterbrochen sprießenden Haarwuchses). Durch das unentwegte Ganzkörperrasieren hatte ich bemerkt, dass die Haare an meinen Beinen, am Bauch und unter den Achseln genauso schnell wachsen wie meine Barthaare. Deswegen sah meine Beinhaut von Natur aus einfach nicht wie die einer echten Frau aus. Auch wenn ich mir die Haare mittlerweile wundenfrei von den Beinen rasierte. Toll, dass es diese irrsinnig natürlichen Skin-Strümpfe gab.

Befremdet und zugleich fasziniert schauten Maria und ich uns gegenseitig an. Ich wollte ihr einen Kuss auf die Wange geben, doch sie schob mich von sich weg.

»Nein, geht nicht. Wir sind heute Freundinnen und kein Ehepaar.«

Ich gab ihr recht.

»Ich habe etwas für dich«, sagte sie dann und bat mich, meine Augen zu schließen. Ich spürte, wie sie mir eine Kette umhängte. »Das ist mein Freundinnengeschenk für dich«, flüsterte sie.

Eine wunderschöne Silberkette mit eingeflochtenen Perlen hing vor meiner Brust. Wieder wollte ich Maria küssen, so gerührt war ich. Doch wieder wich sie zurück.

»Christiane! Freundinnen! Kein Liebespaar!«

Im Restaurant wies man uns einen Tisch mit Blick aufs Meer zu. Am Himmel ein Sternenfunkeln, als wäre es speziell für uns eingeschaltet worden.

Als Erstes fiel mir auf, dass ich Maria nicht mehr aus dem Jäckchen helfen und ihr auch nicht den Stuhl hinrücken musste. Als Zweites realisierte ich, dass ich nicht für sie bestellen musste. Sie sagte, sie würde mit ihren Freundinnen immer einen Aperol Spritz trinken, dem Kellner gab sie den entsprechenden Auftrag. Als Drittes realisierte ich, dass mir alles ziemlich egal war. Sonst versuchte ich immer all die Felle unter Kontrolle zu bringen, die mir als Mann zu entgleiten drohten, wenn ich einer Frau begegnete. Sympathiefelle, Geldfelle, Zeitfelle, Ordnungsfelle, Disziplinfelle. Und als Viertes spürte ich eine seltsame Erleichterung in mir, weil ich auch nicht für die Unterhaltung zuständig war. Ach, war das angenehm. Ich lehnte mich zurück und schaute hinaus, fühlte mich einfach wohl mit Maria. Wir plauderten über alles Mögliche. Wir kicherten. Wir gingen gemeinsam, die Handtaschen schwenkend, auf die Toilette. Dort korrigierten wir unser Make-up und unterhielten uns über die Männer, die am Tisch neben uns saßen und die offenbar ständig über uns sprachen.

»Der ganz links von mir würde mir gefallen«, sagte Maria.

»Ehrlich? Solche Männer findest du also gut?«

Als wir uns wieder an unseren Tisch gesetzt hatten, sondierten wir das Restaurant nach Männern. Mir gefiel lediglich einer. Ihr gleich drei!

Was eigenartig war: Ich fühlte keine Eifersucht.

Maria und ich waren ordentlich beschwipst, als wir auf die Terrasse des Restaurants traten. Längst wollten wir beide nicht mehr in die Diskothek gehen. Der Mond war fast voll, die Sterne strahlten so unbeschreiblich. Als ich Marias Hand nehmen wollte, wich sie einen Schritt zur Seite und sagte: »Nein, wir sind Freundinnen, ich kann das nicht. Weißt du, was ich aber ganz toll finde?«

Ich schüttelte den Kopf.

»Es ist so entspannt mit dir als Frau.«

»Na, vielleicht verstehst du mich jetzt ein wenig besser«, entgegnete ich.

»Liegt es daran, dass wir nicht mehr Beziehung spielen?«

»Vielleicht.«

Wir sahen der Brandung zu. Schäumendes Wasser, weiße Schaumkronen, durchsetzt mit Sand. Manchmal, wenn die Wellen mit wuchtigem Getöse an die Holzpfosten der Terrasse schlugen, übertrug sich ein hauchzartes Vibrieren auf meinen Körper. Diese Natur war Sexualität pur. Nur mein Verstand betrieb dieses notorische Trennungsspiel. Dieses kultivierte Mannsein und die ausgegrenzte Weiblichkeit. Fand das alles nur statt, damit wir immer wieder neu zusammenkamen, uns erobern und magnetisch anziehen mussten, um letztlich nie wirklich beieinander sein zu können? Waren aber all diese Differenzierungen nicht vollkommen irrelevant? Waren wir nicht gleich und lebten nur unter unterschiedlichen Umständen?

»Ich denke, es reicht mir jetzt«, verkündete ich Maria. »Ich habe alles erlebt, es wiederholt sich nur noch. Ich höre auf und bin wieder ganz dein Mann, so wie du ihn dir vorstellst.«

Ich fühlte mich gut und bei mir angekommen. Ich brauchte die Kleidung nicht mehr, um meine weibliche Seite zu spüren. Ich war ich.

Als ich zu Hause zum ersten Mal wieder als Christian zum Bäcker ging, wunderte ich mich, dass mich die Verkäuferin siezte, obwohl sie mich sonst immer geduzt hatte. Sie ignorierte mich fast sogar und wandte sich sofort dem nächsten Kunden zu, obwohl sie mit mir in meiner weiblichen Rolle immer gern die eine oder andere launige Bemerkung ausgetauscht hatte.

Draußen auf der Straße begegnete ich zufällig Bettie. Sie sah mich kurz an, lief aber weiter, ohne auch nur ein Wort zu verlieren.

»Bettie, was ist los?«, rief ich ihr hinterher.

Abrupt blieb meine Freundin aus der Damenrunde stehen und schaute zurück.

»Sprichst du nicht mehr mit mir?«, fragte ich. »Ich bin's, Christian, also eigentlich Christiane …«

Da stieß sie einen leisen Schrei aus und wich einen Meter zurück. Mit offenen Augen starrte sie mich an, kam wieder näher und berührte mich vorsichtig am Arm, fast so, als wäre ich ein außerirdisches Wesen. Erst jetzt wurde mir klar, dass es in meinem Leben mittlerweile Menschen gab, die mich nur als Frau kannten und die Christian nie gesehen hatten.

»Das ist ja unglaublich!«, sagte Bettie. »Du bist so anders! Komisch, ganz eigenartig ist dieses Gefühl, dich nun so zu sehen, als Mann.«

Dabei kam ich mir vollkommen gleich vor. Nicht anders. Bettie und ich führten ein halb verklemmtes, halb tastendes Gespräch, wie zwei Menschen, die sich neu kennenlernen. Die gewohnte Lockerheit und Intimität unserer Unterhaltungen war verflogen. Und als wir uns verabschiedeten, sagte Bettie: »Das ist so ungewohnt, als Christiane mag ich dich lieber, so bist du viel runder, ja, vollständiger eigentlich. Aber es ist natürlich auch so in Ordnung für mich, nur einfach total ungewohnt.«

An einem anderen Tag saß ich mit Maria in einem vietnamesischen Restaurant. Die Wirtin war eine herzliche Vietnamesin. Sie hatte mir gern Komplimente über meine neuen Kleider gemacht, wenn ich als Christiane auftauchte. Sie kam an unseren Tisch und fragte: »In der letzten Zeit habe ich Christiane nicht mehr gesehen. Bist du jetzt nur noch ein Mann?«

»Nur noch?«, antwortete ich erstaunt. »Fehlt dir etwas?«

»Ja, als Christiane bist du viel schöner!«, lachte sie.

Auch in meinem afghanischen Lieblingsrestaurant sagte mir die Besitzerin an einem anderen Tag: »Komm besser wieder als Frau, so bist du mir lieber!«

Ich war schockiert. Sie hatten sich an mich als Christiane gewöhnt. Einige sagten mir ganz offen, ich solle sie lieber als Frau treffen. Nun erlebte ich das Gegenteil dessen, was ich zu Beginn meiner Verwandlung vom Mann in eine Frau erfahren hatte. Die Leute hatten daran zu knabbern, dass ich nicht mehr wie gewohnt die Frau war, sondern plötzlich »nur noch« ein Mann.

Ich war aus dem Aquarium herausgeschwommen. Nun ging es nicht so ohne Weiteres wieder zurück, und ich wollte diese Glasscheiben um mich herum auch gar nicht mehr. Die Erfahrung lebt von allein weiter. Man kann sie nicht einfach ausschalten, weder in den Menschen um mich herum noch in mir selbst. Damit muss ich nun umgehen, aber es war eine sehr wertvolle Erfahrung. »War?«, höre ich da die Frau in mir sagen. »Warum nur sprichst du in der Vergangenheit?«

Danke

Es gibt so viele Menschen, die mich während meiner Erfahrung unterstützt haben. Die wichtigste Person war meine Frau. Ihr bin ich zutiefst dankbar, dass sie die Geduld, die Toleranz und das Verständnis aufgebracht hat, mich bei diesem Prozess zu begleiten.

Auch allen anderen will ich meinen herzlichen Dank für ihre Unterstützung ausrichten. Sie wissen, wer gemeint ist. Ich bitte aber um Verständnis, dass ich aufgrund der Vielzahl und Unterschiedlichkeit der Personen von einer individuellen Nennung absehe.

Ein paar Tipps zum Weiterlesen

Hinsichtlich weiterführender und empfehlenswerter Literatur verzichte ich auf die Veröffentlichung eines allzu durchdacht wirkenden Referenzverzeichnisses. Ich will nicht den Eindruck erwecken, als hätte ich hier wissenschaftlich geforscht. Dennoch sei auf einige Titel hingewiesen, die ich im Sinne dieses Buches für weiterführend halte: Cordelia Fine beschreibt und entlarvt in *Die Geschlechterlüge* brillant das wissenschaftliche Widerspruchsspektrum der Genderforschung. Das Buch ist zudem amüsant zu lesen, weil die Autorin es nicht so tierisch ernst nimmt. Erich Fromms *Die Kunst des Liebens* und *Die Furcht vor der Freiheit* sind zwei wunderbare Bücher – viele Jahrzehnte alt, aber so unglaublich aktuell und damit darauf hinweisend, dass all dies gar nicht so neu ist und dass es umso verwunderlicher ist, dass es immer beim Alten bleibt. Für Liebhaber der etwas harten, wissenschaftlichen Kost ist *Die Geschlechterrollen und ihre Folgen* von Ursula Athenstaedt und Dorothee Alfermann zu empfehlen (man sollte ein Fremdwortfachbuch und einen schweren Drink bei der Lektüre dabeihaben). Ebenso ist es mit Judith Butlers *Das Unbehagen der Geschlechter*. Das Werk ist sehr anregend, aber extrem schwer zu lesen.

Alice Schwarzers *Der kleine Unterschied und seine großen Folgen* ist jetzt ein Klassiker. Sie müsste dazu einmal eine aktuelle Fortsetzung schreiben. Und falls man es noch irgendwo in einem Antiquariat findet, sollte man sich unbedingt *Allein schafft ein Mann das nie* der amerikanischen Psychologin Daphne Rose Kingma besorgen. Besonders anregend fand ich immer wieder Oshos *Das Buch der Männer*. Das Buch ließt sich gut, wenn man dazu Musik von Georg Deuter hört. Weit zurück in der Vergangenheit (500 Jahre zurück!) bin ich auf ein Werk gestoßen, das auf faszinierende Weise das Grenzüberschreiten bzw. »Sich-nicht-an-die-Norm-Halten« beschreibt: Das *Lob der Torheit* von Erasmus von Rotterdam.

Über den angepassten Menschen heißt ein in YouTube zu findendes, ausgezeichnetes Video mit Erich Fromm. Hinsichtlich der Beschaffenheit der Genderforschung halte ich das Dokumentationsprojekt *Das Gleichstellungs Paradox* des Norwegers Harald Eia für ziemlich interessant, sowie den Film *Expedition ins Gehirn 3 – Der große Unterschied* (alles YouTube).

Dariusch Rafiys Arte-Film »Christian und Christiane« basiert übrigens nicht nur auf den in diesem Buch geschilderten Erfahrungen. Rafiy war sehr oft ganz direkt mit mir dabei.